Weiterbildung im Mittelstand

Personalentwicklung und Bildungscontrolling in kleinen und mittleren Unternehmen

von

Prof. Dr. Daniela Lohaus
Hochschule für Technik, Stuttgart

und

Dr. Wolfgang Habermann
H&L Karriereberatungsgesellschaft

Oldenbourg Verlag München

Bibliografische Information der Deutschen Nationalbibliothek

Die Deutsche Nationalbibliothek verzeichnet diese Publikation in der Deutschen
Nationalbibliografie; detaillierte bibliografische Daten sind im Internet über
http://dnb.d-nb.de abrufbar.

© 2011 Oldenbourg Wissenschaftsverlag GmbH
Rosenheimer Straße 145, D-81671 München
Telefon: (089) 45051-0
www.oldenbourg-verlag.de

Das Werk einschließlich aller Abbildungen ist urheberrechtlich geschützt. Jede Verwertung außerhalb der Grenzen des Urheberrechtsgesetzes ist ohne Zustimmung des Verlages unzulässig und strafbar. Das gilt insbesondere für Vervielfältigungen, Übersetzungen, Mikroverfilmungen und die Einspeicherung und Bearbeitung in elektronischen Systemen.

Lektorat: Christiane Engel-Haas
Herstellung: Constanze Müller
Titelbild: thinkstockphotos.de
Einbandgestaltung: hauser lacour
Gesamtherstellung: Grafik + Druck GmbH, München

Dieses Papier ist alterungsbeständig nach DIN/ISO 9706.

ISBN 978-3-486-70521-8

Vorwort

Personalentwicklung ist vermeintlich eine Domäne der großen Unternehmen, die wissen, welche Bedeutung die Qualifizierung ihrer Mitarbeiter für den Unternehmenserfolg hat. Dieser Schein trügt, wenn man näher hinschaut, wie kleine Unternehmen, auch mit weniger als zehn Arbeitnehmern, ihre Beschäftigten auf dem aktuellen Stand der Produktkenntnisse und Serviceleistungen ihrer Branche halten. Sie haben dabei allerdings eher Informationen und Weiterbildungen im Auge, die ihnen von anderen Unternehmen, etwa Lieferanten, und Branchenorganisationen, z.b. Handwerkskammern, angeboten werden.

Für diese, in der Fachliteratur bisher eher vernachlässigte, Unternehmensgruppe der KMU haben wir insbesondere die internen, im Allgemeinen nicht mit Kosten verbundenen Möglichkeiten ausführlich dargestellt, die Leistungsfähigkeit ihrer Mitarbeiter zu erhalten und zu steigern. Wir sind auch der Meinung, dass ihnen unsere Informationen zur Struktur und zur Situation der beruflichen Weiterbildung in Deutschland sowie zur Bewertung von Maßnahmen helfen werden, ihre eigene Lage besser einzuschätzen und Entwicklungsmöglichkeiten zu erkennen. Neben der Beschreibung von Personalentwicklungsmaßnahmen werden auch direkt verwendbare Vorlagen und Checklisten für die Planung und Durchführung von Maßnahmen zur Verfügung gestellt. Das Glossar wird ihnen gute Dienste leisten, bisher weniger vertraute Begriffe entsprechend einzuordnen.

Unser Buch wird aber auch für Studierende von praktischem Nutzen sein, die sich einen Überblick über die Weiterbildungssituation in Deutschland und die Möglichkeiten der Personalentwicklung und des Bildungscontrollings speziell in KMU verschaffen wollen.

Unsere Einsichten zur besonderen Situation kleinster Unternehmen verdanken wir zu einem guten Teil der Mitwirkung der Eigentümer und Geschäftsführer kleiner Unternehmen, die uns großzügig Interviewzeit eingeräumt und freimütig unsere Fragen beantwortet haben. Ihre Stellungnahmen sind auf Schwerpunkte verteilt auch in Form von Praxisbeispielen in unsere Darstellung eingegangen. Ihnen danken wir ausdrücklich für die Gelegenheit, von ihnen zu lernen.

Lautertal, Mai 2011   Daniela Lohaus und Wolfgang Habermann

Inhaltsverzeichnis

Vorwort   V

1	Ziele des Buchs	1
2	Wichtige Begriffe	3
3	Stand der Weiterbildung in Deutschland	7
3.1	Bezugsrahmen	7
3.2	Vier Sichtweisen auf Weiterbildung	8
3.2.1	An Weiterbildung interessierte Gruppen	8
3.2.2	Sicht des Unternehmens	9
3.2.3	Sicht des Teilnehmers	11
3.2.4	Sicht des Weiterbildungsanbieters	13
3.2.5	Sicht des Staates	16
3.3	Erläuterung strukturrelevanter Begriffe	17
3.4	Weiterbildungsstruktur in Deutschland	21
3.4.1	Übersicht	21
3.4.2	Teilnehmerstruktur	22
3.4.3	Branchenstruktur	25
3.4.4	Unternehmensgrößenstruktur	27
3.4.5	Methoden und Motivationsstruktur	28
3.4.6	Kosten der betrieblichen Weiterbildung	30
3.4.7	Europäischer Vergleich	31
3.4.8	Struktur der Weiterbildungsunternehmen	32
4	Weiterbildungsverhalten von Unternehmen	35
4.1	Analyse der betrieblichen Weiterbildung allgemein	35
4.1.1	Gründe der Unternehmen, sich an Weiterbildung zu beteiligen	35

4.1.2	Beteiligung der Mitarbeiter an den Weiterbildungskosten	37
4.1.3	Gründe der Unternehmen, sich nicht an Weiterbildung zu beteiligen	37
4.1.4	Unterschiede zwischen weiterbildenden und nicht weiterbildenden Unternehmen	41
4.1.5	Die Verbindung von Weiterbildung und Innovation und Erfolg	43
4.2	Analyse des Weiterbildungsverhaltens von KMU	46
4.2.1	Gründe für Nichtbeteiligung	46
4.2.2	Fehlender Bedarf	46
4.2.3	Keine Kapazität für Organisation und Planung der Weiterbildung	47
4.2.4	Zu geringes Interesse der Mitarbeiter	48
4.2.5	Keine Zeit für Freistellung	48
4.2.6	Keine geeigneten Angebote	49
4.3	Die andere Perspektive der KMUs	51
4.3.1	Ein anderer Weiterbildungsbegriff	51
4.3.2	Nicht repräsentative Befragung von Kleinunternehmen	51
4.3.3	Erweiterung des Weiterbildungsbegriffs	53
4.3.4	Erkenntnisse in Bezug auf die Weiterbildungsbeteiligung kleiner Unternehmen	54
5	Prozess der Personalentwicklung	55
5.1	Weiterbildung und Personalentwicklung	55
5.2	Ziele von Personalentwicklung	57
5.3	Modell des Personalentwicklungsprozesses	58
5.4	Bedarfsanalyse	60
5.4.1	Vorgehensweise	60
5.4.2	Organisationsanalyse	63
5.4.3	Aufgabenanalyse	63
5.4.4	Personenanalyse	69
5.5	Make or Buy	75
5.5.1	Selbst machen oder einkaufen?	75
5.5.2	Erster Schritt: Genaue Beschreibung der Maßnahme	76

5.5.3	Zweiter Schritt: Auswahl eines Anbieters und Einholung eines Angebots	78
5.5.4	Dritter Schritt: Ressourcen-Abklärung	79
5.5.5	Vierter Schritt: Angebotsprüfung und Feststellung der Opportunitätskosten	80
5.5.6	Fünfter Schritt: Einholung und Prüfung von Alternativangeboten	81
5.5.7	Sechster Schritt: Angebotsvergleich und Auftragsvergabe	81
5.5.8	Zusammenfassung	83
5.6	Durchführung von Personalentwicklungsmaßnahmen	84
5.7	Transfermanagement	85
5.7.1	Bedeutung des Lerntransfers	85
5.7.2	Maßnahmen zur Transfersicherung	86
6	Instrumente der Personalentwicklung	95
6.1	Interne Instrumente der Personalentwicklung	95
6.1.1	Abgrenzung	95
6.1.2	Einführung neuer Mitarbeiter	95
6.1.3	Learning by doing oder arbeitsimmanentes Lernen	103
6.1.4	Kompetenzförderliche Arbeitsplatzgestaltung	104
6.1.5	Mitarbeitergespräche	109
6.1.6	Training	121
6.1.7	Personalentwicklung unterstützende Faktoren	125
6.2	Externe Instrumente der Personalentwicklung	127
6.2.1	Training	127
6.2.2	E-Learning	131
6.2.3	Coaching	135
6.2.4	Produkt- und Verfahrensdemonstrationen durch Hersteller	137
6.2.5	Messebesuche	138
7	Bildungscontrolling	139
7.1	Personalentwicklungscontrolling allgemein	139
7.2	Pädagogische Modelle	142
7.2.1	Überblick	142
7.2.2	Ebenen-Modell der Evaluation von Kirkpatrick	143

7.3	Monetäre Modelle	148
7.3.1	Allgemeines	148
7.3.2	Return on Investment (ROI) und Nutzen	149
7.3.3	Deckungsbeitragsanalyse	151
7.3.4	Kritische Würdigung der Modelle	153
7.3.5	Vorschlag für ein praktikables Deckungsbeitragsmodell	153
7.3.6	Einteilung von Weiterbildungsmaßnahmen nach ihrer Kosten- und Erfolgsrelevanz	165
7.3.7	Beispiel für die Berechnung des ökonomischen Erfolgs einer Weiterbildungsmaßnahme	169
7.4	Kennzahlen zur Weiterbildung	172
7.4.1	Kennzahlen allgemein	172
7.4.2	Weiterbildungskennzahlen allgemein	174
7.4.3	Einteilungsvorschlag für Weiterbildungskennzahlen	174
7.4.4	Beispiele für quantitative Weiterbildungskennzahlen	175
7.4.5	Beispiele für qualitative Weiterbildungskennzahlen	176
7.4.6	Beispiele für monetäre Weiterbildungskennzahlen	177
7.4.7	Benchmarks allgemein	178
8	Literatur	181
Glossar		189
Index		197

1 Ziele des Buchs

Hauptziel des Buches ist, KMU die Entscheidung über betriebliche Weiterbildung zu erleichtern. Ausgangspunkt für diese Überlegung ist das Ergebnis von Erhebungen, dass die meisten kleineren und kleinen Unternehmen sich nicht an Weiterbildung beteiligen und dafür Gründe nennen, deren Überprüfung sinnvoll erscheint. Auf den ersten Blick rational wirkende Angaben können bei näherem Hinsehen wahrscheinlich durch die organisatorischen Besonderheiten dieser Unternehmensgruppe erklärt werden. Von herausragender Bedeutung für deren Weiterbildungsbeteiligung sind die Notwendigkeit von Maßnahmen und deren Kosten. Letztere sind aber immer nur – für alle Unternehmen – eine Hilfsgröße, weil selbst sehr hohe Kosten durch noch höhere Erträge aus den diese verursachenden Maßnahmen gerechtfertigt werden können. Zur Ermittlung der Kosten gibt es relativ einfache Handlungsanweisungen, die aber häufig auf theoretischen Grundlagen basieren, die für viele Unternehmen keine praktische Relevanz besitzen. Bezüglich der Ertragsseite beschränkt man sich häufig auf Zufriedenheits-, Lern- und Transfererfolgsermittlungen, die aber naturgemäß entweder erst nachträglich vorgenommen werden können oder auf die man aus den Ergebnissen vergleichbarer früherer Maßnahmen schließen muss. Soweit Berechnungsverfahren angeboten werden, beziehen sie sich im Allgemeinen auf einen definierten Nutzen. Dieser Begriff allein ist schon problematisch als Entscheidungsgrundlage für Unternehmen. Er wird zwar durch Vorschläge für die Berechnung von Leistungssteigerungen betriebswirtschaftlich akzentuiert, doch fehlt es meistens an einer eindeutigen monetären Zielgröße. Wir machen gerade diesbezüglich praktikable Handlungsvorschläge. Alle Überlegungen zur Vorteilhaftigkeit von Weiterbildungsmaßnahmen fassen wir unter Bildungscontrolling zusammen.

Bei der wirtschaftlichen – aber auch politischen – Diskussion von betrieblicher Weiterbildung wird häufig übersehen, dass es neben der klassischen Weiterbildungsform Training bzw. Schulung noch andere Möglichkeiten gibt, die Qualifikation von Mitarbeitern zu verbessern und Leistungssteigerungen zu erzielen. Gerade in kleineren und kleinen Unternehmen sind diese Maßnahmen entweder nicht bekannt oder werden – zum Teil auch aus verständlichen Gründen – nicht professionell durchgeführt. Wir betrachten deshalb Weiterbildung aus der Sicht des einzelnen Unternehmens im Rahmen und im Zusammenhang einer umfassenderen Personalentwicklung und widmen diesem Teil beträchtlichen Raum. Dies erscheint uns gerechtfertigt, weil wir in professionell vorgenommenen Personalentwicklungsmaßnahmen jenseits des klassischen Trainings bzw. von Schulungen kostengünstige und ertragswirksame Beiträge zum Unternehmenserfolg erkennen.

Die Entscheidung für eine Beteiligung an betrieblicher Weiterbildung hängt natürlich zu allererst von den organisatorischen und wirtschaftlichen Bedingungen in einem Unternehmen ab. Da aber insbesondere bei der Kalkulierung der Erträge aus Weiterbildung mit Schätzungen gearbeitet werden muss, können aus der Kenntnis der Weiterbildungsstruktur in Deutschland Anhaltspunkte für das eigene Verhalten im Unternehmen gewonnen werden. Unter Weiterbildungsstruktur verstehen wir im Wesentlichen unter verschiedenen Gesichtspunkten aufgegliederte statistische Angaben zur Beteiligung von Unternehmen und Beschäftigten an betrieblichen Weiterbildungsmaßnahmen. Diese Betrachtung schließt auch Untersuchungen der Gründe für Beteiligung bzw. Nichtbeteiligung und Kostenerhebungen ein.

Im Sinne einer Hinführung auf das Ziel des Buches werden nach einer Klärung der zentralen Begriffe in den Kapiteln 3 und 4 zunächst die Weiterbildungsstruktur in Deutschland und die Personalentwicklung aus der Sicht des einzelnen Unternehmens behandelt. In den Kapiteln 5 und 6 werden der Prozess und die wichtigsten Instrumente der Personalentwicklung beschrieben. Im anschließenden Kapitel Bildungscontrolling breiten wir Entscheidungsgrundlagen und Vorschläge zur Berechnung der Vorteilhaftigkeit von Weiterbildungsmaßnahmen aus. Wir sind überzeugt, mit unserem Buch den Personalverantwortlichen in KMU – im Wesentlichen wird das die Geschäftsführung der Unternehmen sein – eine verständliche und hilfreiche Grundlage für ihre Weiterbildungsentscheidungen zu bieten.

2 Wichtige Begriffe

Im Folgenden werden die für das Verständnis des Buches relevanten Begriffe definiert.

Weiterbildung: Der Terminus Weiterbildung ist zwar ein gängiger Betriff im Personalbereich, wird aber häufig unterschiedlich weit definiert und manchmal bis zur Unbrauchbarkeit tief gegliedert. Im Zusammenhang dieses Buches spielt die formale Unterscheidung von Fortbildung und Weiterbildung keine Rolle, für die es inzwischen auch keine sinnvolle Grundlage mehr gibt. Im Berufsbildungsgesetz, der staatlichen Regelung der beruflichen Bildung, ist noch von Fortbildung die Rede, welche „es ermöglichen [soll], die berufliche Handlungsfähigkeit zu erhalten und anzupassen oder zu erweitern und beruflich aufzusteigen." (§ 1, Abs. 4). Es geht dabei von einer vorherigen Berufsausbildung aus und bezieht sich auf durch Vorschriften geregelte Maßnahmen (§ 53, Abs. 1). Der Begriff Weiterbildung geht darüber hinaus und schließt alle Maßnahmen ein, durch die zusätzliche Qualifikationen erworben werden. Zur Weiterbildung gehören von Trainern durchgeführte Schulungen genauso wie E-Learnings, die von einem Teilnehmer allein in Interaktion mit einem Lernprogramm am Computer absolviert werden. Er umfasst auch die Teilnahme an Informationsveranstaltungen und das klassische autodidaktische Lernen aus einem Lehrbuch.

Personalentwicklung: Der Begriff bezeichnet alle Maßnahmen der systematischen Förderung der beruflichen Handlungskompetenz von Unternehmensangehörigen. Er schließt alle im Interesse des Unternehmens liegenden Weiterbildungen ein, umfasst darüber hinaus aber auch alle Schritte der Planung, Organisation, Dokumentation und Evaluation dieser Maßnahmen sowie der sich daraus ergebenden Konsequenzen. Zur Personalentwicklung gehören auch Maßnahmen, die man zu einer weiter gefassten Weiterbildung rechnen könnte, aber noch nicht gängiger Weise darunter subsumiert werden. Dazu zählen z.B. Job-Rotation und Coaching. Im Mittelpunkt steht dabei, das Arbeits- und Leistungsvermögen der Mitarbeiter im Hinblick auf die Ziele des Unternehmens zu fördern (vgl. Neuberger, 1994).

Bildungscontrolling: Bezüglich des Controllingbegriffs gibt es zwar einen Grundkonsens, aber eine Vielzahl von Definitionen, die jeweils unterschiedliche Aspekte des Begriffs akzentuieren (Hauer/Ultsch, 2010, S. 58). Wir verstehen unter Controlling das Managen eines Systems von Daten, mit denen Unternehmensprozesse gesteuert werden sollen. Es kann sich dabei um Daten für Teilprozesse, z.B. den Personalbereich, oder um Angaben für das Unternehmen als Ganzes handeln. Die Steuerung erfolgt prinzipiell dergestalt, dass zunächst Zieldaten, welche die Steuerungsrichtung bestimmen, vorgegeben werden. Entscheidungen sind dann so zu treffen, dass die aus ihnen resultierenden Ist-Daten mit den Zieldaten nicht in Widerspruch stehen. Bei Bildungscontrolling bezieht sich der Zieldatensatz – und beziehen sich dann natürlich auch die Ist-Daten – auf den Bildungsbereich. Da wir uns in diesem Buch mit unternehmensbezogener Bildung, also Personalentwicklung, befassen, spielen Angaben, die andere Bereiche von Bildung betreffen, hier keine Rolle. Wir verwenden trotzdem klassifizierend den Begriff Bildungscontrolling, weil er (noch) stärker verbreitet ist als der Begriff Personalentwicklungscontrolling (vgl. Lang, 2006; Hölbling/Stößel/Bohlander, 2010).

KMU: Die europäische Kommission (2006) versteht unter KMU Kleinstunternehmen sowie kleine und mittlere Unternehmen, die weniger als 250 Personen beschäftigen und außerdem einen Jahresumsatz von höchstens 50 Millionen Euro haben oder deren Jahresbilanzsumme nicht mehr als 43 Millionen Euro beträgt. Diese unter Fördergesichtspunkten gewählte Definition wird in dem vorliegenden Buch nur bezüglich der Höchstzahl von 250 Beschäftigten verwendet. Unser Augenmerk gilt innerhalb dieser Gruppe vor allem den Unternehmen mit bis zu 10 Beschäftigten, weil sie 90 % der Unternehmen ausmachen, die sich nicht an Weiterbildung beteiligten.

Mittelstand: Die Ausdrücke Mittelstand oder mittelständische Unternehmen werden häufig synonym zu KMU gebraucht. Das Institut für Mittelstandsforschung Bonn hat gegen die quantifizierende Definition der Europäischen Kommission eine qualifizierende Abgrenzung gesetzt und versteht unter

3.1 Bezugsrahmen

mittelständischen Unternehmen „[alle] diejenigen Familienunternehmen, die durch Einheit von Eigentum und Leitung geprägt sind. Mittelständische Unternehmen sind demnach immer Eigentümer geführte Familienunternehmen." (Wallau/Haunschild, 2007, S. 5). Da es unter den so definierten mittelständischen Unternehmen eine Menge großer Unternehmen gibt, die in selbstverständlicher Weise umfangreich betriebliche Weiterbildung betreiben, beschreibt der Ausdruck KMU besser die von uns ins Auge gefasste Zielgruppe.

3 Stand der Weiterbildung in Deutschland

3.1 Bezugsrahmen

In diesem Kapitel geht es darum, die Weiterbildungsstruktur in Deutschland darzustellen. Dabei werden im folgenden, zweiten Teil dieses Kapitels die Akteure auf dem Weiterbildungsfeld in ihrer Sichtweise auf Weiterbildung, d.h. mit ihren Interessen an diesem Gegenstand gekennzeichnet. Es handelt sich hier erstens um die Unternehmen, zweitens um die – potenziellen – Teilnehmer an Weiterbildungsveranstaltungen, drittens um die Anbieter von Weiterbildungsmaßnahmen und viertens um den Staat.

Weiterbildung wird in den nachstehenden Ausführungen auf berufliche bzw. betriebliche Weiterbildung beschränkt. Allgemeine Weiterbildung ist nur insofern eingeschlossen, als sie unter betriebliche Weiterbildung fällt. Des besseren Verständnisses wegen werden im dritten Teil dieses Kapitels Begriffe erläutert, mit deren Hilfe die Weiterbildungsstruktur in Deutschland beschrieben werden kann. Das Material zur Beschreibung wird im Allgemeinen Studien entnommen, die sich auf regelmäßige Befragungen – im Wesentlichen von Betrieben und Unternehmen – stützen. Dabei muss in Kauf genommen werden, dass in den Befragungen gegebenenfalls unterschiedliche Abgrenzungen der zu untersuchenden Sachverhalte, andere räumliche Rahmen und auch differierende Zeitbezüge vorgenommen werden und deshalb die Ergebnisse nur bedingt vergleichbar sind.

Während im zweiten Teil des Kapitels die Sichtweisen der Weiterbildungsakteure im Vordergrund stehen, wird im vierten Abschnitt die Weiterbildungsstruktur in Deutschland zahlenmäßig beschrieben. Dabei wird Bezug genommen auf Teilnehmermerkmale, Beteiligung der Betriebe nach Größe, Branche und Beschäftigten, auf Methoden der Weiterbildung und Motive für

Beteiligung bzw. Nichtbeteiligung, auf die Kosten der Weiterbildung und auf die Situation der Weiterbildungsunternehmen.

Das vierte Kapitel analysiert die betriebliche bzw. berufliche Weiterbildung in Deutschland im Hinblick auf die Gründe für eine Beteiligung bzw. Nichtbeteiligung von Unternehmen an Weiterbildung. Dabei wird auch auf den Zusammenhang von Weiterbildungsbeteiligung einerseits sowie Innovation und wirtschaftlichem Erfolg andererseits eingegangen. Außerdem werden die Implikationen erörtert, die sich aus dieser Analyse für KMU ergeben, und es wird eine Perspektive für eine unternehmensbezogene Überprüfung der Weiterbildungsoption formuliert.

3.2 Vier Sichtweisen auf Weiterbildung

3.2.1 An Weiterbildung interessierte Gruppen

Weiterbildung kann unter vier Gesichtspunkten betrachtet werden.

- Aus der Sicht des Unternehmens, das Weiterbildung für seine Mitarbeiter angeboten bekommt und gegebenenfalls auch braucht
- Aus der Sicht des Teilnehmers, der Weiterbildungsmaßnahmen von Weiterbildungsunternehmen oder seinem Arbeitgeber angeboten bekommt
- Aus der Sicht des Weiterbildungsunternehmens (Weiterbildungsanbieters), das seine Leistungen verkaufen möchte
- Aus staatlicher Perspektive im Hinblick auf gesamtwirtschaftliche Folgen und soziale Konsequenzen. In Bezug auf letzteren ist der weite Bereich materieller staatlicher Förderung von Weiterbildung nicht Gegenstand dieses Kapitels.

Abb. 3.1: Akteure im Weiterbildungsfeld

3.2.2 Sicht des Unternehmens

Unternehmen brauchen Weiterbildung für ihre Mitarbeiter, um sie für die sich ständig ändernden Produkte und Prozesse in ihrem Geschäftsbereich und der Wirtschaft insgesamt zu qualifizieren. Berufsausbildung als berufliche Erstausbildung, so gut sie auch sei, kann nur Grundlegendes vermitteln und im günstigsten Fall den späteren Erwerb neuer Kompetenzen erleichtern. Wenn sich neue technische Entwicklungen abzeichnen und diese von der Unternehmensleitung für verfolgungswürdig gehalten werden, müssen Ingenieure und Mechaniker bzw. Chemiker und Laboranten oder Entwickler und Programmierer diese im eigenen Unternehmen umsetzen können. In vielen Fällen wird die Wettbewerbssituation den Einstieg in solche Entwicklungen geradezu erzwingen. Marketing- und Vertriebsmitarbeiter müssen Veränderungen an vorhandenen Produkten und neue Angebote ihres Unternehmens so genau kennen lernen, dass sie diese bisherigen Kunden und potenziellen Geschäftspartnern gut erklären können. Soweit im Unternehmen neue Prozesse eingeführt werden sollen, z.B. durch die Abbildung und Steuerung der Wertschöpfungskette mittels IT-Systemen (man denke an SAP oder Oracle) müssen fast alle Mitarbeiter daran geschult werden. Der bisher erwähnte Schulungsbedarf erscheint unvermeidlich, auch wenn der Umfang der erforderlichen Weiterbildung und die Auswahl der Mitarbeiter, die beteiligt werden müssen, zu diskutieren sind. Es dürfte auch klar sein, dass sich entsprechende Weiterbildungsmaßnahmen eng an den Gegebenheiten des jeweiligen Unternehmens orientieren müssen.

Es gibt aber auch Weiterbildung, die nicht unbedingt notwendig ist, aber sinnvoll sein kann. Hier wäre vor allem an Qualifizierungsmaßnahmen zu denken, die Effizienzsteigerungen bewirken. Wenn Mitarbeiter zusätzliche Qualifikationen erwerben dürfen, die auf das Unternehmen bezogen insgesamt zu Kostensenkungen und höherer Wettbewerbsfähigkeit führen, sind das wirtschaftlich sinnvolle Maßnahmen. Ähnlich sind Maßnahmen zu beurteilen, die sicher stellen, dass voraussichtlich ausscheidende Mitarbeiter durch Personal aus den eigenen Reihen, das aber aktuell noch nicht adäquat qualifiziert ist, ersetzt werden kann. Dabei ist natürlich abzuwägen, ob nicht die Einstellung neuer Mitarbeiter von außen eine vorteilhaftere Alternative wäre. In diese Kategorie gehören auch alle Weiterbildungsmaßnahmen, deren direkter Nutzen für das Unternehmen nicht zu erkennen ist, die aber indirekt von Vorteil sein können. Solche Vorteile wären Bindung an das Unternehmen und Umgehung von andernfalls zu gewährenden Gehaltserhöhungen. Weiterbildungsmaßnahmen dieser Art können auch als Incentives, also zur Motivationssteigerung eingesetzt werden. Schließlich ist im Zusammenhang mit dieser Art von Weiterbildung auch an Maßnahmen zur Work-Life-Balance zu denken.

Aus der Sicht des Unternehmens können Weiterbildungsmaßnahmen aber auch überflüssig sein, d.h. weder einen direkten noch einen indirekten Vorteil bieten. Diese werden häufig Kurse sein, die der allgemeinen bzw. kulturellen Bildung dienen. Hier möge man an Sprachkurse für Mitarbeiter denken, deren Ergebnisse diese zwar privat nutzen können, die aber in keinem Zusammenhang zu ihren beruflichen Aufgaben stehen. Zu nennen sind hier auch die Qualifikationen, die von Unternehmen erwartet werden, damit ihre Mitarbeiter „employable", also beschäftigbar, bleiben. Die Beherrschung der Office-Pakete des PCs wird immer häufiger als eine selbstverständliche Einstellungsvoraussetzung gesehen. Wenn Mitarbeiter, die diese Qualifikation nicht mitbringen, in Zukunft mit Office-Paketen arbeiten müssen, fällt es in ihre Verantwortung, diese Qualifikation nachzuholen und auch die dafür anfallenden Kosten zu tragen. Tabelle 3.1 fasst das Gesagte zusammen.

Tab. 3.1: Sicht des Unternehmens

	Direkte Kosten	Arbeitszeit	Gewinn
Weiterbildung ist notwendig	Spielen keine Rolle	Wird zur Verfügung gestellt	Ist kalkuliert
Weiterbildung ist sinnvoll	Müssen im Verhältnis zum erwarteten Gewinn stehen	Ob Arbeitszeit zur Verfügung gestellt wird hängt von Relation Kosten zu erwartetem Gewinn ab	Nur Gewinn-**erwartung**
Weiterbildung ist überflüssig	Werden nicht akzeptiert	Wird nicht zur Verfügung gestellt	Wird nicht erwartet

3.2.3 Sicht des Teilnehmers

Aus der Sicht des Teilnehmers, genau genommen des potenziellen Teilnehmers, gibt es ähnliche Perspektiven wie aus der Sicht des Unternehmens. Der Teilnehmer wird eine Weiterbildung für notwendig halten, wenn die damit erworbene Qualifikation zur Aufrechterhaltung seines Lebensstandards unabdingbar ist. Es kann sich dabei um eine Maßnahme handeln, die einem Arbeitslosen einen neuen Arbeitsplatz in Aussicht stellt oder einem Beschäftigten seinen bisherigen Arbeitsplatz sichert. Hier ist an arbeitslose Ungelernte zu denken, die mit einer Umschulung nachgefragte berufliche Kompetenzen erwerben können, bzw. an Gelernte, die bislang berufsfremd arbeiten konnten, aber nach der Einführung neuer Prozesse nicht mehr eingesetzt werden können.

Man wird zwar unterstellen dürfen, dass so beschriebene – potenzielle – Teilnehmer alles tun werden, die notwendigen Qualifikationen zu erwerben, weiß aber auch, dass es diesbezüglich durchaus Ausnahmen gibt. Damit ist zu rechnen, obwohl die angesprochenen Maßnahmen häufig staatlich finanziell gefördert werden. Soweit Teilnehmer nicht arbeitslos sind, werden entsprechende Weiterbildungsmaßnahmen oft auch – wenigstens zum Teil – vom Arbeitgeber finanziert. Als Beispiel kann hier die Weiterbildung Ungelernter zum Chemikanten in der Chemischen Industrie dienen.

Ob eine Weiterbildung aus der Sicht des Teilnehmers zwar nicht notwendig, aber sinnvoll ist, hängt von dem unterstellten Verhältnis des Nutzens zum Einsatz ab. Hier sind insbesondere alle Aufstiegsweiterbildungen zu nennen. Wenn ein Mitarbeiter mit Berufsausbildung in einem gewerblichen Beruf eine Weiterbildung zum Meister anstrebt oder ein kaufmännischer Sachbearbeiter ein Hochschulstudium parallel zu seiner Berufstätigkeit absolvieren möchte, haben beide einen beruflichen Aufstieg mit besseren Arbeitsmöglichkeiten und Verdienstperspektiven vor Augen. Ob sich diese Weiterbildung im Einzelfall lohnt, hängt von dem für die Weiterbildung zu zahlenden Preis und der einzubringenden Freizeit ab, die zu dem in der Zukunft erwarteten Nutzen aus der Weiterbildung ins Verhältnis zu setzen sind. Hier sind auch Fremdsprachenkurse zu nennen und z.B. Seminare in Zeitmanagement, wenn sie die Berufsaussichten in realisierbarer Weise verbessern. Selbstverständlich gehören in diese Kategorie auch alle Weiterbildungsveranstaltungen, die zwar nicht beruflich verwertbar sind, aber anderen Interessen des Teilnehmers dienen. Dies kann z.B. das Erlernen von Fremdsprachen für den Urlaub oder die Verbesserung der Redegewandtheit für Vereinsveranstaltungen betreffen.

Auch aus der Sicht des – potenziellen – Teilnehmers gibt es überflüssige Weiterbildung. Das können vom Unternehmen aufgegebene Weiterbildungsveranstaltungen sein, die ihm keinen Nutzen bringen, weil er den Stoff schon beherrscht. Damit wäre im Einzelfall zu rechnen, wenn alle Mitarbeiter einer Unternehmenseinheit die gleiche Schulung in neuer Software absolvieren müssten und einige Beschäftigte sich schon separat damit vertraut gemacht haben. Ein Teilnehmer mag eine Weiterbildung auch als überflüssig betrachten, wenn er nicht erkennen kann, wie sie ihm bei seiner täglichen Arbeit nutzen kann bzw. in einer anderen Funktion für ihn vorteilhaft wäre. Man stelle sich dazu z.B. Schulungen in Unternehmensethik oder in Grundsätzen für Führung und Zusammenarbeit vor, wenn viele Mitarbeiter die anders gelagerte Wirklichkeit im Unternehmen kennen. Natürlich gibt es auch überflüssige Weiterbildung ohne Berufsbezug. Dabei handelt es sich um Maßnahmen, die weder beruflich verwertbar noch von privatem Interesse sind. Selbstverständlich hängt der Inhalt dieser Kategorie von den Präferenzen des Einzelnen ab. Tabelle 3.2 fasst das Gesagte zusammen.

Tab. 3.2: Sicht des Teilnehmers

	Preis	Freizeit	Nutzen
Weiterbildung ist notwendig	Wird – wenn irgend möglich – aufgebracht	Wird zur Verfügung gestellt	Ist kalkuliert
Weiterbildung ist sinnvoll	Müssen im Verhältnis zum erwarteten Nutzen stehen	Ob Freizeit eingebracht wird hängt von Relation Kosten zu erwartetem Nutzen ab	Nur Nutzen**erwartung**
Weiterbildung ist überflüssig	Preis wird nicht gezahlt	Wird nicht eingebracht	Wird nicht erwartet

3.2.4 Sicht des Weiterbildungsanbieters

Die Zielgruppe der Weiterbildungsanbieter sind Unternehmen, potenzielle Teilnehmer, also einzelne Personen, und der Staat in Form seiner Ministerien, Behörden, Anstalten usw.

Die größte Bedeutung haben die Offerten der Weiterbildungsanbieter an Unternehmen, Anpassungs- bzw. Aufstiegsweiterbildung für sie durchzuführen. Soweit nicht Unternehmen von sich aus auf Anbieter mit entsprechenden Anfragen zukommen, treffen letztere in diesem Segment mit ihren Akquisitionsbemühungen auf eine größere Resonanz. In dem Maße, in dem Unternehmen entsprechende Weiterbildungsmaßnamen nicht in eigener Regie und mit eigenen Ressourcen durchführen können, werden sie insbesondere bei der – betrieblich als notwendig erachteten – Anpassungsweiterbildung gern professionelle Hilfe in Anspruch nehmen. Anders sieht es bei Angeboten zur Aufstiegsweiterbildung aus. Hier haben Weiterbildungsanbieter nur eine Geschäftschance, wenn sie mit den Argumenten überzeugen, zukünftige Führungskräfte aus den eigenen Reihen gewinnen bzw. wertvolle Mitarbeiter halten zu können.

Den Unternehmen werden auch Angebote für die persönliche Entwicklung der Mitarbeiter und ihre berufliche Entwicklung gemacht. Auf die persönliche Entwicklung zielen z.B. Maßnahmen zu Personal Mastery, zur Work-Life-Balance und zur sinnvollen Gestaltung des Ruhestandes. Die Weiterbildungsanbieter werden gegenüber den Unternehmen natürlich den Nutzen der von ihnen beworbenen auf die persönliche Entwicklung der Mitarbeiter ausgerichteten Weiterbildungsmaßnahmen hervorheben. Da sich deren Nutzen jedoch zumindest augenfällig für die Mitarbeiter ergibt, für die Unternehmen aber der finanzielle Erfolg im Vordergrund steht, brauchte es plausible Beispielrechnungen, um letztere zur Beteiligung zu gewinnen. Erfahrungsgemäß ist es aber schwer, wenigstens einigermaßen belastbare Kalkulationen aufzustellen. Man wird deshalb davon ausgehen dürfen, dass die auf die persönliche Entwicklung der Mitarbeiter ausgerichteten Weiterbildungsmaßnahmen aus der Sicht der Unternehmen eine untergeordnete Rolle spielen und nur bei entsprechendem finanziellen Spielraum in größerem Umfang eingekauft werden.

Abb. 3.2: Zielgruppen und Themenbereiche für Weiterbildungsanbieter

Erfahrungsgemäß ist es nicht einfach, Teilnehmer für Weiterbildungsmaßnahmen zu gewinnen, die „nur" der persönlichen Entwicklung dienen und nicht erkennbar auch beruflich verwertet werden können. Dies liegt nicht an den Maßnahmen selbst, sondern in erster Linie an dem Preis der Maßnahmen – so moderat er auch sein mag – und dem Einsatz von Freizeit, weil im Allgemeinen ein überzeugendes Bewertungskonzept ihres Nutzens nicht zur Verfügung steht. Die Situation sieht anders aus, wenn sich der Arbeitgeber an den Kosten beteiligt oder diese sogar übernimmt. Dass sich Mitarbeiter ohne Unternehmensbeteiligung von Anbietern für Anpassungsweiterbildungsmaßnahmen gewinnen lassen, dürfte eher die Ausnahme sein, da zumindest bisher das mit ihnen verbundene Unternehmensinteresse wenigstens zu einer Kostenübernahme führt. Mit der Ausbreitung der Vorstellung, dass die Aufrechterhaltung seiner „Employability" Sache des Mitarbeiters sei, bahnt sich aber auch in diesem Segment eine gewisse Verlagerung an.

Am erfolgreichsten dürften sich Angebote an Teilnehmer erweisen, ihnen mit Weiterbildungsmaßnahmen einen beruflichen Aufstieg zu ermöglichen. Die praktisch in allen Branchen zu beobachtende „Verdrängung" von Mitarbeitern mit „nur" Berufsausbildung durch Kollegen mit IHK-zertifizierten Weiterbildungs- oder Hochschulabschlüssen leistet den Weiterbildungsanbietern gute Dienste bei ihrer Verkaufsargumentation. Zum Vorteil der Weiterbildungsanbieter wirkt sich auch aus, dass bereits überzeugte – potenzielle – Teilnehmer häufig versuchen, ihre Vorgesetzten bzw. ihre Personalabteilung dafür zu gewinnen, sich an den Kosten der ins Auge gefassten Weiterbildung zu beteiligen oder diese gar zu übernehmen. Wenn der Weiterbildungsanbieter ein Konzept hat, das von dem Teilnehmer das Einbringen von Freizeit erfordert, wachsen verständlicher Weise die Erfolgschancen solcher Versuche.

3.2 Vier Sichtweisen auf Weiterbildung

Angebote an staatliche Stellen, die Weiterbildung zur persönlichen Entwicklung der Teilnehmer betreffen, sind im Allgemeinen nicht vielversprechend. In den Fällen, in denen solche Maßnahmen der sozialen Wiedereingliederung oder der Verhinderung von sozial unerwünschtem Verhalten (Kriminalität) dienen, finden darauf spezialisierte Anbieter jedoch auch zahlende Abnehmer für ihre Leistungen. Anpassungsweiterbildungsangebote versprechen nur dann Erfolg, wenn der Bedarf, den staatliche Stellen haben, nicht von eigenen Bildungseinrichtungen gedeckt werden kann. Wenn es in einer Region allerdings an Qualifikationen fehlt, die zur Wirtschaftsentwicklung erforderlich sind, und Unternehmen diesen Engpass nicht sehen oder nicht in „Vorleistung" treten wollen, können auch diesbezügliche Geschäftsabschlüsse mit staatlichen Stellen lukrativ sein. Von wachsender Bedeutung ist die Entsendung von Mitarbeitern der Öffentlichen Hand in Maßnahmen der Aufstiegsweiterbildungen. Dies gilt vor allem deshalb, weil die Anpassung der Geschäftsprozesse (z.B. Kosten- und Leistungsrechnung, Controlling, Bilanzierung) in Behörden und Ämtern an die Organisationsgestaltung in Unternehmen Kompetenzen erfordert, die von speziellen Weiterbildungsanbietern, z.B. auch Hochschulen, vermittelt werden. Tabelle 3.3 fasst das Gesagte zusammen.

Tab. 3.3: Sicht des Weiterbildungsanbieters

	Persönliche Entwicklung	Berufliche Entwicklung	
		Anpassungsweiterbildung	Aufstiegsweiterbildung
Angebote an Unternehmen	Spielen eine untergeordnete Rolle	Sind von besonderem Interesse	Treffen nur auf bedingtes Interesse
Angebote an Teilnehmer	Werden im Hinblick auf Preis und erwarteten Nutzen kritisch geprüft	Interesse hängt von Druck und Perspektiven im Unternehmen ab	Sind von großem Interesse
Angebote an den Staat	Sind im Allgemeinen nicht vielversprechend, nur in speziellen Fällen	Werden nur bei nicht selbst zu deckendem Bedarf oder ausnahmsweise aus regionalpolitischen Gründen akzeptiert	Gewinnen wegen der Anpassung staatlicher Organisationsstrukturen an Unternehmensprozesse an Bedeutung

3.2.5 Sicht des Staates

Die Sicht des Staates auf Weiterbildung kann auf die gesamtwirtschaftlichen Folgen von Weiterbildung und auf ihre sozialen Konsequenzen fokussiert werden. Durch die Schaffung von Rahmenbedingungen, die ein zielgerichtetes und ausreichendes Angebot an Weiterbildungsmaßnahmen gewährleisten, trägt der Staat zur Sicherung der volkswirtschaftlichen Wertschöpfung bei. Der Sachverhalt, dass Bildung der einzige bedeutende „Rohstoff" auf deutschem Boden ist, macht seine Bereitstellung und Aufrechterhaltung zur Voraussetzung für langfristige und auch schon aktuelle Standortsicherung. Hier ist z.b. die Verantwortung des Staates für eine ausreichende Anzahl von Hochschulzugangsberechtigten und natürlich als Konsequenz auch für genügend Studienplätze anzuführen. Das hochgesteckte bildungspolitische Ziel, die Zahl der Hochschulabsolventen deutlich zu erhöhen, kann realistischer Weise nur erreicht werden, wenn Berufstätigen ohne Hochschulabschluss ein solcher parallel zu ihrer Berufstätigkeit ermöglicht wird. Der hohe Anteil von Schülern, die die allgemeinbildenden Schulen ohne Abschluss oder mit Hauptschulabschluss verlassen, bietet Anlass zur Sorge, dass nicht genügend qualifizierte Facharbeiter aus dem dualen System der Berufsausbildung in ein Beschäftigungsverhältnis übernommen werden können. Die erwartete demografische Entwicklung verstärkt diese Bedenken. Hier ist die Bereitstellung oder zumindest Förderung von Weiterbildungsmöglichkeiten nicht nur geboten, sondern unverzichtbar zur Aufrechterhaltung der Wettbewerbsfähigkeit der deutschen Wirtschaft. Letztere hängt aber nicht nur von einer „Grundversorgung" mit Bildung ab, sondern auch von immer effizienteren Produktionsprozessen. Es liegt auf der Hand, dass nur permanente berufliche Weiterbildung – arbeitslebenslanger beruflicher Kompetenzerwerb – immer effizientere Ergebnisse ermöglicht.

Im dem Maße, in dem Weiterbildung zur Sicherung der Wertschöpfung beiträgt, schafft sie auch Arbeitsmöglichkeiten. Es handelt sich hier offensichtlich um zwei Seiten einer Medaille. Beschäftigte – allerdings mit ausreichendem Verdienst – benötigen keine finanzielle staatliche Unterstützung und entlasten das Budget für Sozialleistungen. Wer entgeltliche Arbeit hat, die ihm eine Lebensperspektive bietet, wird keinen Anlass sehen, sich gegen die Gesellschaft und seine Mitbürger zu empören. Wem in seiner Jugend nicht Gelegenheit geboten wurde – aus welchen Gründen auch immer –, sich seiner Begabung entsprechend zu bilden, dem schaffen Weiterbildungsmöglichkeiten einen nachträglichen Chancenausgleich. Tabelle 3.4 fasst das Gesagte zusammen.

Tab. 3.4: Sicht des Staates

Weiterbildung hat Folgen		Weiterbildung zielt auf	
		Sicherung der Wertschöpfung	Schaffung von Arbeitsmöglichkeiten
Gesamtwirtschaftliche Folgen	Langfristige Standortsicherung	x	
	Aktuelle Standortsicherung	x	
	Effizienzsteigerung	x	
Soziale Konsequenzen	Senkung der Sozialkosten		x
	Verhinderung sozialer Unrest		x
	Ausgleich von Chancenungleichheit		x

3.3 Erläuterung strukturrelevanter Begriffe

Allgemeines

In den Berufsbildungsberichten des Bundesinstituts für Berufsbildung (BiBB) werden als wichtigste Informationsquellen zur betrieblichen Weiterbildung genannt (BiBB 2009, S. 244):

- die Erhebungen des Instituts der Deutschen Wirtschaft (IW)
- die Betriebspanels des Instituts für Arbeitsmarkt- und Berufsforschung (IAB) der Forschungseinrichtung der Bundesagentur für Arbeit
- die europäischen Erhebungen des Continuing Vocational Training Survey (CVTS)

Es gibt aber selbstverständlich viel mehr Quellen, die interessante Daten zur betrieblichen Weiterbildung enthalten. Wo es zur Klärung beiträgt, werden deshalb auch Angaben aus anderen Quellen herangezogen. Hier ist die Studie „Weiterbildungsbeteiligung in Deutschland – Eckdaten zum BSW-AES 2007" (BSW = Berichtssystem Weiterbildung, AES =Adult Education Survey) zu nennen, die im Auftrag des Bundesministeriums für Bildung und Forschung von TNS Infratest Sozialforschung in München erstellt wurde (Rosenbladt/Bilger, 2008). Insbesondere wird auch auf die Ergebnisse im Projektbericht „Betriebliche und berufliche Weiterbildung für Bildungsferne in Hessen" des Institut für Wirtschaft, Arbeit und Kultur (Beckmann/ Schmid, 2009) Bezug genommen.

Leider unterscheiden sich die Quellen oft hinsichtlich der zugrunde liegenden Definitionen für die verwendeten Begriffe. Bei der Würdigung der präsentierten Ergebnisse muss deshalb immer auch darauf geachtet werden, welche Definitionen zugrunde gelegt wurden. Natürlich ist auch wichtig, welche Branchen berücksichtigt wurden und wie viele Unternehmen wann befragt werden konnten. Nachstehend werden wichtige Begriffe erläutert, die für die Struktur der Weiterbildung in Deutschland wichtig sind.

Betriebsgröße
Die Betriebsgröße wird in den o.g. wichtigsten Quellen nach der Anzahl der Beschäftigten angegeben. Da sie sich aber in den berücksichtigten Branchen, den Untersuchungseinheiten und der Einteilung in Größenklassen unterscheiden, müssen die Anwendbarkeit auf Unternehmenstypen bzw. Betriebstypen (z.B. kleine Unternehmen, kleine Betriebe) und auf Kategorien von Mitarbeiterinnen und Mitarbeitern (z.B. sozialversicherungspflichtige Beschäftigte) sorgfältig bedacht werden:

- **IW-Erhebung 2008** (Lenske/Werner, 2009): kleinste *Unternehmen* 1 bis 49 sozialversicherungspflichtig Beschäftigte
- **IAB-Betriebspanel 2009** (Bechmann/Dahms/Fischer/Frei/Leber, 2010): kleinste *Betriebe* 1 bis 9 sozialversicherungspflichtig Beschäftige
- **CVTS3 von 2005** (Behringer/Käpplinger/Kampmann/Kienitz-Adam, 2010): Befragung von Unternehmen mit mindestens 10 Beschäftigten

Betriebliche Weiterbildung
- **IW-Erhebung 2008** (Lenske/Werner, 2009): Betriebliche Weiterbildung umfasst sowohl formelle Maßnahmen wie Lehrgänge, Kurse und Seminare als auch informelle Maßnahmen wie Unterweisungen am Arbeitsplatz, Informationsveranstaltungen oder PC-gestütztes Lernen. Die Wei-

3.3 Erläuterung strukturrelevanter Begriffe

terbildung muss ganz oder teilweise von Unternehmen direkt oder indirekt finanziert werden.
- **IAB-Betriebspanel 2009** (Bechmann/Dahms/Fischer/Frei/Leber, 2010): Betriebliche Weiterbildung entspricht im Wesentlichen der Definition in der IW-Erhebung 2008.
- **CVTS3 von 2005** (Behringer/Käpplinger/Kampmann/Kienitz-Adam, 2010): Betriebliche Weiterbildung umfasst die vorausgeplanten und organisierten Lernformen, die vom Unternehmen vollständig oder teilweise finanziert werden.
- **Eckdaten zum BSW-AES 2007** (Rosenbladt/Bilger, 2008): Hier wird die Teilnahme an beruflicher Weiterbildung über besuchte Lehrgänge und Kurse erfasst, die unmittelbar mit dem Beruf zu tun haben.

Weiterbildungsbeteiligung
Weiterbildungsbeteiligung bezieht die Anzahl der Unternehmen bzw. Betriebe, die betrieblich weiterbildungsaktiv sind, auf die Anzahl aller Unternehmen bzw. Betriebe. Im IAB-Betriebspanel ist der Bezugszeitraum das erste Halbjahr eines Jahres und die Anzahl aller Betriebe die Anzahl der Betriebe in Deutschland. Die weiterbildungsaktiven Betriebe in Deutschland werden über die befragte Stichprobe hochgerechnet.

Weiterbildungsquote
Weiterbildungsquote bezieht die Anzahl aller an betrieblichen Weiterbildungsmaßnahmen teilnehmenden Beschäftigten auf die Anzahl aller Beschäftigten im Erhebungszeitraum.

Weiterbildungskurse
Unter Weiterbildungskursen werden Lehrgänge, Kurse und Seminare verstanden.

Teilnahmequote
Teilnahmequote bezieht die Zahl der Beschäftigten, die an Weiterbildungs*kursen* teilnehmen, auf alle Beschäftigten. In manchen Studien wird die Zahl der Teilnehmer und Teilnehmerinnen an Weiterbildungskursen zur Anzahl der Personen im Alter von 19 – 64 Jahren in Verhältnis gesetzt.

Teilnahmestunden

Teilnahmestunden bezeichnet die Anzahl der Kursstunden je Teilnehmerin und Teilnehmer an Weiterbildungskursen.

Weiterbildungskosten

Allgemeines

Darüber, aus welchen Komponenten sich die Weiterbildungskosten zusammensetzen, besteht keine Einigkeit. Während die direkten Kosten von Weiterbildungskursen relativ klar abgegrenzt werden können, sind die indirekten Kosten von Weiterbildungskursen und erst recht von anderen betrieblichen Weiterbildungsmaßnahmen nicht leicht zu erfassen. So werden z.b. bei den indirekten Kosten von Weiterbildungskursen zwar Personalausfallkosten der Teilnehmer berücksichtigt, es ist aber unklar, wie diese zu berechnen sind.

Natürlich können anteilige Personalkosten der Teilnehmer in Ansatz gebracht werden, aber es ist fraglich, ob tatsächlich zusätzliche Kosten entstanden sind. Wenn Kolleginnen bzw. Kollegen während der Abwesenheit der Teilnehmer deren Aufgaben mit übernehmen, dann entsteht – soweit keine Überstunden zu bezahlen sind – dem Unternehmen keine zusätzliche Belastung. Falls Arbeiten liegen bleiben, wären die daraus resultierenden monetären Konsequenzen zu ermitteln, deren Höhe nur schwer zu berechnen sein dürfte. Dies wäre auch hinsichtlich des damit verbundenen Aufwands kaum zu rechtfertigen. Wenn in internen Weiterbildungsveranstaltungen Mitarbeiterinnen oder Mitarbeiter des Unternehmens, die in anderen Einheiten beschäftigt sind, informieren, ist es kaum möglich, deren Beitrag zweifelsfrei monetär zu bewerten.

Noch schwieriger wird die Erfassung von Kosten für betriebliche Weiterbildung, die nicht in Kursform stattfindet. Führt E-Learning am Arbeitsplatz zu schlechterer Erledigung des Tagesgeschäfts? Kann eine Mitarbeiterin ihre gewöhnlichen Aufgaben noch so gut wie geplant erledigen, wenn sie einen Kollegen in neue Tätigkeiten einarbeiten soll? Wie ist die Leistung der bzw. des sich Einarbeitenden zu bewerten?

Direkte Kosten von Weiterbildungskursen

Die direkten Kosten von Weiterbildungskursen umfassen die Zahlungen an externe Weiterbildungsanbieter, die Personalkosten für eigenes Weiterbildungspersonal, Raum- und Materialkosten und die Reisekosten der Teilnehmerinnen und Teilnehmer (vgl. Lenske/Werner, 2009).

Indirekte Kosten von Weitebildungskursen

Die indirekten Kosten von Weiterbildungskursen umfassen die Personalausfallkosten der Teilnehmerinnen und Teilnehmer, Umlagen oder Beiträge an Fonds (z.B. für kostenfreie oder verbilligte Teilnahme an Weiterbildungskursen) sowie Zuschüsse oder finanzielle Unterstützung für betriebliche Weiterbildung (z.B. an Mitarbeiterinnen und Mitarbeiter).

3.4 Weiterbildungsstruktur in Deutschland

3.4.1 Übersicht

Die Weiterbildungsstruktur in Deutschland wird im Allgemeinen durch Gliederungen im Hinblick auf die Teilnehmer, die Branchen, die Unternehmensgrößen sowie die Formen und Methoden dargestellt. Außerdem erfolgt oft auch ein Kostenvergleich (siehe Abb. 3.3). Wie tief dabei gegliedert wird bzw. gegliedert werden kann hängt vom Zweck der Darstellung und den verfügbaren Daten ab. Mit dem Continuing Vocational Training Survey liegen auch Daten für einen europäischen Vergleich vor. Die diesbezüglich letzte Erhebung stammt aus dem Jahr 2005 (Behringer/Käpplinger/Kampmann/Kienitz-Adam, 2010). Die nächste Untersuchung ist für 2011 vorgesehen.

Abb. 3.3   Kriterien der Weiterbildungsstrukturanalyse

3.4.2 Teilnehmerstruktur

Allgemeines

Eine Strukturierung der Teilnehmer kann unter verschiedenen Gesichtspunkten erfolgen. Im Allgemeinen sind Angaben zur Beteiligung der Altersgruppen an Weiterbildungsmaßnahmen, zur Vorbildung der Teilnehmer, zu ihrem Berufsstatus und zum Geschlecht von Interesse. Außerdem ist noch der Umfang ihrer Weiterbildungsbeteiligung von Bedeutung.

Beteiligung der Altersgruppen an betrieblicher Weiterbildung

Die Befragungen von IAB (Fischer et al., 2008, Bechmann et al., 2010) und IW (Lenske/Werner, 2009) sowie im Rahmen von CVTS3 (Behringer/Käpplinger/Kampmann/Kienitz-Adam, 2010) enthalten keine Angaben zur Altersstruktur der Teilnehmer. Doch gibt es Studien, die dazu Aussagen machen. In den „Eckdaten zum BSW-AES 2007" (Rosenbladt/Bilger, 2008) ergibt sich die in Abbildung 3.4 dargestellte Beteiligung an Weiterbildung der Altersgruppen in Bezug auf „Formalisierte Berufliche Weiterbildung". Darunter werden Lehrgänge und Kurse verstanden, die unmittelbar mit dem Beruf der Befragten zu tun haben. Die Beteiligung bezieht sich auf die Bevölkerung im entsprechenden Alter.

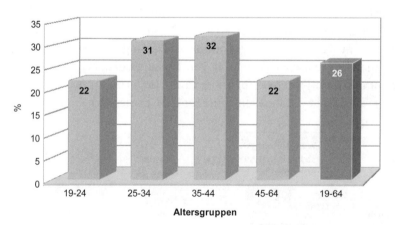

Abb. 3.4 Beteiligung der Bevölkerung an Weiterbildung in % der Altersgruppen

3.4 Weiterbildungsstruktur in Deutschland

Die sich auf Hessen beziehende Studie „Betriebliche und berufliche Weiterbildung für Bildungsferne in Hessen" (Beckmann/Schmid, 2009), die ebenfalls Daten des Jahres 2007 erfasst, ist aufgrund anderer Abgrenzungen nicht direkt vergleichbar. Sie ist zwar regional begrenzt, aber sicherlich wenigstens tendenziell verallgemeinerbar. In ihr wird die in Abbildung 3.4 älteste Teilnehmergruppe noch einmal nach Altersuntergruppen differenziert.

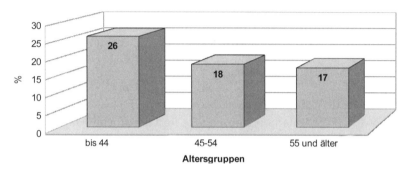

Abb. 3.5:   Weiterbildungsquoten der Altersgruppen in hessischen Betrieben 2007

Auch wenn man Abgrenzungsunterschiede in Betracht zieht, kann man davon ausgehen, dass **nicht mehr als ein Viertel** der Bevölkerung im Alter von 19 bis 64 Jahren an betrieblicher bzw. berufsbezogener Weiterbildung teilnimmt. Bei den älteren Arbeitnehmern ist der Anteil noch geringer.

Weiterbildungsbeteiligung nach dem beruflichen Abschluss
Nach den „Eckdaten zum BSW-AES 2007" (Rosenbladt/Bilger, 2008) hängt die Beteiligung an formalisierter Beruflicher Weiterbildung in Deutschland 2007 stark vom Berufsabschluss ab:

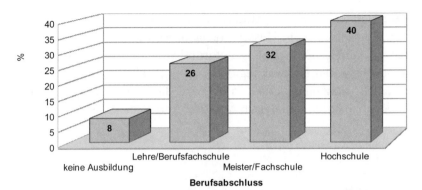

Abb. 3.6: Beteiligung an formalisierter Beruflicher Weiterbildung in Deutschland 2007 nach Berufsabschluss

Die Ergebnisse in den „Eckdaten zum BSW-AES 2007" (Rosenbladt/Bilger, 2008) werden durch die Daten in „Betriebliche und Berufliche Weiterbildung für Bildungsferne in Hessen" (Beckmann/Schmid, 2009) im Wesentlichen bestätigt, wie sich aus Abbildung 3.7 ergibt.

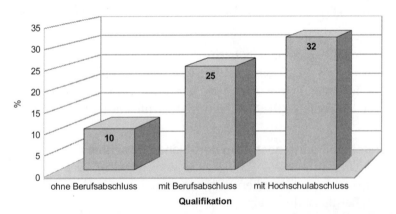

Abb. 3.7: Weiterbildungsquoten von Beschäftigten in hessischen Betrieben 2007 nach Qualifikation

Auch das IAB-Betriebspanel 2007 (Fischer/Dahms/Bechmann/Bilger/Frei/Wahse/Möller, 2008), das nur einfache und qualifizierte Tätigkeiten unterscheidet, bestätigt den deutlich höheren Anteil besser Qualifizierter an betrieblicher Weiterbildung.

Beschäftigte mit Berufsabschluss nehmen mehr als doppelt so häufig an Betrieblicher Weiterbildung teil wie Beschäftigte ohne Berufsabschluss. Beschäftigte mit Hochschulabschluss sind drei- bis viermal so häufig in Betrieblicher Weiterbildung zu finden wie Beschäftigte ohne Berufsabschluss.

3.4.3 Branchenstruktur

Allgemeines

Bezüglich der Weiterbildungsbeteiligung nach Branchen kann man sich auf die Beteiligung der Betriebe einer Branche an Betrieblicher Weiterbildung beziehen (Betriebsbeteiligung) oder auf die Beteiligung der Beschäftigten einer Branche an Betrieblicher Weiterbildung (Beschäftigtenbeteiligung). Bei den Branchen werden hier die Branchen besonders berücksichtigt, die für eine nähere Betrachtung von KMU besonders geeignet erscheinen.

Beteiligung der Betriebe

Nach dem IAB-Betriebspanel 2007 (Fischer et al., 2008) ergibt sich folgende Betriebsbeteiligung der Branchen:

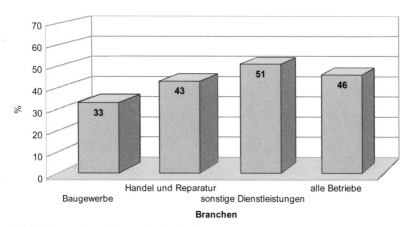

Abb. 3.8: Beteiligung der Betriebe einer Branche an Betrieblicher Weiterbildung

Beteiligung der Beschäftigten

Für die Beschäftigtenbeteiligung ergibt sich folgendes Bild, wenn wir der Vergleichbarkeit wegen die relativ umfassende Aufgliederung nach der IWAK-Studie für Hessen zugrunde legen:

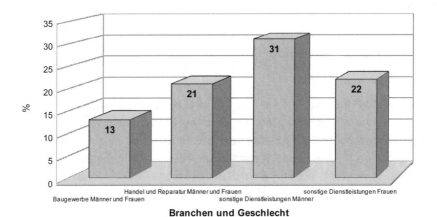

Abb. 3.9: Beschäftigtenbeteiligung nach Branchen in Hessen 2007

Aus den Eckdaten zum BSW-AES 2007 (Rosenblatt/Bilger, 2008) ergibt sich, dass die Weiterbildungsbeteiligung an formalisierter Beruflicher Weiterbildung in Deutschland im Handwerk mit 28% der Branchenbeschäftigten am niedrigsten ist. In Handel und Dienstleistungen sind es 31%, in der Industrie 33% und im Öffentlichen Dienst 48%.

In den Branchen Baugewerbe und Handel und Reparatur beteiligen sich unterdurchschnittlich viele Betriebe an Betrieblicher Weiterbildung und auch unterdurchschnittlich viele Beschäftigte im Vergleich zu anderen Branchen. Die Beschäftigtenbeteiligung im Handwerk ist die niedrigste aller Branchen.

3.4.4 Unternehmensgrößenstruktur

Allgemeines

Auch bei der Betrachtung der Unternehmensgrößenstruktur kann nach Beteiligung der Unternehmen an Betrieblicher Weiterbildung und nach Beteiligung der Beschäftigten in den unterschiedlichen Unternehmensgrößen an Betrieblicher Weiterbildung geschaut werden. Es ist zu beachten, dass häufig die Betriebe der Unternehmen als Untersuchungseinheiten zugrunde gelegt werden.

Beteiligung der Betriebe

Nach Angaben des IAB-Betriebspanels (Fischer et al., 2008) ergibt sich folgende Beteiligung der Betriebe nach Betriebsgrößenklassen:

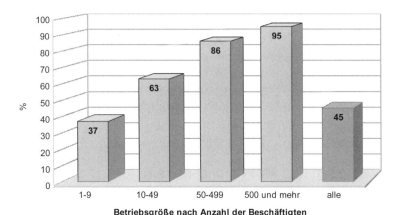

Abb. 3.10: Weiterbildungsbeteiligung der Betriebe 2007 nach Betriebsgröße

Beteiligung der Beschäftigten

Das IAB-Betriebspanel hat für 2007 (Fischer et al., 2008) eine Beteiligung der Beschäftigten relativ unabhängig von der Betriebsgröße von zwischen 20 und 23% ergeben. Bei Bezugnahme auf die IWAK-Studie (Baden/Schmid, 2008) ergibt sich, dass auch hier relativ unabhängig von der Betriebsgröße von den Beschäftigten im Alter bis einschließlich 44 Jahren etwa ein Viertel an Weiterbildungsmaßnahmen im Jahr 2007 teilnahmen. Bei den Beschäftig-

ten zwischen 45 und 54 Jahren waren es einheitlich 18% und bei den 55jährigen und älteren je nach Betriebsgröße zwischen 15 und 18%.
In diesem Zusammenhang verdient ein Ergebnis des IAB-Betriebspanels 2009 (Bechmann et al., 2010) Beachtung:

> „Kleinere Betriebe bilden zwar seltener weiter, wenn sie aber Weiterbildungsmaßnahmen durchführen, wird ein deutlich höherer Anteil von Mitarbeitern beteiligt. In jenen Kleinstbetrieben, die die Weiterbildung ihrer Beschäftigten durch Freistellung oder Kostenübernahme unterstützten – etwas mehr als ein Drittel aller Betriebe dieser Größenklasse –, betrug der Anteil der so geförderten Belegschaftsmitglieder 55%. Bei Großbetrieben, die nahezu alle weiterbildungsaktiv sind, ist der entsprechende Anteil mit rund 27% deutlich niedriger. Dieses Muster lässt sich in Ost und West gleichermaßen beobachten."(S. 93)

Je kleiner ein Betrieb ist, umso weniger wahrscheinlich ist seine Beteiligung an Betrieblicher Weiterbildung. Wenn er sich beteiligt, dann aber mit einem relativ hohen Anteil seiner Beschäftigten. Unabhängig von der Betriebsgröße beteiligen sich etwa ein Viertel aller Beschäftigten an Betrieblicher Weiterbildung.

3.4.5 Methoden und Motivationsstruktur

Allgemeines
Um Bedeutung und Trends der Betrieblichen Weiterbildung besser einschätzen zu können, ist es wichtig zu wissen, in welchen Formen Betriebliche Weiterbildung von den Betrieben angeboten wird (Methodenstruktur) und warum Beschäftigte an Betrieblicher bzw. Beruflicher Weiterbildung teilnehmen (Motivationsstruktur).

3.4 Weiterbildungsstruktur in Deutschland

Methoden der Betrieblichen Weiterbildung
Das IAB-Betriebspanel 2007 (Fischer et al., 2008, S. 73) weist folgende Methoden aus: Externe Kurse und Seminare (Externe), Interne Kurse und Seminare (Interne), Weiterbildung am Arbeitsplatz (am Arbeitspl.), Teilnahme an Vorträgen und Tagungen (Vortr./Tag.), Job-Rotation (Job-Rot.) sowie Selbstgesteuertes Lernen mit Medien (Selbstgest. L.). Diese Methoden finden sich in nachstehender Verteilung in den Betrieben:

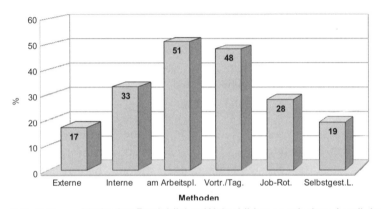

Abb. 3.11: Methoden Betrieblicher Weiterbildung nach dem Anteil der sie anbietenden weiterbildungsaktiven Betriebe

Motive für Betriebliche bzw. Berufliche Weiterbildung
Über die Weiterbildungsgründe der Teilnehmer geben die Eckdaten zum BSW-AES 2007 (Rosenbladt/Bilger, 2008) Auskunft, allerdings unterscheiden sich die Abgrenzungen von denen im IAB-Betriebspanel 2007. Folgende Kategorien werden verwendet: Umschulung auf neuen Beruf (Umschul.), Höhere Position oder Laufbahngruppe (Höh.Pos.), Einarbeitung (Einarbeitung), Notwendige Fortbildung (Notw.FB), Ergänzende Kenntnisse für Beruf (Erg.Kent.Beruf). Die Gründe werden mit nachstehender Häufigkeit genannt:

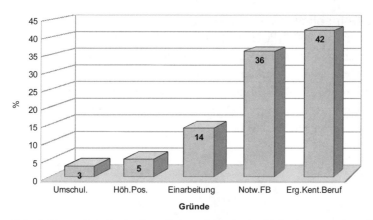

Abb. 3.12: Anteile der beruflichen Gründe der Teilnehmer an beruflicher Weiterbildung

Externe Kurse und Seminare spielen umfangmäßig nur eine untergeordnete Rolle in der von Betrieben geförderten Weiterbildung im Vergleich zu Lernen am Arbeitsplatz und Teilnahmen an Vorträgen/Tagungen. Dies korrespondiert mit den beruflichen Gründen der Teilnehmer, die Weiterbildung nur zu 8% mit Umschulung auf einen neuen Beruf oder das Anstreben einer höheren Position begründen.

3.4.6 Kosten der betrieblichen Weiterbildung

Die Kosten der Betrieblichen Weiterbildung sind nur bedingt genau zu erfassen. In der IW-Erhebung 2008 (Lenske/Werner 2009) musste die Mehrheit der Unternehmen die Kosten schätzen. In dieser Studie werden die Kosten der Betrieblichen Weiterbildung wie folgt aufgegliedert und angegeben:

3.4 Weiterbildungsstruktur in Deutschland

Tab. 3.5: Kosten der Betrieblichen Weiterbildung im Jahr 2007: Direkte und indirekte Kosten je Mitarbeiter ohne Auszubildende nach Kostenarten in Euro (Quelle: Lenske/Werner, 2009, S. 11)

	Direkte Kosten	Indirekte Kosten	Kosten insgesamt
Eigene Lehrveranstaltungen	107	222	330
Externe Lehrveranstaltungen	174	204	378
Informationsveranstaltungen	54	87	141
Lernen in der Arbeitssituation	-	86	86
Selbstgesteuertes Lernen mit Medien	14	35	50
Sonstige Weiterbildungskosten	11	0	11
Weiterbildungspersonal	58	0	58
Insgesamt	419	636	1053

Die Höhe der indirekten Kosten ist u. A. auch darauf zurückzuführen, dass nach der IW-Erhebung 2008 von 31,4 Weiterbildungsstunden je Mitarbeiter 20,5 Stunden auf die Arbeitszeit entfielen, deren Ausfall kostenmäßig bewertet wurde.

Die indirekten Kosten einer betrieblichen Weiterbildungsmaßnahme sind in allen Fällen deutlich höher als deren direkte Kosten. Externe Lehrveranstaltungen sind die teuersten Maßnahmen.

3.4.7 Europäischer Vergleich

Ein europäischer Vergleich, für den das CVTS3 (Behringer/Käpplinger/ Kampmann/Kienitz-Adam, 2010) eine Grundlage liefert, ist nur bedingt aussagekräftig. Insbesondere ist dabei zu bedenken, dass der Umfang und damit auch die Kosten der Betrieblichen Weiterbildung in erheblichem Maße vom Eingangsniveau der Teilnehmer, also deren Vorbildung und Berufsausbildung, abhängen.

Tab. 3.6: Weiterbildungsteilnahme in Stunden und Kosten in Kaufkraftstandards im Jahr 2005 (Quelle: BiBB, 2009, S. 250 f.)

	Deutschland	EU-Durchschnitt	Höchste Werte bei den Kosten (Dänemark)
Weiterbildungsstunden in Kursen je Teilnehmer	30	27	
Weiterbildungsstunden in Kursen je Beschäftigten	9	9	
Direkte Kosten für Lehrveranstaltungen je Teilnehmer	803	657	1264
Direkte Kosten für Lehrveranstaltungen je Beschäftigten	243*	216	437

* entspricht 237 Euro

Bei den Weiterbildungsstunden in Kursen je Beschäftigten liegt Deutschland genau im EU-Durchschnitt. Bei den direkten Kosten für Lehrveranstaltungen je Beschäftigten liegt Deutschland nur leicht über dem EU-Durchschnitt (12%).

3.4.8 Struktur der Weiterbildungsunternehmen

Allgemeines

Daten zur Struktur der *externen* Anbieter von Weiterbildungsveranstaltungen sind wichtig, weil fehlendes oder mangelndes Angebot für Nichtbeteiligung an Weiterbildung verantwortlich gemacht werden könnte oder wird.

Die Ausführungen zur Struktur der Weiterbildungsunternehmen beziehen sich ausschließlich auf das Projekt „Anbieterforschung" (Dietrich/Schade/Behrensdorf, 2008) von wbmonitor (Kooperationsprojekt des Bundesinstituts für Berufsbildung und des Deutschen Instituts für Erwachsenenbildung). Auch wenn die Schwierigkeiten, verlässliche Angaben über Anzahl und Typen von Weiterbildungsanbietern zu bekommen, auf der

3.4 Weiterbildungsstruktur in Deutschland

Hand liegen, dürften die Ergebnisse des Projekts doch wenigstens die Größenordnungen treffen.

Im Projekt „Anbieterforschung" wurde im „Ergebnisbericht Projekt Weiterbildungskataster" die Weiterbildungslandschaft in Deutschland erfasst. Nachstehend werden die Ausrichtung der Weiterbildungsanbieter, die Anbietertypen und die Verteilung der Anbieter auf die Bundesländer wiedergegeben.

Ausrichtung der Anbieter

Aus den 16.841 gültigen Angaben der erfassten Weiterbildungsanbieter ergab sich, dass 9.425 Anbieter nur berufliche Weiterbildung betrieben und 6.246 Anbieter sowohl allgemeine als auch berufliche Weiterbildung durchführten.

Anbietertypen

Tab. 3.7: Anbietertypen in % aller berücksichtigten Anbieter (Quelle: Dietrich/Schade/Behrensdorf, 2008, S. 27)

Anbietertypen	Anteil in %
Private Anbieter	41,3
Volkshochschule	23,5
Einrichtung eines anderen Vereins oder Verbandes	7,5
Einrichtung der Wirtschaft (Arbeitgeber, Kammern)	5,2
Einrichtung der Kirchen, eines konfessionellen Verbandes	3,9
Andere öffentliche Einrichtung wie Gemeinde, Bücherei, Museum	3,8
Sonstiges	3,7
Allgemeinbildende oder berufliche Schule	3,0
Selbständiger hauptberuflicher Trainer	3,0
Universität oder Hochschule	2,4
Einrichtung der Gewerkschaften	1,9
Einrichtung einer politischen Partei oder einer Stiftung	0,6

Verteilung der Anbieter auf die Bundesländer

Tab. 3.8: Verteilung der Weiterbildungsanbieter auf die Bundesländer nach absoluten Zahlen der berücksichtigten Anbieter und nach der Dichte* (Quelle: Dietrich/Schade/Behrensdorf, 2008, S. 31 und S. 39)

Bundesland	Anzahl	Dichte
Nordrhein-Westfalen	3281	29,9
Bayern	2659	34,5
Baden-Württemberg	2558	38,8
Hessen	1505	40,0
Niedersachsen	1375	28,7
Rheinland-Pfalz	869	35,4
Berlin	655	29,0
Sachsen	653	24,7
Hamburg	630	55,4
Schleswig-Holstein	612	35,9
Thüringen	455	30,9
Brandenburg	450	27,7
Sachsen-Anhalt	356	23,2
Mecklenburg-Vorpommern	269	24,8
Saarland	249	39,2
Bremen	198	47,9
Gesamt	16774	

* Anzahl Weiterbildungsanbieter pro 100.000 Einwohner im Alter von 19–64 Jahren.

Private Unternehmen stellen bei Weitem die größte Gruppe der Anbieter von Weiterbildungsmaßnahmen in Deutschland. 56% aller Weiterbildungsanbieter konzentrieren sich ganz auf berufliche Weiterbildung.

4 Weiterbildungsverhalten von Unternehmen

4.1 Analyse der betrieblichen Weiterbildung allgemein

4.1.1 Gründe der Unternehmen, sich an Weiterbildung zu beteiligen

Die Gründe für die Unternehmen, sich an betrieblicher Weiterbildung zu beteiligen, liegen auf der Hand und demzufolge können auch die Ergebnisse von entsprechenden Befragungen nicht überraschen. Die im Rahmen der Befragung eines kleinen Samples von Unternehmen vom Institut für Beschäftigung und Employability der FH Ludwigshafen (Mudra/Kalteis/Presinger/Rupp/Schimbero/Unger, 2005) gefundenen Ergebnisse passen gut in die Resultate der IW-Erhebung 2008 (Lenske/Werner 2009). Sie wurden in Tabelle 4.1 in die Zeilen der entsprechenden Aussagen der IW-Erhebung eingefügt. Wo es zur IW-Erhebung keine Entsprechung gab, ist die Ergänzungszelle leer.

Bemerkenswert ist allerdings, dass Mitarbeiterbindung nur von etwa zwei Dritteln der Unternehmen mit betrieblicher Weiterbildung in Zusammenhang gebracht wird. Erwähnenswert bleibt auch, dass eine Verbindung von betrieblicher Weiterbildung und der leichteren Rekrutierung von Mitarbeitern von nur wenig mehr als der Hälfte der Unternehmen betont wird. Wer in den siebziger bis neunziger Jahren des vorigen Jahrhunderts Auszubildende und Mitarbeiter gesucht und eingestellt hat, wird wissen, dass Weiterbildungsmöglichkeiten im Unternehmen damals ein sehr wirksames Rekrutierungsinstrument waren.

Tab. 4.1: Zustimmung in % der Unternehmen zu den in der IW-Erhebung (Lenske/Werner, 2009) angebotenen Aussagen mit ergänzender Nennung der Angaben in der Studie der FH Ludwigshafen (Mudra et al., 2005)

IW-Erhebung 2008		Unternehmensbefragung der FH-Ludwigshafen von 2004
Motivation der Unternehmen für betriebliche Weiterbildung	% ja	Am häufigsten genannte Gründe für Weiterbildung
Angemessene Förderung der Kompetenzen der Mitarbeiter	91,9	Verbesserung der Employability
Die Resultate betrieblicher Weiterbildung tragen zur Wertschöpfung und zum Geschäftserfolg bei	88,1	Zukunftssicherung und Steigerung der Wettbewerbsfähigkeit
Durch Weiterbildung steigt die Leistungsfähigkeit und Produktivität der Mitarbeiter	86,9	Qualitätsverbesserung bei Abläufen und Ergebnissen, Steigerung der Arbeitsleistung/Erreichung der Unternehmensziele
Weiterbildung erhöht die Motivation und Arbeitszufriedenheit der Mitarbeiter	86,0	Motivation der Mitarbeiter
Weiterbildung trägt zur Sicherung der Innovationsfähigkeit des Unternehmens bei	85,0	
Weiterbildung trägt zur Mitarbeiterbindung bei	66,8	
Durch die Einführung neuer Technologien und/oder veränderter Arbeitsprozesse entsteht Qualifizierungsbedarf der Mitarbeiter	65,3	Schließen von Know-how-Lücken; Zeitnahe Anpassung der Mitarbeiter-Kompetenzen an geänderte Anforderungen, Bereitstellung aktueller geeigneter Qualifikations-Angebote
Weiterbildung erhöht die Attraktivität des Unternehmens für neue Mitarbeiter und erleichtert die Rekrutierung	54,8	

4.1.2 Beteiligung der Mitarbeiter an den Weiterbildungskosten

Zwischen der Beteiligung von Unternehmen an betrieblicher Weiterbildung und dem vollständigen Verzicht, betriebliche Weiterbildung anzubieten, gibt es noch die Form, dass sich Unternehmen an den Kosten der Mitarbeiter, die betriebliche Weiterbildung betreiben wollen, beteiligen. Aus den Ergebnissen des IAB-Betriebspanel 2007 – hier für Hessen – (Fischer et al., 2008) ergibt sich, dass in 17% der weiterbildenden Betriebe die Beschäftigten die direkten Kosten ihrer Weiterbildung voll übernehmen mussten und in 8% der weiterbildendenden Betriebe eine teilweise Kostenübernahme durch die Beschäftigten erforderlich war. In 7% der Betriebe gab es unterschiedliche Vereinbarungen. Das bedeutet, dass in bis zu etwa einem Drittel aller weiterbildenden Betriebe sich die Beschäftigten an den direkten Kosten ihrer Weiterbildung beteiligen mussten.

Bezüglich der indirekten Kosten dürfte Ähnliches zu unterstellen sein. In der IW-Erhebung 2008 (Lenske/Werner, 2009) ergab sich, dass im Jahr 2007 fast 21% der betrieblichen Weiterbildungsstunden in der Freizeit der Beschäftigten absolviert wurden.

Dass Betriebe ihre Mitarbeiter an den Kosten der Weiterbildung beteiligen ist verständlich, da die Ergebnisse der Weiterbildung im Allgemeinen auch diesen Mitarbeitern in Form einer Erhöhung ihrer Employability zu Gute kommen. Wo die Kosten von Weiterbildungsmaßnahmen von Unternehmen in voller Höhe übernommen werden, ohne dass diese Maßnahmen für die Ausübung der Tätigkeit unabdingbar sind, dürften eher personalpolitische Gründe dafür verantwortlich sein, z.B. unter dem Gesichtspunkt der Attraktivität als Arbeitgeber.

4.1.3 Gründe der Unternehmen, sich nicht an Weiterbildung zu beteiligen

Da sich im Durchschnitt 45% aller Betriebe in Deutschland im Jahr 2007 an betrieblicher Weiterbildung beteiligt haben, müssen 55% darauf verzichtet haben. Die Gründe für eine Nichtbeteiligung sind deshalb besonders interessant, weil sie ja offensichtlich von mehr als der Hälfte der Betriebe für entscheidend gehalten oder zumindest genannt wurden.

In Tabelle 4.2 werden die in der IW-Erhebung 2008 (Lenske/Werner, 2009) für das Jahr 2007 genannten Gründe mit den dazu angegebenen Konsequenzen aufgelistet. Die Zahlen zu den Antworten beziehen sich auf den Anteil der in mindestens einem der Jahre 2005–2007 nicht weiterbildenden Unternehmen.

Tab. 4.2: Gründe, warum sich Unternehmen in einem der Jahre 2005–2007 gar nicht oder nur mit bestimmten Formen im Jahr 2007 an Weiterbildung beteiligten mit Angabe des Anteils der Unternehmen in %, die sich wegen eines Grundes an welcher Form nicht beteiligten (Quelle: Lenske/Werner, 2009)

Gründe	Konsequenzen		
	Verzicht auf formelle Weiterbildung	Verzicht auf informelle Weiterbildung	Verzicht auf Weiterbildung überhaupt
Fehlender konkreter Weiterbildungsbedarf	55,2	50,2	
Keine Kapazität für Organisation und Planung der Weiterbildung			44
Keine Zeit für Freistellung von Teilnehmern			25
Fehlendes Budget			25
Zu hohe Kosten			25
Zu geringes Interesse der Mitarbeiter		34	

Besonders detaillierte Angaben zu den Gründen einer Nichtbeteiligung an Weiterbildung finden sich in der IWAK-Studie „Betriebliche Weiterbildung in Hessen, Bestandsanalyse und Möglichkeiten zur Etablierung eines 'Informationssystems Weiterbildung' in Hessen" (Baden/Schmid, 2008). Die dort zusammengetragenen Zahlen beziehen sich zwar nur auf Hessen, dürften aber zumindest in der Tendenz auf Deutschland übertragbar sein. Dies wird durch die Angabe in der Studie bestätigt, dass 56% der nicht weiterbildenden Betriebe als Grund „keinen Bedarf" nannten. Auch die Angabe zu

4.1 Analyse der betrieblichen Weiterbildung allgemein

„Freistellung nicht möglich" (21%) ist nicht weit von dem Wert in der IW-Erhebung 2008 entfernt. „Zu teuer" haben allerdings nur 14% der hessischen sich nicht an Weiterbildung beteiligenden Betriebe als Grund angegeben. Interessant ist auch, dass in der IWAK-Studie (Baden/Schmid, 2008) mehr als ein Viertel (26%) der nicht weiterbildenden Betriebe als Grund angeführt hat, es gebe „keine geeigneten Angebote". Da nach der Bewertung des Preises auch gefragt wurde, kann es sich nur um fehlende mengenmäßige oder qualitativ passende Angebote handeln.

Von den Betrieben in Hessen, die sich im Jahr 2007 nicht an Weiterbildung beteiligten, hatten 99% weniger als 50 Beschäftigte. Daraus folgt, dass die Begründungen zur Nichtbeteiligung die Argumente der kleinsten und kleinen Betriebe sind, die zum ganz überwiegenden Teil das Segment der KMU ausmachen. Abbildung 4.1 veranschaulicht diese Aussage.

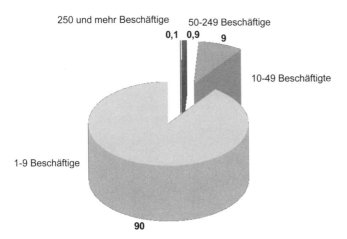

Abb. 4.1: Sich nicht beteiligende Betriebe nach der Beschäftigtenzahl in % aller sich nicht beteiligenden Betriebe (Quelle: Baden/Schmid, 2008, S. 54)

Das Argument „Freistellungsprobleme" verteilt sich wie in Abbildung 4.2 dargestellt auf Branchen.

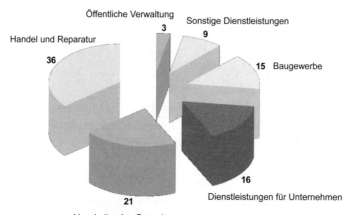

Abb. 4.2: Branchenmäßige Verteilung der Betriebe, die „Freistellungsprobleme" als Grund für Nichtbeteiligung angeben, in % aller nicht weiterbildenden Betriebe in Hessen im Jahr 2007

Das Argument „unzureichendes Weiterbildungsangebot" verteilt sich wie in Abbildung 4.3 dargestellt auf die Branchen.

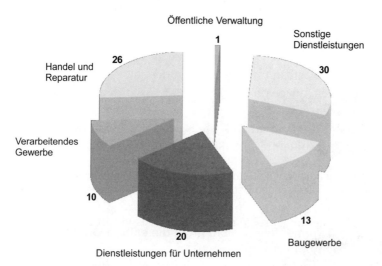

Abb. 4.3: Branchenmäßige Verteilung der Betriebe, die „unzureichendes Weiterbildungsangebot" als Grund für Nichtbeteiligung angeben, in % aller nicht weiterbildenden Betriebe in Hessen im Jahr 2007

4.1.4 Unterschiede zwischen weiterbildenden und nicht weiterbildenden Unternehmen

Wenn sich knapp die Hälfte aller Betriebe (45%) in Deutschland begründet an betrieblicher Weiterbildung beteiligt und die andere Hälfte begründet (wie zutreffend und zuverlässig auch immer) keine betriebliche Weiterbildung betreibt, ergeben sich Fragen.

- Sind die Erhebungen so gestaltet, dass sie unzutreffende Ergebnisse liefern?
- Sind die erfassten Argumente vielleicht nicht die echten Gründe für Beteiligung bzw. Nichtbeteiligung?
- Gelten für weiterbildende und nicht weiterbildende Unternehmen verschiedene ökonomische Gesetzmäßigkeiten?
- Unterscheiden sich die Maßstäbe für Entscheidungen in weiterbildenden und nicht weiterbildenden Unternehmen?

Sind die Erhebungen so gestaltet, dass sie unzutreffende Ergebnisse liefern?

Die professionelle Gestaltung von Fragebogen und die anerkannten Kriterien entsprechende Durchführung von Befragungen sowie deren Auswertung werden hier nicht in Zweifel gezogen. Aber natürlich hängen die Antworten von Fragen an „Organisationen" zumindest auch von den antwortenden Personen ab. Welche belastbaren Informationen den jeweilig Antwortenden zur Verfügung standen oder von ihnen abgerufen wurden, kann für den Einzelfall nicht beurteilt werden. Jeder, der schon einmal für ein Unternehmen Fragebogen oder Interviewfragen beantwortet hat, kennt diese Problematik. Da aber einige Studien regelmäßig durchgeführt werden und in der Aufeinanderfolge passende Ergebnisse zeigen sowie verschiedene Studien relativ übereinstimmende Resultate erbringen, kann diese Frage verneint werden.

Sind die erfassten Argumente vielleicht nicht die echten Gründe für Beteiligung bzw. Nichtbeteiligung?

Natürlich kann man bezweifeln, ob die erhaltenen Antworten die „echten" Gründe wiedergeben. Es mag Befragte geben, die unter dem Gesichtspunkt der Wahrung der Reputation des Unternehmens wünschenswerte Argumente nennen. Vielleicht möchte man sich auch nicht zu viel Mühe mit der Beantwortung machen und nennt gerade in den Kopf kommende plausibel erscheinende Begründungen. Vielleicht hat man sich im Unternehmen auch noch nie Gedanken um das Für und Wider von Weiterbildung gemacht und hat eigentlich keine „echte" Antwort, die in den Kriterienkatalog des Fragenden passt. Beantwortungsversuche zur Frage, ob die erfassten Argumente vielleicht nicht die echten Gründe für Beteiligung oder Nichtbeteiligung an Weiterbildung seien, führen in keinem Fall weiter.

Gelten für weiterbildende und nicht weiterbildende Unternehmen verschiedene ökonomische Gesetzmäßigkeiten?
Man kann davon ausgehen, dass sich die ökonomische Sphäre, in der sich KMU bewegen, im Allgemeinen von den wirtschaftlichen Rahmenbedingungen großer Unternehmen, insbesondere internationaler Konzerne, unterscheidet. Sie werden es eher mit lokalen, regionalen und vielleicht nationalen Wettbewerbern zu tun haben und in vielen Fällen auch davon profitieren, dass die kommunalpolitische Förderung der jeweils lokalen Wirtschaftsstruktur relativ sichere Aufträge für sie bereit hält. Aber darüber hinaus gelten keine grundsätzlich anderen ökonomischen Gesetzmäßigkeiten für KMU. Sie müssen die regelmäßige Bedienung ihres Fremdkapitals gewährleisten und ihren Eigentümern einen beteiligungs- und risikoentsprechenden Gewinn abwerfen. Freilich stehen sie nicht unter permanenter Beobachtung von Analysten und sind nicht deren Erwartungsdruck ausgesetzt. Was potenzielle Investoren denken ist für sie weniger wichtig als das Vertrauen ihrer Hausbank bei monetären Engpässen und deren Bereitschaft, größere Investitionen zu finanzieren.

Unterscheiden sich die Maßstäbe für Entscheidungen in weiterbildenden und nicht weiterbildenden Unternehmen?
Hier ist nicht gemeint, den wirtschaftlichen Verstand der Entscheider und die Wirksamkeit ihrer Entscheidungen in einer der Hälften in Zweifel zu ziehen. Es könnte aber sein, dass die Entscheidungen in KMU im Hinblick auf einen anderen Wirkungshorizont getroffen werden und auch ein anderes Wirkungsniveau antizipieren. „Wenn die Geschäfte gut gehen", besteht vielleicht kein Grund für den Inhaber, sich Gedanken zu machen, wie sie noch besser gehen könnten. Kann er absehen, dass die erwarteten Aufträge des

laufenden und des nächsten Jahres mit dem vorhandenen Personal in der gewohnt zuverlässigen Weise abgewickelt werden können, muss er sich nicht den Kopf zerbrechen, wie er einen zukünftigen Personalbedarf decken wird. Noch dazu, wenn er nicht weiß, ob letzterer höher oder niedriger sein wird und in welchen Aufgabenbereichen sich möglicher Weise Veränderungen ergeben werden. Daraus mag resultieren, dass sich Gewinnvorstellungen und Entwicklungsperspektiven in KMU an traditionellen Maßstäben orientieren und die Eigentümer leichter mit dem Erreichten zufrieden sind als die Anteilseigner großer Konzerne. In diesem Sinne erscheint es nicht unwahrscheinlich, dass sich die Maßstäbe für Entscheidungen in KMU von denen in großen Unternehmen deutlich unterscheiden. Zur Einstellung mittelständischer Unternehmen zu personalpolitischen Fragen vergleiche auch Schreurs und Millenat (2008).

4.1.5 Die Verbindung von Weiterbildung und Innovation und Erfolg

Die nachstehenden Ausführungen beziehen sich auf Ergebnisse aus dem IAB-Betriebspanel Hessen 2001 (Schmid/Baden, 2002). Leider hat das IWAK keine Fortsetzungsstudien mit dieser Fragestellung vorgenommen. Auch wenn die Daten nicht sehr aktuell sind, dürfte ihre Tendenz nach wie vor zutreffen, denn es gibt keine plausiblen Annahmen, warum der in den Ergebnissen aufscheinende Zusammenhang nicht mehr gelten sollte.

Weiterbildung und Innovation

Innovatoren werden in der o.g. Studie als Betriebe definiert,

> „…die innerhalb der letzten zwei Jahre entweder ein völlig neues Produkt/Verfahren eingeführt haben oder ein solches verbessert bzw. weiterentwickelt haben oder ein bereits vorhandenes Produkt/Verfahren neu in ihr Angebot aufgenommen haben." (S. 9).

Aus den Ergebnissen der Befragung lässt sich eine deutliche positive Beziehung zwischen Weiterbildung und Innovation ableiten. Diese Beziehung ist in Abbildung 4.4 dargestellt.

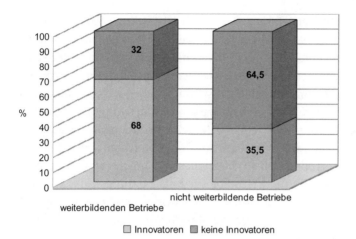

Abb. 4.4: Innovatoren in weiterbildenden und nicht weiterbildenden Betrieben (Quelle: Betriebspanel Report Hessen 3/2002: Weiterbildung in Hessen 2001, Schmid/Baden, 2002, S. 9)

Weiterbildung und Ertragslage

Die Ertragslage wird in der zugrunde gelegten Studie in Bezug auf die Entwicklung der Beschäftigtenzahl und in Bezug auf direkte Aussagen zur Ertragslage gekennzeichnet. Die festgestellten Ergebnisse werden nachstehend dargestellt.

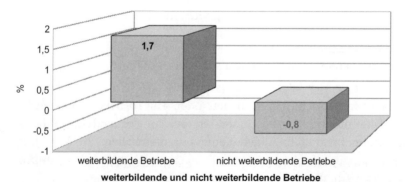

Abb. 4.5: Veränderung der Beschäftigtenzahl zwischen 06.2000 und 06.2001 in weiterbildenden und nicht weiterbildenden Betrieben (Quelle: Schmid/Baden, 2002, S. 7)

4.1 Analyse der betrieblichen Weiterbildung allgemein

In die gleiche Richtung weist in dem Report die Feststellung, dass im Herbst 2001 mehr als 20% der Betriebe, die Weiterbildung förderten, aktuell Arbeitskräfte suchten. Bei nicht weiterbildenden Betrieben lag dieser Anteil nur bei etwa 10% (S. 9).

Wenn man die längerfristige Beschäftigungsprognose betrachtet, ergibt sich kein eindeutiger Trend. 20,2% der Betriebe mit Weiterbildung erwarten etwas oder deutlich höhere Beschäftigtenzahlen in den auf die Befragung folgenden nächsten 5 Jahren. Bei den nicht weiterbildenden Betrieben sind es nur 12,2%. Allerdings rechnen auch 13,4% der Betriebe, die weiterbilden, in diesem Zeitraum mit etwas bzw. deutlich niedrigeren Beschäftigtenzahlen. Von den nicht weiterbildenden Betrieben schätzen nur 4,8% die Lage so ein.

Wenn man die direkten Aussagen der Befragten zugrunde legt, ergibt sich das in Abbildung 4.6 dargestellte Bild.

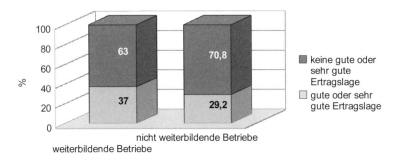

Abb. 4.6: Einschätzung der Ertragslage im Geschäftsjahr 2000 von weiterbildenden und nicht weiterbildenden Betrieben (Quelle: Schmid/Baden, 2002, S. 8)

In der Studie wird zu Recht darauf hingewiesen, dass natürlich offen bleiben muss, ob Weiterbildung für die bessere Ertragslage verantwortlich ist. Es könnte auch umgekehrt so sein, dass eine bessere Ertragslage Weiterbildung begünstigt. Analoges gilt für das Innovationsverhalten der Betriebe. Da aber andererseits nur ein Viertel der in der IW-Erhebung 2008 (Lenske/Werner, 2009) mit Antworten erfassten Betriebe sich aus Kostengründen (zu hohe Kosten, kein Budget) nicht an Weiterbildung beteiligt, scheint die Ertragslage nicht wirklich Ursache für fehlende Weiterbildungsbeteiligung zu sein (siehe Tabelle 4.2). Man wird vielmehr davon ausgehen können, dass gilt:

> Betriebe, die sich an Weiterbildung beteiligen, scheinen innovativer und wirtschaftlich erfolgreicher zu sein als Betriebe, die nicht weiterbilden.

4.2 Analyse des Weiterbildungsverhaltens von KMU

4.2.1 Gründe für Nichtbeteiligung

Der allergrößte Teil der sich nicht an Weiterbildung beteiligenden Betriebe bzw. Unternehmen sind KMU (siehe Abb. 4.1). Die für Nichtbeteiligung genannten Gründe sind also im Wesentlichen die Argumente der KMU. Die wichtigsten (siehe Abb. 4.7) werden nachstehend einer Plausibilitätsprüfung unterzogen.

Abb. 4.7 Wichtigste Gründe von KMU gegen Weiterbildung

4.2.2 Fehlender Bedarf

Fehlender Bedarf ist bezogen auf den Anteil der Nennungen der wichtigste Grund der KMU, sich nicht an Weiterbildung zu beteiligen. Je nach Studie begründen zwischen 50% und 56% der Unternehmen, die Weiterbildung nicht fördern, ihre Entscheidung damit. Soweit Unternehmen mit ihrer Wirtschaftslage zufrieden sind und auch in der Vergangenheit nicht mit erklärbaren Misserfolgsüberraschungen konfrontiert wurden, sehen sie verständlicher Weise keine Notwendigkeit, etwas an ihrer Geschäftspolitik zu ändern. Hier spielt sicherlich auch eine Rolle, dass Entscheidungen zur Beteiligung an Weiterbildung in KMU überwiegend von der Geschäftsleitung, also den für den wirtschaftlichen Erfolg unmittelbar Verantwortlichen, getroffen werden, ohne dass sie von professionellen Personalentwicklern vorbereitet wurden. 99% der Betriebe, die nicht weiterbilden, haben zwischen 1 und 49 Beschäftigte (vgl. Abb. 4.1). Die Ergebnisse einer Blitzumfrage der IHK Aachen im Januar 2007 „10 Fragen zur Weiterbildung" beziehen sich zwar nur auf den Kammerbezirk dieser IHK, dürften aber durchaus generalisierbar sein. Danach ist in mehr als 88% aller Unternehmen mit 10 bis 49 Beschäftigten Weiterbildung im Wesentlichen „Chefsache" (IHK Aachen, 2007, S. 6).

Wenn diese „Chefs" in der Vergangenheit Weiterbildung nicht gefördert haben, werden sie dies wahrscheinlich auch zukünftig nicht tun. In dem Maße aber, in dem es gelingt, den Unternehmen deutlich zu machen, dass sie tatsächlich – nicht nur unterstellter Weise – von Weiterbildung finanziell profitieren, werden sich vermutlich auch KMU zur Förderung von Weiterbildungsmaßnahmen entschließen. Das Kapitel „Bildungscontrolling" widmet sich genau dieser Thematik.

4.2.3 Keine Kapazität für Organisation und Planung der Weiterbildung

In der IW-Erhebung 2008 (Lenske/Werner, 2009) geben 44% der Unternehmen an, keine Kapazitäten für Organisation und Planung der Weiterbildung zu besitzen und deshalb keine Weiterbildung zu betreiben. Dass solche organisatorischen Voraussetzungen in den allermeisten der KMU nicht vorhanden sind, ist angesichts der Mitarbeiterzahlen verständlich. Um Mitarbeiter in Weiterbildungsmaßnahmen zu entsenden, ist andererseits aber auch keine „Organisation" erforderlich. Die Industrie- und Handelskammern und die Handwerkskammern beraten die Geschäftsleitungen bzw. Eigentümer ihrer Mitgliedsunternehmen gern bei der Suche nach geeigneten

Anbietern und bieten ja auch selbst eine breite Palette von Kursen an. Darüber hinaus könnten auch die Mitarbeiter direkt in die Bedarfsermittlung sowie in die Suche nach und die Anmeldung zu passenden Maßnahmen eingeschaltet werden.

4.2.4 Zu geringes Interesse der Mitarbeiter

34% der in der IW-Erhebung 2008 (Lenske/Werner, 2009) antwortenden Unternehmen nennen „zu geringes Interesse der Mitarbeiter" als Grund für fehlende Beteiligung an formeller Weiterbildung. Wenn Mitarbeiter wissen oder erwarten, dass sie sich an den Kosten ihrer Weiterbildung in Form von Freizeit und/oder dem Bezahlen von Kursgebühren beteiligen müssen, nimmt vermutlich ihre Bereitschaft ab, in ihre eigene Weiterbildung zu „investieren". Sie werden unter diesen Umständen weniger Initiative zeigen, in eine Weiterbildungsmaßnahme zu gehen. Darüber hinaus hängt die Bereitschaft, sich freiwillig weiterzubilden, auch von der Vertrautheit mit Lernen, also vom Schulabschluss und auch vom Alter ab. Hier mögen wieder die Angaben in der IWAK-Studie für Hessen von 2008 (Baden/Schmid, 2008) nützliche Hinweise geben. Obwohl in Hessen nur 25% aller Beschäftigten in nicht weiterbildenden Betrieben tätig waren, betrug der Anteil der Mitarbeiter ohne Berufsabschluss dort 30% (S. 62). Der Faktor „Vertrautheit mit Lernen" ist also sicherlich zu einem gewissen Teil ursächlich. Dem dürfte auch nicht entgegen stehen, dass der Anteil der unter 45 Jahre alten Beschäftigten in nicht weiterbildenden Betrieben in Hessen mit 26%, leicht höher war als der Durchschnitt (S. 62).

4.2.5 Keine Zeit für Freistellung

In der IW-Erhebung 2008 (Lenske/Werner, 2009) haben 25% der nicht weiterbildenden Unternehmen angegeben, für die Freistellung von Mitarbeitern zur Weiterbildung könne keine Arbeitszeit zur Verfügung gestellt werden. Die IWAK-Studie kommt für Hessen zu einem entsprechenden Anteil von 21% (S. 55). Die Argumentation, „keine Zeit für Freistellung" erscheint auf den ersten Blick durchaus verständlich, wenn man die geringe Anzahl von Beschäftigten in den meisten KMU bedenkt. Wo es für bestimmte Aufgaben nur einen Facharbeiter gibt, ist nicht erkennbar, wer diesen während seiner Teilnahme an einer Weiterbildungsveranstaltung vertreten könnte. Ein anderes Bild kann man gewinnen, wenn man sich vorstellt, dass bei der Terminplanung von Aufträgen von vornherein Zeit für die Weiterbildung der Mitarbeiter berücksichtigt würde. Dann benötigte die Abarbeitung eines Auftrags einen Tagesanteil länger. Da dies grundsätzlich gilt – also für alle sich nicht an Weiterbildung beteiligenden Unternehmen –, dürften damit auch keine Wettbewerbsnachteile für das einzelne Unternehmen verbunden sein.

4.2.6 Keine geeigneten Angebote

Das Argument, es gebe keine geeigneten Angebote, findet sich in der IWAK-Studie für Hessen (Baden/Schmid, 2008), aber nicht in den Antworten der IW-Erhebung 2008 (Lenske/Werner, 2009). In ersterer wurde es von 26% der Betriebe, die nicht weiterbilden, als Grund für ihre Nichtteilnahme genannt. Dieses Argument ist von besonderer Bedeutung, weil es die Begründung nicht in unternehmensbedingten Restriktionen (kein Bedarf, keine Organisationskapazitäten, kein Interesse der Mitarbeiter, keine Zeit für Freistellungen) sieht, sondern in „ungenügenden" Anstrengungen der Weiterbildner. Die Begründung wirkt verständlich, wenn man berücksichtigt, dass in der IWAK-Studie für Hessen (S. 58) der größte Teil der Betriebe, die so argumentieren, sektoral zu den sonstigen Dienstleistungen gehört, also sehr unterschiedlichen und wahrscheinlich besonders spezialisierten Unternehmen. Es erscheint zunächst einleuchtend, dass sich z.B. für die Betreiber von Nagelstudios, Solarien, Hundepensionen, Fitness-Centern und ähnlichen Betrieben nur schwer auf ihre Unternehmenstätigkeit bezogene Weiterbildungsmaßnahmen finden lassen. Das schließt aber selbstverständlich nicht aus, dass es unternehmensförderliche Weiterbildungsangebote gibt, die sich etwa auf Vertrieb, Marketing, Buchhaltung und Arbeitsrecht beziehen.

Man wird einen guten Teil der so lautenden Argumente darauf zurückführen dürfen, dass die Antwortenden aus mangelnder Kenntnis von Anbietern oder wegen intransparenter Angebotssituation diese Begründung gewählt haben. In Anbetracht der im Allgemeinen wenigen Mitarbeiter der KMU und der Konzentration der Inhaber auf ihr Kerngeschäft, die Erbringung der Dienstleistung, erscheint diese Unterstellung plausibel. Da in der Studie auch das Argument „zu hohe Kosten" berücksichtigt wurde, können als zu hoch empfundene Preise von Weiterbildungsmaßnahmen nicht hinter der Angabe „Keine geeigneten Angebote" gesucht werden.

Soweit die Annahmen „mangelnde Kenntnis von Anbietern" oder „intransparente Angebotssituation" zutreffen, müssen sich natürlich die professionellen Anbieter von Weiterbildungsmaßnahmen fragen lassen, warum sie nicht zielgerichteter auf diese Gruppe von Unternehmen zugehen. Über die Gründe kann mehr oder weniger spekuliert werden. Es lassen sich aber auch aus den Angaben von Vertriebsmitarbeitern aus Weiterbildungsunternehmen Schlüsse ziehen. Dass Weiterbildungsunternehmen, zumindest die größeren, keine Kenntnis von den Unternehmensstrukturen in ihrem Einzugsgebiet haben sollten, ist eher unwahrscheinlich. Größere Plausibilität hat die Annahme, dass sie angesichts des relativ hohen Akquisitionsaufwands in der Bedienung kleiner und kleinster Unternehmen keine Gewinnmöglichkeiten sehen. Dies dürfte auch damit zusammenhängen, dass „Universalanbieter" kaum fachliche Weiterbildungsmaßnahmen für spezialisierte Unternehmen im Portfolio haben und letztere in allgemeinen Kursen wie Rhetorik, Excel, Word oder Grundlagen der Betriebswirtschaftslehre keinen direkten Nutzen für ihr Unternehmen erkennen. Wollte man ein Fazit ziehen, könnte man feststellen, dass es zwar einerseits wahrscheinlich nicht genügend differenzierte fachliche Weiterbildungskurse für KMU auf dem Markt gibt, dass aber andererseits die Weiterbildungsunternehmen solche Angebote durchaus machen würden, wenn der mit der Erarbeitung geeigneter Maßnahmen und ihrer Durchführung verbundene Aufwand angemessen bezahlt würde. Dazu sind aber die Nachfrager ihrer finanziellen Situation wegen oder mangels erkennbaren Nutzens für die Geschäftsentwicklung ihres Unternehmens nicht bereit.

> Nur wenn es gelingt, den bisher nicht weiterbildenden Unternehmen deutlich zu machen, dass die mit Kosten verbundene Weiterbildung von Mitarbeitern in absehbarer Zeit einen monetären Vorteil mit sich bringt, also der erwartete Ertrag die zu kalkulierenden Kosten übersteigt, werden sie bereit sein, sich in Weiterbildung zu engagieren. Für dieses Unterfangen sind nachvollziehbare und auf das jeweils eigene Unternehmen übertragbare Beispiele notwendig.

4.3 Die andere Perspektive der KMUs

4.3.1 Ein anderer Weiterbildungsbegriff

Die Ergebnisse der IW-Erhebungen (Lenske/Werner, 2009) zeigen trotz annähernd gleichem Weiterbildungsbegriff wie bei den IAB-Betriebspanels (Fischer et al., 2008, Bechmann et al., 2010) eine sehr viel höhere Beteiligung der Unternehmen an betrieblicher Weiterbildung als die Resultate der letzteren ausweisen. Für 2007 gibt die IW-Erhebung 2008 eine Beteiligung von fast 84% an, während das IAB-Betriebspanel 2007 für dieses Jahr nur auf 46% kommt. Unter Berücksichtigung der Beteiligung in mindestens einem der letzten drei Jahre, erhöht sich in der IW-Erhebung der Anteil sogar auf rund 87%. Ein Grund für die starke Abweichung der Anteile in den Ermittlungen von IW und IAB könnte in unterschiedlichen Bezugszeiträumen liegen, denn in den IAB-Betriebspanels wird nur nach der Beteiligung im ersten Halbjahr des Befragungsjahres gefragt. Im IAB-Betriebspanel 2009 legt das IAB zum ersten Mal die Resultate einer Längsschnittuntersuchung vor, die auch „Weiterbildungspausierer" berücksichtigt. Sie kommt für den Zeitraum von 2000 bis 2008 zu einer permanenten oder zeitweise unterbrochenen Beteiligung an betrieblicher Weiterbildung von mehr als 75% aller deutschen Betriebe. Danach ergibt sich zumindest eine gewisse Annäherung der Erhebungsergebnisse.

4.3.2 Nicht repräsentative Befragung von Kleinunternehmen

Darüber hinaus haben wir in Gesprächen mit den Eigentümern von Kleinunternehmen den Eindruck gewonnen, dass bestimmte Lehr- bzw. Lernformen gar nicht als Weiterbildung wahrgenommen werden. Dies veranlasst uns, die von jenen als hauptsächliche Formen der beruflichen Wissensvermittlung nach einer Ausbildung hervorgehobenen Methoden als Ergebnis einer kleinen Befragungsserie vorzustellen. Diese Befragungsserie beansprucht selbstverständlich nicht, repräsentativ zu sein. Sie illustriert aber die Denkweise der Eigentümer von kleinen Unternehmen.

In der Terminologie der IAB-Betriebspanel (Fischer et al., 2008, Bechmann et al., 2010) sind 90% aller sich 2007 nicht an Weiterbildung beteiligenden Betriebe Kleinstbetriebe (1 – 9 Beschäftigte) und 9% Kleinbetriebe (10 – 49 Beschäftigte). Wir haben deshalb unsere Exploration auf sieben Unternehmen dieser Größenordnung beschränkt und eine Auswahl aus den in den IAB-Panels größenordnungsmäßig relevanten Branchen getroffen.

Ergebnisse der Befragung
Die geringe Anzahl der befragten Unternehmen lässt natürlich keine repräsentativen Aussagen zu. Es lassen sich aber zwei bemerkenswerte Tendenzen aus den Antworten herauslesen:

- Auch Klein- und Kleinstunternehmen betreiben alle in irgendeiner Form Weiterbildung
- Sie haben alle Bedarf an Weiterbildung

Die häufigste und regelmäßig vorkommende Form der Weiterbildung in den befragten Klein- und Kleinstunternehmen ist die Information über neue Produkte bzw. Verfahren durch Hersteller respektive Lieferanten entweder in deren Räumlichkeiten oder bei ihnen. Dies kann durchaus auch auf Baustellen geschehen. Aus arbeitsorganisatorischen Gründen können aber im Allgemeinen nicht alle vom Fachlichen her in Frage kommenden Mitarbeiter eines Unternehmens an solchen Informationsveranstaltungen teilnehmen. Deshalb gehört auch die Weitergabe des Kennengelernten durch die Teilnehmer an die nicht teilnehmenden Arbeitskollegen zur Maßnahme. Dies geschieht in der Regel am Arbeitsplatz bzw. auf der Baustelle in dafür angesetzten Informationsveranstaltungen oder begleitend zur Arbeit. In die gleiche Kategorie fällt der Besuch von Messen, der häufig auf Einladung von Lieferanten erfolgt. Er wird von den Inhabern der kleinen Unternehmen immer auch als Incentive verstanden und dient der Mitarbeiterbindung. Wenn aufgrund gesetzlicher Regelungen oder auf der Basis von Verordnungen neue Standards eingehalten werden müssen, bieten die zuständigen Stellen, z.B. die Handwerkskammern, im Allgemeinen gebührenfrei zumindest die entsprechenden Informationen an. Anders gelagert scheint die Weiterbildungssituation lediglich bei IT-Dienstleistern zu sein. Aufgrund der schnellen technologischen Veränderungen einerseits und der Kundenanforderungen andererseits, die Qualität der IT-Dienstleistungen durch Herstellerzertifikate zu belegen, dürften hier externe Schulungen sehr viel häufiger sein.

Wo in den großen Befragungen geantwortet wurde, es gebe keinen Bedarf an Weiterbildung (IWAK-Studie, Schmid/Baden, 2002), wurde offensichtlich ein enger Weiterbildungsbegriff unterstellt. Jedes Unternehmen, ob produzierendes Unternehmen, Handwerksbetrieb oder sonstiger Dienstleister, muss Interesse daran haben, über die neuesten Produkte bzw. Verfahren zumindest informiert zu sein, um seine Kunden entsprechend beraten zu können. Man wird davon ausgehen müssen, dass die Wettbewerbssituation verlangt, solche Neuheiten auch anbieten und ausführen zu können.

4.3.3 Erweiterung des Weiterbildungsbegriffs

Die Teilnahme an Informationsveranstaltungen bei Herstellern, Lieferanten oder den zuständigen Stellen nimmt häufig nur wenige Stunden in Anspruch bzw. liegt an Samstagen oder Abenden und ist kostenfrei. Demonstrationen von Herstellern oder Lieferanten auf Baustellen finden häufig arbeitsbegleitend statt und sind im Allgemeinen auch nicht mit direkten Kosten verbunden. Der Besuch von Messen wird gewöhnlich auf ein verlängertes Wochenende gelegt und von allen Teilnehmern eher als gemeinschaftstiftende Maßnahme denn als Weiterbildungsveranstaltung verstanden.

Diese Sicht führt wahrscheinlich dazu, dass bei der Frage nach der Beteiligung an betrieblicher Weiterbildung, welche zumindest die teilweise Kostenübernahme durch das Unternehmen und/oder die Freistellung von der Arbeit voraussetzt, von vielen kleinen Unternehmen verneinend geantwortet wird.

Wir schlagen deshalb vor, den Begriff der betrieblichen Weiterbildung entweder so zu erweitern, dass er die hier genannten Formen einschließt und auch bei Fragen in diesem Sinne verstanden werden kann, oder den Begriff aufzuspalten. Im zweiten Fall könnte nach dem Initiator der Weiterbildungsmaßnahme gefragt und zwischen dem Unternehmen einerseits und Herstellern bzw. Lieferanten und zuständigen Stellen andererseits getrennt werden. Die Kostenübernahme hätte dann für die Definition keine Bedeutung mehr.

4.3.4 Erkenntnisse in Bezug auf die Weiterbildungsbeteiligung kleiner Unternehmen

Wie unter 4.3.1 ausgeführt beteiligen sich etwa zwischen 75% und 86% aller deutschen Unternehmen mehr oder weniger regelmäßig an betrieblicher Weiterbildung. Unter Beachtung der möglichen Missverständnisse, die nach unserer Einschätzung aufgrund eines zu eng verstandenen Weiterbildungsbegriffs vorkommen, muss dieser Anteil höher angesetzt werden. Die von uns bei kleinen Unternehmen festgestellten und wahrscheinlich nicht in den IW-Erhebungen und IAB-Betriebspanels registrierten Weiterbildungsformen sind für diese Unternehmen existenznotwendige Maßnahmen. Ihre Vernachlässigung in den Ergebnissen verfälscht die Bedeutung, die kleine Unternehmen dieser Weiterbildung beimessen. Für sie ist betriebliche Weiterbildung in vielen Fällen so selbstverständlich, dass sie nur deshalb und also unbeabsichtigt nicht als solche herausgestellt wird.

5 Prozess der Personalentwicklung

5.1 Weiterbildung und Personalentwicklung

Der früher gängige Begriff der Weiterbildung ist heute dem umfassenderen Begriff der Personalentwicklung gewichen. Während sich die (betriebliche) Weiterbildung auf Maßnahmen beschränkt, bei denen Mitarbeitern Kompetenzen durch Trainer vermittelt werden und durch die dem Unternehmen Kosten entstehen, geht Personalentwicklung darüber hinaus und eröffnet Unternehmen Möglichkeiten der Wettbewerbsverbesserung, die u.U. weniger kosten.

Personalentwicklung bedeutet die systematische Förderung der beruflichen Handlungskompetenz von Menschen, die in Unternehmen arbeiten. Die Förderung bezieht sich auf beruflich relevante Kenntnisse, Fertigkeiten und Einstellungen durch Maßnahmen der Weiterbildung, der Beratung, des systematischen Feedbacks und der Arbeitsgestaltung. Als berufliche Kompetenzen können all jene bezeichnet werden, die der Erwerbssicherung dienen. Personalentwicklung ist allerdings nicht auf hierarchisch kontrollierte Maßnahmen beschränkt, sondern umfasst auch Aspekte des selbstgesteuerten Lernens, die die beruflichen Kompetenzen bzw. die Employability verbessern.

Personalentwicklung spiegelt die Interessen des Unternehmens wider, d.h. unternehmensseitig wird die Entwicklung von Kompetenzen gefördert, die es dem Mitarbeiter erlauben, aktuelle und zukünftige Aufgaben im Unternehmen, für der Mitarbeiter als geeignet angesehen wird, optimal auszuführen. Von strategischer Personalentwicklung wird dann gesprochen, wenn Ziele und Inhalte von Personalentwicklungsmaßnahmen aus der Unternehmensstrategie abgeleitet werden. Obgleich für Personalentwicklungsmaßnahmen also die Ziele der Unternehmensleitung maßgeblich sind, sollte sichergestellt werden, dass sich diese auch im Einklang mit den Interessen des Mitarbeiters befinden, da dieser sonst keinen optimalen Nutzen aus Personalentwicklungsmaßnahmen ziehen wird.

Häufig werden Personalentwicklungsmaßnahmen in Aus-, Fort- und Weiterbildung unterschieden (siehe Abb. 5.1). Bei Ausbildung handelt es sich um die berufsvorbereitende Bildung oder Berufsausbildung, die den Auszubildenden zur Ausübung eines qualifizierten Berufs befähigen soll. Auf sie wird in diesem Buch nicht eingegangen. Mit Fortbildung ist die Fortsetzung der fachlichen Ausbildung während der Berufsausübung gemeint. Sie bezieht sich auf die Vertiefung und Aktualisierung von Wissen und Können, soll Qualifikationsdefizite verhindern und es dem Mitarbeiter erlauben, die aktuelle Tätigkeit dauerhaft auszuführen. Sie wird daher häufig als Anpassungsfortbildung bezeichnet. Von Weiterbildung wird gesprochen, wenn über die aktuelle Tätigkeit hinausgehende Qualifikationen vermittelt werden. Je nachdem, ob die Qualifizierung auf Tätigkeiten auf gleicher oder auf höherer beruflicher Ebene abzielt, werden Anpassungs- und Aufstiegsweiterbildung unterschieden. Aus den Beschreibungen wird allerdings deutlich, dass Fort- und Weiterbildung nicht immer klar voneinander unterscheidbar sind. Daher wird inzwischen auch zunehmend auf diese Unterscheidung verzichtet, und die Begriffe Fort- und Weiterbildung werden häufig gleichbedeutend verwendet.

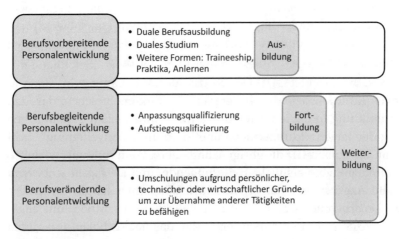

Abb. 5.1 Formen der Personalentwicklung

5.2 Ziele von Personalentwicklung

Mit Personalentwicklung verfolgen Unternehmen unterschiedliche Ziele (siehe Abb. 5.2). Meist wird sie eingesetzt, damit Mitarbeiter Kompetenzen auf- und ausbauen, die sie für die erfolgreiche Erledigung ihrer Aufgaben benötigen. Bei neuen Mitarbeitern kann es sein, dass sie über eine spezifische Kompetenz noch nicht verfügen, bei erfahrenen ist es häufig notwendig, Kompetenzen an Änderungen der Tätigkeit aufgrund technischen Fortschritts, anderer Prozesse oder struktureller Umorganisation anzupassen. Personalentwicklung kann weiterhin dazu dienen, kontinuierliche Personalbedarfe des Unternehmens zu decken. Sollen beispielsweise Führungspositionen aus den Reihen der eigenen Mitarbeiter besetzt werden, ist es sinnvoll, die dafür vorgesehenen Mitarbeiter durch Personalentwicklungsmaßnahmen auf diese Rolle vorzubereiten. Noch relativ wenig verbreitet ist der Ansatz, Personalentwicklung zu nutzen, um die Geschäftsleitung dabei zu unterstützen, ihre strategischen (längerfristigen) Ziele umzusetzen, also strategische Personalentwicklung zu betreiben. Außerdem setzen Unternehmen Personalentwicklung als Mittel der Mitarbeiterbindung ein. Mit Personalentwicklung tragen sie zum einen den Bedürfnissen von Menschen nach Lernen und kontinuierlicher Weiterentwicklung Rechnung. Mitarbeiter streben im Allgemeinen nach persönlicher und fachlicher Entwicklung und nehmen Qualifizierungsmöglichkeiten als Bereicherung wahr, die sie motiviert. Zum anderen drücken Unternehmen dadurch Wertschätzung für den Mitarbeiter aus und signalisieren Interesse an einer weiteren Zusammenarbeit. In diesem Sinne wird Personalentwicklung auch als Belohnung für verdiente Mitarbeiter eingesetzt. Der Nutzen der Maßnahme wird dann in der positiven Reaktion des Mitarbeiters auf die Tatsache gesehen, dass mit einer Weiterbildung in ihn investiert wird. Der Nutzen aus der inhaltlichen Umsetzung der Weiterbildungsmaßnahme ist dann u.U. zweitrangig. Nicht zuletzt sind Unternehmen, die ihren Mitarbeitern Weiterbildung anbieten, attraktivere Arbeitgeber als nicht weiterbildende, und sie haben so bessere Chancen, am Arbeitsmarkt die gewünschten Mitarbeiter zu gewinnen. Die wenigsten Unternehmen sehen Personalentwicklung als Mittel, um allgemeine Bildungsdefizite zu kompensieren, d.h. das nachzuholen, was durch die Schul- und die berufliche Bildung nicht erreicht wurde.

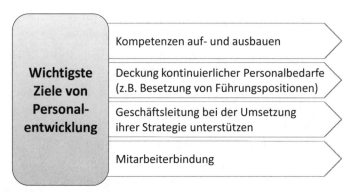

Abb. 5.2   Wesentliche Ziele von Personalentwicklung

> **Praxisbeispiel**
> Ingenieur L., der Inhaber eines Büros für Bautechnische Fachplanung mit zwei Angestellten, betont, wie wichtig Weiterbildung auch für sehr kleine Unternehmen ist. „Wir müssen unsere Kenntnisse permanent auf dem neuesten Stand halten, sonst werden wir als Auftragnehmer nicht akzeptiert. In unserer Branche gibt es ständig neue Standards, die wir beherrschen müssen. Dazu besuchen wir Fachseminare, die häufig von Berufsverbänden angeboten werden. Neben diesem notwendigen Erhalt von Qualifikationen trägt Weiterbildung, z.B. in Form von gemeinsamen Messebesuchen, zur Bindung von Mitarbeitern, zu Motivation und Zufriedenheit bei. Das Gehalt, das die Mitarbeiter bekommen, ist durch die Art der Tätigkeiten und die Margen der Aufträge gedeckt. Daher sind Aktivitäten, die das Zusammengehörigkeitsgefühl stärken, sehr wichtig."

5.3   Modell des Personalentwicklungsprozesses

Um den angestrebten Nutzen von Personalentwicklung zu realisieren, sollte diese systematisch betrieben werden. Als systematisch wird Personalentwicklung bezeichnet, wenn der Qualifizierungsprozess zielgerichtet, an Kriterien orientiert und methodisch geplant, realisiert und evaluiert wird. Schematisch lässt sich der Prozess der Personalentwicklung in folgender Abbildung darstellen.

5.3 Modell des Personalentwicklungsprozesses

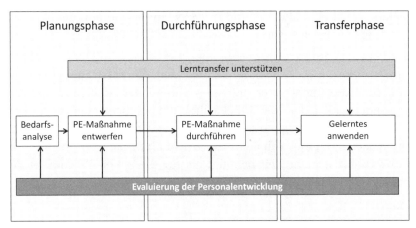

Abb. 5.3   Prozessmodell der Personalentwicklung (Darstellung in Anlehnung an Solga/Ryschka/Mattenklott, 2008, S. 23)

Danach lässt sich der Prozess in drei Phasen untergliedern, in die Planungs-, die Durchführungs- und die Transferphase. Die Planungsphase beginnt mit einer Bedarfsermittlung. Da die Bedarfsanalyse zentral ist, um festzustellen, ob eine Personalentwicklungsmaßnahme notwendig ist und ob Kosten und erwarteter Nutzen in angemessener Relation stehen, wird ihr ein eigenes Kapitel gewidmet.

Wenn Personalentwicklungsbedarf für konkrete Personen identifiziert worden ist, wird eine entsprechende Maßnahme konzipiert bzw. deren Konzeption an einen externen Weiterbildungsanbieter vergeben oder ein entsprechendes bestehendes Weiterbildungsangebot gebucht. Es sollte bei der Entwicklung der Maßnahmen bereits darauf geachtet werden, dass die zu vermittelnden Inhalte später gut von den Teilnehmern in den Arbeitsalltag übertragen werden können (Transfersicherung).

In der Durchführungsphase findet die geplante Maßnahme der Personalentwicklung statt. Auch während des Verlaufs der Maßnahme wird darauf geachtet, dass die Trainingsinhalte gut in den Arbeitsalltag transferiert werden können, indem beispielsweise konkret auf die Arbeitssituation der Teilnehmer eingegangen wird. Am Ende einer Maßnahme steht häufig eine sogenannte Transfervereinbarung, die jeder Teilnehmer entweder mit sich selbst, ggf. auch mit seinem Vorgesetzten oder dem Trainer schließt. In ihr wird geplant, welche Inhalte wie und in welchem Zeitraum in den Arbeitsalltag übertragen werden sollen. Ziel jeder Personalentwicklungsmaßnahme ist es, die vermittelten Inhalte in der Transferphase im Arbeitsalltag anzuwenden. Voraussetzung dafür ist nicht nur, dass die intendierten Inhalte während der Maßnahme gelernt wurden, sondern auch, dass der Arbeitsalltag die Möglichkeiten zur Umsetzung bietet. Dazu gehört, dass die Teilnehmer der Maßnahme den zeitlichen und inhaltlichen Freiraum erhalten, die Anwendung auszuprobieren. Oft wird dafür zunächst mehr Zeit benötigt als für die zuvor übliche Art der Aufgabenbearbeitung.

5.4 Bedarfsanalyse

5.4.1 Vorgehensweise

Da Personalentwicklungsmaßnahmen aufwändig sind und der höchstmögliche Nutzen aus ihnen erzielt werden soll, ist es nicht sinnvoll, sie nach dem Gießkannenprinzip gleichmäßig über alle Mitarbeiter auszuschütten. Stattdessen sollten sie sich am tatsächlichen Entwicklungsbedarf orientieren.

> Die Vorgehensweise bei der Ermittlung des Personalentwicklungsbedarfs wird sich deutlich unterscheiden, je nachdem, ob von einer isolierten Betrachtung des einzelnen Arbeitsplatzes ausgegangen wird oder ob die Personalentwicklung als Instrument zur Umsetzung der Unternehmensstrategien gesehen wird.

Bei der klassischen Vorgehensweise wird für jeden Arbeitsplatz ein Soll-Profil der Anforderungen erstellt, die ein Jobinhaber erfüllen muss, um die Tätigkeit erfolgreich auszuführen. Dieses Soll-Profil wird mit dem Ist-Profil der Kompetenzen des jeweiligen Jobinhabers verglichen. Das Delta, d.h. alle Anforderungen, in denen der Jobinhaber unterhalb des Soll-Profils eingeschätzt wird, gilt als Personalentwicklungsbedarf (vgl. z.B. Lang, 2006). Bei dieser schematischen und defizitorientierten Herangehensweise ist der Personalentwicklungsbedarf zwar relativ leicht zu ermitteln, aber es wird nicht

5.4 Bedarfsanalyse

hinterfragt, ob das Unternehmen nicht auch mit diesen Mängeln gut leben kann. So ist denkbar, dass der Jobinhaber Defizite in einem Kompetenzbereich durch Stärken in anderen ausgleichen kann. Die Tatsache, dass der Jobinhaber die Tätigkeit bereits ausübt, bietet einen gewissen Hinweis darauf, dass die Schwächen zumindest bis dahin ausgeglichen bzw. akzeptiert werden konnten (vgl. auch Stiefel, 1999). Hierin mag ein Grund für das Argument „mangelnder Bedarf an Weiterbildung" gerade bei KMU liegen. Eine weitere Problematik dieser Vorgehensweise liegt darin, dass lediglich die Tätigkeit in der bestehenden Form beobachtet wird und keine neuen Impulse entstehen bzw. aufgenommen werden. Diese klassische Form der Bedarfsermittlung ist häufig in größeren Unternehmen zu beobachten, in denen die Personalentwicklung institutionalisiert ist und für alle Mitarbeiter – häufig auch dank einer starken Arbeitnehmervertretung – ein Weiterbildungsbudget bereitgestellt wird. Sie ist ungeeignet für kleinere und mittlere Unternehmen, denn ein nicht unbedingt notwendiger Personalentwicklungsaufwand kann sich rasch über Arbeitsplätze hinweg addieren und wäre dann u.U. kaum zu tragen.

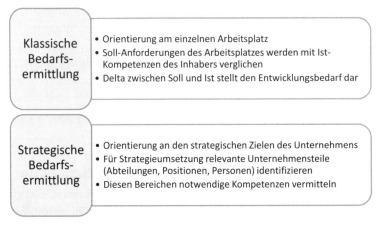

Abb. 5.4 Formen der Bedarfsermittlung

Sinnvoller ist die Orientierung an den strategischen Zielen des Unternehmens (siehe Abb. 5.4). Die Bedarfsanalyse erfolgt hier in den drei Schritten Organisationsanalyse, Aufgabenanalyse und Personenanalyse und kann, soweit dafür professionelles Personal zur Verfügung steht, durchaus mit vertretbarem Aufwand durchgeführt werden. Der Personalentwicklungsbedarf des Unternehmens ergibt sich durch den Vergleich der aus der Organisationsanalyse abgeleiteten und der im Rahmen der Aufgabenanalyse ermittelten zukünftigen Leistungsanforderungen mit der durch die Personenanalyse festgestellten Leistungsfähigkeit der Mitarbeiter. Dieser Zusammenhang ist in Abbildung 5.5 veranschaulicht. Das Delta zwischen zukünftigen Leistungsanforderungen und vorhandenen Kompetenzen ist der Personalentwicklungsbedarf (in Abb. 5.5. der schraffierte Bereich). Natürlich kann und muss das Delta ggf. auch durch Neueinstellungen geschlossen werden.

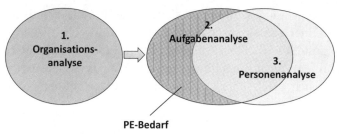

Abb. 5.5   Schritte bei der Bedarfsanalyse

In sehr kleinen Unternehmen findet die Bedarfsanalyse in deutlich reduzierter Form statt.

Praxisbeispiel
Der Bauunternehmer B., der acht Facharbeiter, zwei Auszubildende und eine Verwaltungskraft beschäftigt, berichtet, dass er keine strategischen Ziele formuliert. „Wir leben mit einer absoluten Kurzfristperspektive. Ich kann nur ein Vierteljahr vorausplanen." Seine Aufträge erhält er hauptsächlich über Architekten. Den Zuschlag bekommt er dann, wenn er im gewünschten Zeitraum die Bauleistungen erbringen kann und wenn der Preis stimmt.

5.4.2 Organisationsanalyse

In der Organisationsanalyse wird ermittelt, welche Ziele das Unternehmen (repräsentiert durch die Unternehmensleitung) mittel- und ggf. langfristig verfolgen will (vgl. Klug, 2008). Die Festlegung der Strategien bezieht sich auf Produkte und Dienstleistungen, die den Kunden zukünftig angeboten werden sollen, und die regionale Beschreibung des Zielmarktes. Es wird ebenfalls geklärt, ob die Leistungserstellung mit veränderten Prozessen und Technologien umgesetzt werden soll. Dabei werden Kenntnisse bez. externer Bedingungen wie der Markt- und Wettbewerbssituation und ggf. absehbarer technologischer, politischer, rechtlicher, ökonomischer, sozialer und ökologischer Änderungen berücksichtigt. Außerdem müssen die internen Bedingungen wie die Lernkultur und die Veränderungsbereitschaft der Geschäftsleitung und der Mitarbeiter beachtet werden.

> Im Rahmen der Organisationsanalyse ist es Aufgabe des oberen Managements zu klären, ob und inwieweit Personalentwicklung wichtig ist, um die strategischen Ziele zu erreichen. In kleineren Unternehmen ist es auch dessen Aufgabe, das Budget für Personalentwicklung festzulegen. In größeren Unternehmen wird das Budget vom mittleren Management für den eigenen Bereich geplant.

5.4.3 Aufgabenanalyse

Im zweiten Schritt werden die Arbeitsbereiche analysiert im Hinblick auf Anforderungen, die sich aus der Organisationsanalyse ergeben. Dabei werden sowohl aktuelle Positionen und Aufgaben berücksichtigt als auch solche, die auf der Grundlage der Zielformulierung neu einzurichten sind. Das Ergebnis der Aufgabenanalyse sind klar definierte Anforderungen, die ein Stelleninhaber erfüllen muss, um im Sinne der angestrebten Ziele erfolgreich sein zu können (vgl. z.B. Sonntag, 2006; Ulich, 2005).

> Das obere Management ist dafür zuständig zu bestimmen, für welche Unternehmensbereiche Personalentwicklung betrieben werden soll. Je nach Unternehmensgröße legt das obere oder das mittlere Management fest, für

> welche Jobklassen bzw. Positionen Personalentwicklung den größten Nutzen stiftet. Wenn das geklärt ist, muss ermittelt werden, welche Kompetenzen durch Personalentwicklung auf- und auszubauen sind.

Kompetenzmodelle

> Immer mehr Unternehmen verwenden zur Beschreibung der notwendigen Anforderungen sog. Kompetenzmodelle. Kompetenzen sind lebenslang entwickelte Selbstorganisationsfähigkeiten, die es ermöglichen, auch in neuen Situationen zielgerichtet und verantwortungsbewusst zu handeln. Sie sind von Qualifikationen zu unterscheiden, die sich auf formale Nachweise von Wissen und Fähigkeiten beziehen, aber keine Aussage darüber enthalten, ob diese auch auf neue Anforderungen übertragen werden können.

Kompetenzmodelle (vgl. Grote/Kauffeld/Frieling, 2006) sind einheitliche Beschreibungssysteme für Wissen, Fähigkeiten und Fertigkeiten, die für alle Mitarbeiter und verschiedene Prozesse des Personalmanagements wie Personalauswahl, Personalentwicklung, Verfügbarkeits- und Einsatzplanung genutzt werden können. Kompetenzmodelle sind typischerweise in mindestens vier Kompetenzbereiche eingeteilt, nämlich die Fach-, die Methoden, die Sozial- und die Selbst- oder persönliche Kompetenz. Für Führungspositionen wird zusätzlich der Bereich Führungskompetenz verwendet. Dieser umfassende Kompetenzbegriff soll Rückschlüsse auf die Übertragbarkeit auf neue Anforderungen ermöglichen. Abbildung 5.6 zeigt die Struktur eines typischen Kompetenzmodells mit Beispielen für Kompetenzen. Fachkompetenzen umfassen die für die erfolgreiche Erledigung der Arbeitsaufgaben notwendigen fachspezifischen Kenntnisse, Fähigkeiten und Fertigkeiten. Sie sind im Extremfall für jeden Arbeitsplatz andere. Die anderen Kompetenzbereiche beziehen sich auf überfachliche Aspekte, die für alle Arbeitsplätze, wenn auch in unterschiedlich starker Ausprägung, erforderlich sind.

5.4 Bedarfsanalyse

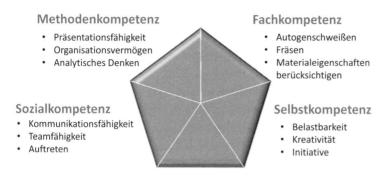

Methodenkompetenz
- Präsentationsfähigkeit
- Organisationsvermögen
- Analytisches Denken

Fachkompetenz
- Autogenschweißen
- Fräsen
- Materialeigenschaften berücksichtigen

Sozialkompetenz
- Kommunikationsfähigkeit
- Teamfähigkeit
- Auftreten

Selbstkompetenz
- Belastbarkeit
- Kreativität
- Initiative

Führungskompetenz
- Delegationsverhalten
- Leistungskontrolle
- Motivationsfähigkeit

Abb. 5.6: Typische Struktur von Kompetenzmodellen mit Beispielen für Kompetenzen

Methoden und Techniken der Arbeitsanalyse

Nachstehend werden Verfahren vorgestellt, wie eine Aufgabenanalyse durchgeführt werden kann. Um ein umfassendes Bild der Tätigkeitsinhalte zu erhalten, sollten idealer Weise die verschiedenen Erhebungsmethoden kombiniert werden (Abb. 5.7).

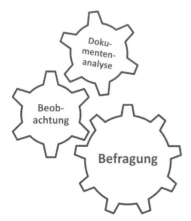

Abb. 5.7 Kombination von Erhebungsmethoden zur Erlangung eines möglichst vollständigen Bildes der Tätigkeit

Befragungen

Um ein realistisches Bild der Anforderungen einer Position zu erhalten, sind verschiedene Zugänge möglich (vgl. Holling/Kuhn, 2007). Die häufigste Variante ist die Befragung von Job-Experten. Sie kennen die in Frage stehende Position gut und können sie entsprechend beschreiben. Als Job-Experten kommen aktuelle Jobinhaber oder Inhaber vergleichbarer Stellen in Frage, auch deren Vorgesetzte und Personen, die mit dem Inhaber der Zielposition regelmäßig interagieren, außerdem Mitarbeiter, die dem Inhaber der Zielposition unterstellt sind sowie interne und externe Geschäftspartner. Befragungen haben den Vorteil, dass mit ihnen auch Aufgaben erfasst werden können, die sich über einen langen Zeitraum erstrecken, und solche, die selten vorkommen. Intellektuelle Tätigkeiten können mit Befragungen besser erfasst werden als über Beobachtungen. Zudem sind sie kostengünstiger als andere Erhebungsformen.

Befragungen können mündlich durchgeführt werden in Form von Einzelinterviews, moderierten Diskussionen oder arbeitsanalytischen Workshops. Ihr Vorteil liegt in der Interaktionsmöglichkeit der Befragten mit dem Interviewer und ggf. der Befragten untereinander, um Anforderungen und deren Bedeutsamkeit klar herauszuarbeiten. Die Methode macht den Mitarbeiter zum aktiven Teilnehmer im Prozess der Informationssammlung und kann so eine positivere Einstellung gegenüber der Erfassung der Anforderungen erzeugen. Neben mündlichen Befragungen kommen auch schriftliche in Frage, die einen deutlich geringeren Zeitaufwand erfordern, weil die Daten von vielen Personen parallel erhoben werden können.

Schriftliche Befragungen erfolgen anhand von Fragebogen und Checklisten. Die standardisierte Darbietung der Fragen gewährleistet eine höhere Objektivität und damit eine bessere Vergleichbarkeit der Informationen als bei mündlichen. Ein weiterer Vorteil liegt darin, dass der Interviewer nicht anwesend ist und dadurch das Antwortverhalten weniger beeinflusst wird. Das Risiko besteht hier darin, dass Fragen falsch verstanden werden oder Schwächen in der Ausdrucksfähigkeit des Antwortenden bei offenen Fragen den Nutzen der erhobenen Daten einschränken. Auch haben schriftliche Befragungen meist weniger Akzeptanz bei den Befragten, da diese sich weniger wertgeschätzt fühlen als bei einem Interview. Die Rücklaufquote ist typischerweise geringer als die Beteiligung an Interviews.

5.4 Bedarfsanalyse

Beobachtungen

Die direkte Beobachtung eines Mitarbeiters bei seinen Tätigkeiten erlaubt eine sehr detaillierte Katalogisierung von Aufgaben, Pflichten und Interaktionsmustern, die der Arbeitsplatz beinhaltet. Diese Vorgehensweise ist speziell für manuelle Standardtätigkeiten geeignet. Beobachtungen der Tätigkeiten können aus verschiedenen Rollen heraus durchgeführt werden. So kann der Jobinhaber selbst beobachten und relevante Tätigkeiten und Bedingungen seiner Position erfassen. Die Erhebung erfolgt dann typischerweise in Form von Arbeitstagebüchern. Hinderlich ist dabei natürlich, dass die Beobachtung parallel zur Tätigkeit ausgeführt wird und so unter Umständen nicht alles Tun bewusst beobachtet wird. Günstiger ist es, wenn eine andere Person bei der Ausführung zusieht. Der Beobachter sollte allerdings auf diese Aufgabe vorbereitet sein und sich mit den Inhalten der Tätigkeit vertraut gemacht haben. Wichtig ist außerdem, dass der beobachtete Mitarbeiter Vertrauen in das Verfahren und den Beobachter hat, weil sonst zu befürchten ist, dass der Mitarbeiter die Ausführung der Tätigkeit willentlich beeinflusst, um einen bestimmten Eindruck zu erwecken. Möglicherweise fallen auch nicht alle Aufgaben während des Beobachtungszeitraums an, so dass diese in der Beschreibung dann fehlen.

Dokumentenanalyse

Zusätzlich zu den oben genannten Zugängen können im Unternehmen vorhandene Dokumente zur Identifizierung von Anforderungen genutzt werden. In Frage kommen in erster Linie Arbeitsmaterialien, Stellenbeschreibungen, Beurteilungen durch die Vorgesetzten, Statistiken über Produktions- und Verkaufszahlen, Trainingsunterlagen und Prozessbeschreibungen, die im Rahmen des Qualitätsmanagements erstellt wurden. Vorteilhaft bei dieser Methode ist, dass die Daten nicht mehr durch die Erhebung beeinflusst werden können. Ihr Wert hängt allerdings sehr stark von Umfang und Aktualität der Dokumente ab.

Arbeitsanalytische Verfahren

Die Analyse der Aufgaben und Anforderungen erfolgt hier mit Hilfe arbeitswissenschaftlich oder psychologisch orientierter Verfahren der Arbeitsanalyse wie beispielsweise den REFA-Verfahren, dem Fragebogen zur Arbeitsanalyse (Frieling/Hoyos, 1978), dem Verfahren zur Ermittlung von Regulationserfordernissen (Oesterreich/Volpert, 1991) oder dem Instrument zur stressbezogenen Arbeitsanalyse (Semmer, 1984). Welches Instrument zum Einsatz kommt, hängt von der Art der zu untersuchenden Position ab, denn die Methoden sind unterschiedlich geeignet, je nachdem, ob es sich um eine eher manuelle oder administrative Tätigkeit handelt.

Die Verfahren zur Arbeitsanalyse (vgl. Frieling/Buch 2007) unterscheiden sich darin, ob sie eher situationsbezogene Aspekte der Tätigkeit wie Belastungen, Bedingungen, Merkmale und Ergebnisse der Tätigkeit in den Vordergrund stellen oder personenbezogene Aspekte wie Fachwissen, Fähigkeiten und Einstellungen der Jobinhaber. Bei den situationsbezogenen Verfahren werden die Merkmale der Stelle, d.h. die Arbeitsbedingungen allgemein und unabhängig von einem konkreten Stelleninhaber erfasst. Bei der personenbezogenen Analyse werden die Merkmale der Person, d.h. die individuelle Vorgehensweise des jeweiligen Stelleninhabers, seine Meinungen und seine Wahrnehmung der Anforderungen der Stelle erfasst.

> Ein weiteres verbreitetes Verfahren ist die Methode der kritischen Ereignisse (critical incident technique, CIT, Flanagan, 1954). Dabei handelt es sich um ein arbeitsplatzspezifisches Verfahren, bei dem Experten gebeten werden, Verhalten zu beschreiben, das für die erfolgreiche Ausführung der Tätigkeit besonders relevant (erfolgskritisch) ist. Dabei kann es sich sowohl um positive als auch um negative Verhaltensweisen handeln, d.h. um solche, die besonders zum Erfolg beitragen, oder solche, die ihn stark gefährden. Gegenstand kann demnach das effektive bzw. ineffektive Vorgehen bei der Bewältigung von Problemen, bei Entscheidungen, der Interaktion mit Geschäftspartnern, der Gestaltung von Arbeitsprozessen und der Nutzung von Ressourcen sein. Die Analyse wird auf diese Schlüsselereignisse beschränkt und berücksichtigt weniger wichtige Aufgaben nicht. Aus ihnen werden dann die Anforderungen zur erfolgreichen Ausübung der Tätigkeit abgeleitet. Diese Methode ist allerdings weniger geeignet für Stellen bzw. Tätigkeiten, die noch nicht existieren, sondern für aus der aktuellen Zielsetzung abgeleitete und erst einzurichtende.

5.4.4 Personenanalyse

Im dritten Schritt der Bedarfsanalyse, der Personenanalyse, geht es darum, zu prüfen, in welchem Ausmaß das aktuelle Personal die im zweiten Schritt identifizierten Anforderungen erfüllen kann. Um die Kompetenzen der Mitarbeiter zu ermitteln, werden frühere und derzeitige Leistungen sowie das Potenzial für die Übernahme neuer Aufgaben eingeschätzt (siehe Abb. 5.8).

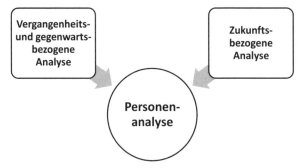

Abb. 5.8 Personenanalyse erfolgt auf Basis der Beurteilung bisheriger Leistungen und der Abschätzung des Potenzials für zukünftige Leistungen

Die Einschätzungen können als Fremdbeurteilungen, d.h. durch die direkten Vorgesetzten, durch Kollegen, Externe oder eine Kombination dieser Urteilsquellen, vorgenommen werden oder alternativ als Selbsteinschätzungen durch die Mitarbeiter erfolgen (siehe Abb. 5.9). Beide Vorgehensweisen sind mit Vor- und Nachteilen verbunden. Nimmt jeder Mitarbeiter die Leistungseinschätzung selbst vor, wird die Führungskraft entlastet. Außerdem kann der Mitarbeiter Fähigkeiten und Kenntnisse einbeziehen, die ggf. im Beurteilungszeitraum nicht zum Einsatz kamen, während Vorgesetzte sich stärker an beobachtbaren Ergebnissen orientieren. Allerdings ist bei Selbsteinschätzungen zu beachten, dass sie meist milder ausfallen als Fremdeinschätzungen (vgl. Moser, 2004). Die Selbsteinschätzung für Zwecke der Personalentwicklung kann natürlich ebenfalls willentlich beeinflusst werden, je nachdem, welchen Eindruck ein Mitarbeiter erzeugen möchte. Wer an Weiterbildung interessiert ist, wird eher Lücken aufzeigen. Wer hingegen ein starkes Interesse daran hat, als umfassend kompetent zu gelten, wird die eigenen Kenntnisse und Fertigkeiten tendenziell überschätzen.

Abb. 5.9   Mögliche Quellen für die Einschätzung von Leistung und Potenzial

In der Praxis ist die Einschätzung durch die Vorgesetzten die häufigste, daher wird auf die Beurteilung durch andere Quellen hier nicht näher eingegangen. Detaillierte Darstellungen dazu finden sich bei Lohaus (2009). Die Beurteilung durch Vorgesetzte ist gut akzeptiert, weil diese Vorgehensweise in Übereinstimmung mit der hierarchischen Struktur von Unternehmen wahrgenommen wird. Die Führungskraft verwertet und vertritt die Arbeitsleistungen ihrer Mitarbeiter und verantwortet Personalentscheidungen wie gehaltliche Anpassungen und Entwicklungsmaßnahmen. Der Nutzen von Einschätzungen durch die Vorgesetzten ist speziell bei großen Führungsspannen und bei hoch qualifizierten Tätigkeiten der Mitarbeiter (z.B. in der Forschung) eingeschränkt, da unter diesen Umständen der Einblick der Führungskraft in die Tätigkeiten der Mitarbeiter nicht mehr ausreicht, um sie umfassend zu beurteilen.

Vergangenheits- und gegenwartsbezogene Analyse
Für die Bewertung der Leistungen und Kompetenzen können bereits vorhandene Einschätzungen dienen, wie sie typischerweise im Rahmen der jährlichen Mitarbeitergespräche vorgenommen werden. Diese formalen Leistungsbeurteilungen sind Bestandteil der Personalakte und können dort eingesehen werden. Stehen keine derartigen Unterlagen in den Personalakten zur Verfügung oder sind sie aufgrund ihrer Aufbereitung nicht für die Bedarfsanalyse geeignet, müssen sie zum Zweck der Personenanalyse erhoben werden.

Die Einschätzung der Leistung und Kompetenzen erfolgt typischerweise entweder als freie Eindrucksschilderung oder als Bewertung mit Hilfe von Einstufungsverfahren. Bei der Verwendung von Einstufungsverfahren werden die Mitarbeiter anhand von Kriterien in Relation zu einem Standard für die ausgeübte Tätigkeit bewertet. Für eine Darstellung weiterer Verfahren

5.4 Bedarfsanalyse

der absoluten Leistungsbeurteilung wie Kennzeichnungs- und Auswahlverfahren wird auf Schuler (2004) und Lohaus (2009) verwiesen. Sie kommen in der Praxis relativ selten vor und werden deshalb hier nicht behandelt. Formen der relativen Leistungsbeurteilung, bei denen Mitarbeiter durch den Vergleich miteinander bewertet werden, wie bei Rangordnungen oder Quotenvorgaben, sind ungeeignet für die Personenanalyse. Sie bieten keine Information darüber, welche konkreten Anforderungen ein Mitarbeiter erfüllen kann, sondern höchstens darüber, ob die aktuelle Tätigkeit von einem Mitarbeiter besser ausgeführt wird als von einem anderen. Im Folgenden werden die beiden gängigsten Verfahren zur Leistungs- und Kompetenzbeurteilung dargestellt.

Freie Eindrucksschilderung

Die freie Eindrucksschilderung ist das Leistungs- und Kompetenzbeurteilungsverfahren mit den geringsten Vorgaben. Bei diesem formlosen Vorgehen schildert der Beurteiler seine Einschätzung der Mitarbeiterleistung in eigenen Worten und im selbst gewählten Umfang. Aufgrund ihrer fehlenden Standardisierung und der daraus resultierenden geringen Vergleichbarkeit zwischen Personen ist ihre Verwendung aber eher auf Unternehmen mit geringer Mitarbeiterzahl beschränkt. Für die Personenanalyse hat diese Form außerdem den Nachteil, dass es für die Abschätzung des Personalentwicklungsbedarfs auf Unternehmensebene problematisch sein kann, wenn jede Führungskraft andere Beschreibungskategorien verwendet.

Einstufungsverfahren

Die Mehrzahl der in Unternehmen verwendeten Beurteilungsinstrumente ist zu den Einstufungsverfahren zu zählen (Schuler/Marcus, 2004). Sie sind dadurch gekennzeichnet, dass die beobachteten Verhaltensweisen oder Leistungen den Kategorien oder Stufen von Urteilsskalen zugewiesen werden. Im Extremfall wird sogar auf Abstufungen verzichtet, was Beurteilern die Bewertung der Leistung und der Kompetenzen auf einem Kontinuum erlaubt. Zur umfassenden Einschätzung der relevanten Leistungsbereiche werden meist zwischen fünf und zwanzig Skalen eingesetzt.
Innerhalb der Einstufungsverfahren stellen die sog. einfachen oder graphischen Urteilsskalen die am weitesten verbreitete Form der Leistungsbeurtei-

lung dar. Bei ihnen werden die als relevant erachteten Leistungsmerkmale mit Hilfe von Skalen bewerten, deren Stufen durch Zahlen oder Eigenschaften beschrieben sind. Beispiele der einfachen Urteilsskalen sind in Abbildung 5.10 dargestellt.

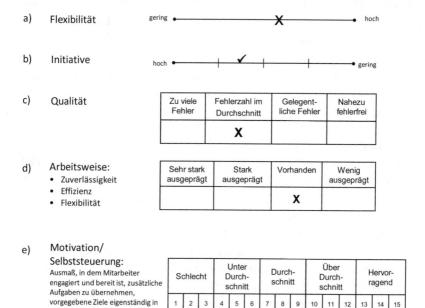

Abb. 5.10: Beispiele für einfache Urteilsskalen mit unterschiedlich engen Vorgaben (in Anlehnung an Landy/Farr, 1983, S. 59)

5.4 Bedarfsanalyse

Jede Skala beschreibt eine Leistungs- oder Merkmalsdimension. Die Anzahl der Stufen, mit denen die Leistung beurteilt werden kann, liegt typischerweise zwischen drei und neun, mit einem Optimum bei fünf bis sieben. Liegt die Zahl der Stufen darunter, so ist die Differenzierungsmöglichkeit der Leistung zu gering. Eine zu große Anzahl von Abstufungen übersteigt gewöhnlich die Differenzierungsfähigkeit des Beurteilers. Daher ist es in solchen Fällen empfehlenswert, zusätzliche zusammenfassende Kategorien zu verwenden (vgl. Beispiel e in Abb. 5.10). Die einzelnen Stufen sollten durch Ziffern oder Adjektive, die das Leistungsniveau kennzeichnen, oder ausführlichere Verhaltensbeispiele markiert sein. Mindestens müssen die Endpole gekennzeichnet sein, damit Anwender wissen, welches Ende eine hohe Ausprägung und welches eine geringe repräsentiert. Je weniger und ungenauer die Skalen und ihre Stufen beschrieben sind, desto größer ist der Interpretationsspielraum für die Anwender und desto geringer daher typischerweise die Übereinstimmung zwischen verschiedenen Urteilern.

Zukunftsorientierte Analyse
Für die Abschätzungen zukünftiger Leistungen und Kompetenzen werden Potenzialbeurteilungen vorgenommen. Als Potenzial wird die Fähigkeit einer Person bezeichnet, Leistungen auf einem bestimmten Niveau zu erbringen. Bei der Potenzialbewertung wird abgeschätzt, in welchem Ausmaß für zukünftige Leistungen relevante Kompetenzen bereits existieren oder entwickelt werden können. Neben der Einschätzung der zukünftigen Leistungsfähigkeit muss die Motivation des Mitarbeiters berücksichtigt werden, diese Leistung tatsächlich zu erbringen (vgl. Lohaus/Kleinmann, 2002).

Für die Potenzialeinschätzungen gilt ebenso wie für die Leistungsbeurteilungen, dass dafür bereits vorhandene Daten genutzt werden können. Potenzialbeurteilungen sind häufig Standardbestandteil des jährlichen Mitarbeitergesprächs und liegen in diesen Fällen in den Personalakten vor.

Ist das nicht der Fall, so können die Potenzialbeurteilungen in eigens zu diesem Zweck durchgeführte Mitarbeitergespräche, durch Anwendung standardisierter Tests oder im Rahmen der Durchführung von Assessment Centern vorgenommen werden. Da Assessment Center sehr aufwändig in der Entwicklung und Durchführung sind und daher hohe Kosten verursachen, kommen sie für kleine und mittelständische Unternehmen oft nicht in

Frage (vgl. Kleinmann, 2003). Abbildung 5.11 zeigt, wie die vergangenheits- und gegenwartsbezogene mit der zukunftsorientierten Kompetenzeinschätzung innerhalb einer Bewertung bzw. eines Formulars kombiniert und direkt mit den Anforderungen des Arbeitsplatzes verglichen werden können.

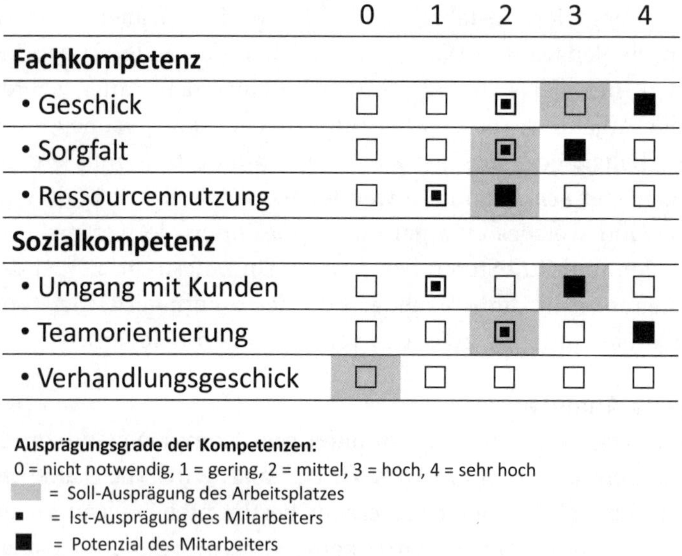

	0	1	2	3	4
Fachkompetenz					
• Geschick	☐	☐	▣	☐	■
• Sorgfalt	☐	☐	▣	■	☐
• Ressourcennutzung	☐	▣	■	☐	☐
Sozialkompetenz					
• Umgang mit Kunden	☐	▣	☐	■	☐
• Teamorientierung	☐	☐	▣	☐	■
• Verhandlungsgeschick	☐	☐	☐	☐	☐

Ausprägungsgrade der Kompetenzen:
0 = nicht notwendig, 1 = gering, 2 = mittel, 3 = hoch, 4 = sehr hoch
▢ = Soll-Ausprägung des Arbeitsplatzes
▣ = Ist-Ausprägung des Mitarbeiters
■ = Potenzial des Mitarbeiters

Abb. 5.11 Möglichkeiten zur Kombination der vergangenheits- und gegenwartsbezogenen Kompetenzeinschätzung mit der zukunftsorientierten

Die Praxis zeigt allerdings, dass nicht jeder Weiterbildungsbedarf, der im Rahmen der Personenanalyse identifiziert wird, tatsächlich auch durch eine Personalentwicklungsmaßnahme gedeckt wird. Es muss auch hier immer eine Abschätzung von Aufwand und Nutzen in Relation zu möglichen Alternativen erfolgen. Das wird an folgendem Beispiel deutlich:

> **Praxisbeispiel**
> Die Frau des Bauunternehmers B. arbeitet in dem 12-Personen-Betrieb in der Verwaltung. Da sie keine kaufmännische Ausbildung absolviert hat, musste sie die anfallenden Tätigkeiten während der Arbeit, unterstützt durch Seminare, erlernen. Zu den Verwaltungstätigkeiten gehört auch die Buchhaltung. Allerdings wäre es finanziell und zeitlich sehr aufwendig für sie, sich fundierte Kenntnisse in diesem sensiblen Bereich über Seminare anzueignen. Daher hat das Unternehmerpaar entschieden, auf Weiterbildung in diesem Bereich zu verzichten, und vergibt die Buchhaltung stattdessen an einen externen Dienstleister.

5.5 Make or Buy

5.5.1 Selbst machen oder einkaufen?

Aus der Sicht eines Unternehmens sollte für die Beteiligung an Weiterbildung ausschlaggebend sein, ob sich eine Maßnahme rechnet, d.h. einen monetären Erfolg bewirkt. Diese Rechnung wird natürlich von den mit der Maßnahme verbundenen Kosten beeinflusst. Außerdem kann es sein, dass Weiterbildungsmaßnahmen durchgeführt werden müssen, ohne dass ein Unternehmen die Wahl hat, z.B. um Sicherheitsstandards gegenüber Behörden bzw. Kunden nachzuweisen. Soweit nicht von vornherein klar ist, dass für eine Weiterbildungsmaßnahme überhaupt keine eigenen Ressourcen in Frage kommen, sollte eine Entscheidung über „Make or Buy", selbst machen oder einkaufen, getroffen werden. Häufig geht es dabei aber nicht darum, alles Erforderliche selbst zu machen oder von einem anderen Unternehmen zu beziehen, sondern einzelne Elemente des für eine Maßnahme Notwendigen unter dieser Fragestellung zu prüfen. Im Folgenden wird ein Vorgehen erläutert, wie eine solche Entscheidung vernünftig herbeigeführt werden kann.

Praxisbeispiel
Für den Friseurmeister H. kommt es nicht in Frage, einen externen Trainer zu bezahlen oder seine Angestellten zu Seminaren zu schicken. Eine solche Investition ist in seinem Geschäft aus seiner Sicht nicht möglich. Er besucht stattdessen ungefähr zehn Mal im Jahr Seminare namhafter Hersteller, um sich über Neuheiten zu informieren. Das können Haarschnitte, Farben oder Färbemöglichkeiten sein. Dieses Wissen gibt er dann an seine fünf Mitarbeiterinnen und Mitarbeiter weiter. Damit das Geschäft nicht darunter leidet, kommt für diese Schulungen allerdings nur die Zeit nach Dienstschluss am Abend in Frage.

5.5.2 Erster Schritt: Genaue Beschreibung der Maßnahme

Vorgehen
Man kann viel verschwenden, wenn man sich nicht vor dem weiteren Vorgehen genau vergewissert, um welche Maßnahme es geht. Man kauft dann zu viel ein oder macht mehr, als nötig gewesen wäre. Ein Weg durch eine feuchte Wiese kann allein aus mit auf Abstand gelegten Steinplatten bestehen. Er könnte stattdessen auch als sorgfältig gegründetes Pflaster gebaut werden. Zusätzlich könnte er ein Geländer aus Edelstahl bekommen. Wir schlagen folgende Prüfung vor:

- Was ist das Ziel der Maßnahme?
    - Was muss auf jeden Fall erreicht werden?
    - Was wird zwangsläufig mit erreicht?
- Welche Inhalte müssen erworben werden?
    - Welches Wissen?
    - Welche Kompetenzen?
- Wer muss teilnehmen?
    - Wer muss unbedingt teilnehmen?
    - Wer sollte teilnehmen?
- Sind Nachweise erforderlich?
    - Welche Zertifikate sind erforderlich?
    - Welche alternativen Nachweise genügen?

- Wo soll die Maßnahme durchgeführt werden?
  - Wo muss sie durchgeführt werden?
  - Wo darf sie durchgeführt werden?
- Wann soll die Maßnahme durchgeführt werden?
  - Zu welchem Termin muss ein Nachweis vorliegen?
  - Wann kann sie durchgeführt werden?

Fallbeispiel – Teil 1

Wir wollen annehmen, der Vertriebsleiter eines Unternehmens habe im Wesentlichen vom zufälligen Anhören diverser Telefonate seiner ihm direkt zugeordneten Mitarbeiter den Eindruck, deren Englischkenntnisse müssten verbessert werden, damit sich seine Kunden gut betreut fühlten. Er könnte jetzt die Anweisung geben, sie sollten alle einmal einen VHS-Kurs in Englisch für Fortgeschrittene belegen, die Firma werde die Kosten übernehmen. Damit würde er aber „die Katze im Sack" kaufen, denn er weiß vermutlich nicht, welche Inhalte in diesen Kursen vermittelt werden, dass sie vielleicht zu Zeiten beginnen, in denen seine Mitarbeiter noch im Büro sein müssen, und dass die grundsätzlich in Frage kommenden Kurse schon begonnen haben. Es wäre zielführender, sich eine Stunde Zeit zu nehmen und mit den Mitarbeitern gemeinsam eventuelle auf das Geschäft bezogene jeweils individuelle Defizite aufzulisten. Dabei könnte auch zur Sprache kommen, was die Mitarbeiter persönlich von einer Verbesserung ihres Geschäftsenglisch hätten. Wenn die Defizite beschrieben sind, z.B. als „Ich verstehe nicht alles, was die Texaner von uns wollen und rate manches.", „Mir fehlen manchmal die Worte, eine geschäftliche Auskunft etwas persönlicher und verbindlicher zu formulieren." oder „Ich fühle mich unsicher, ob meine Aussagen auch juristisch korrekt sind.", dann muss die Frage nach den Inhalten gestellt werden. Es wird für das Bespiel weiter unterstellt, dass es sich um vier Mitarbeiter handelt, bei denen nach der Meinung des Vertriebsleiters Handlungsbedarf besteht.

5.5.3 Zweiter Schritt: Auswahl eines Anbieters und Einholung eines Angebots

Vorgehen
Katalogbeschreibungen enthalten im Allgemeinen zu den angebotenen Veranstaltungen „von der Stange" deren Ziele, Inhalte und Preise. Sie können diesbezüglich naturgemäß keine „maßgeschneiderten" Programme vorstellen. Zwar sind „Maßanzüge" gewöhnlich teurer als Konfektionsware, doch sollte immer im Auge behalten werden, welche Leistungen wirklich benötigt werden. Es empfiehlt sich deshalb in jedem Fall, um den Besuch eines Repräsentanten eines Anbieters zu bitten, der nach einem Gespräch in Kenntnis der Vorstellungen des Unternehmens ein Angebot formulieren kann. Solche Besuche sind im Allgemeinen kurzfristig möglich. Wenn keine Erfahrungen mit Anbietern der in Frage stehenden Weiterbildungsdienstleistung vorhanden sind, helfen Erkundigungen bei der zuständigen Industrie- und Handelskammer bzw. Handwerkskammer weiter. Sie führen meistens schneller zu dem gewünschten Ergebnis als Recherchen im Internet oder den „Gelben Seiten". Man sollte dabei allerdings im Auge behalten, dass die Kammern häufig über eigene Weiterbildungseinrichtungen verfügen und für deren Veranstaltungen Teilnehmer suchen. In vielen Fällen existieren auf den Homepages der Kammern auch Verzeichnisse von Weiterbildungsanbietern in der Region. Hilfreich können auch Empfehlungen von Kollegen sein, die bei ähnlichen Problemen schon gute Erfahrungen mit einem bestimmten Anbieter gemacht haben.

Fallbeispiel – Teil 2
Im vorliegenden Fall möge die Sekretärin des Vertriebsleiters sich telefonisch zur Abteilung Aus- und Weiterbildung der zuständigen IHK durchgefragt und von dort den Link zur Liste mit den Weiterbildungsanbietern der Region bekommen haben. Da es um Fremdsprachen geht, wählt sie eine bekannte internationale Sprachenschule aus und bittet dort telefonisch um den Besuch eines Vertreters. In dem Telefonat hat sie kurz die Erwartungen ihres Unternehmens geschildert. Bei dem Besuch des Vertreters kann der Vertriebsleiter diesem sagen, dass das Unternehmen kein Interesse an einem Zertifikat über den Trainingserfolg habe, dass der Aus-

gleich der Defizite innerhalb eines halben Jahres erfolgen solle und dass der Unterricht sowohl im Unternehmen als auch in den Räumen des Anbieters erfolgen könne. Als Uhrzeit stelle er sich entweder zwei Unterrichtseinheiten gleich zu Beginn der Arbeitszeit oder im Anschluss an die Arbeitszeit vor. Eine Blockveranstaltung käme nicht in Frage. Der Vertriebsleiter bittet um ein schriftliches Angebot, das alle erörterten Punkte berücksichtigt.

5.5.4 Dritter Schritt: Ressourcen-Abklärung

Vorgehen
Bei der Ressourcen-Abklärung sollte geprüft werden, ob im Unternehmen Ressourcen vorhanden sind, mit deren Hilfe das angestrebte Weiterbildungsziel erreicht werden kann. Hierzu gehört in erster Linie die Klärung, ob Arbeitszeit der Mitarbeiter dafür zur Verfügung gestellt werden kann. Es ist festzustellen, ob durch organisatorische Anpassungen die während einer Weiterbildung anfallenden Arbeiten zu anderen Arbeitszeiten von den Teilnehmern zusätzlich erledigt werden können oder ob zu vergütende Überstunden notwendig sind. Einzubeziehen wäre auch die Überlegung, inwieweit Kollegen ohne oder mit Überstunden diese Tätigkeiten temporär übernehmen könnten. Weitere Ressourcen könnten Mitarbeiter sein, die die gewünschten Qualifikationen haben und in der Lage wären, diese zu vermitteln. Es könnte sich auch um Räume handeln, die für Unterrichtszwecke in Frage kommen, und um die benötigte technische Ausstattung.

Fallbeispiel – Teil 3
Im vorliegenden Fall möge der Vertriebsleiter als einziger im Unternehmen die erforderlichen Sprachfertigkeiten besitzen. Es gebe einen Sozialraum, der für Unterrichtszwecke temporär genutzt werden könnte, und es ständen auch Flip-Chart, Metaplanwände und Metaplanmaterial sowie ein Overhead-Projektor zur Verfügung. Der Vertriebsleiter fühle sich aber weder zeitlich noch von seinen methodischen Fähigkeiten her in der Lage, den Unterricht selbst zu halten. Die in Frage kommenden vier Mitarbeiter zögen einen Unterricht von eineinhalb Stunden zu Beginn der Arbeitszeit

vor und sähen sich in der Lage, über einen Zeitraum von zwölf Wochen die in dieser Zeit liegen bleibende Arbeit im Laufe des Tages noch zu erledigen.

5.5.5 Vierter Schritt: Angebotsprüfung und Feststellung der Opportunitätskosten

Vorgehen
Nach Eingang des schriftlichen Angebots wäre zu prüfen, ob es auf alle relevanten Punkte Bezug nimmt, und zu entscheiden, welche Leistungen selbst erbracht werden sollen. Dazu müssten zu den in Frage kommenden Angebotselementen die Opportunitätskosten der Nutzung entsprechender Eigenleistungen ermittelt werden. Opportunitätskosten wären die Erträge, die durch die Nutzung der Eigenleistungen verloren gingen, und diejenigen Kosten, die durch eventuell notwendige kompensatorische Leistungen entstehen würden.

Fallbeispiel – Teil 4
Im Angebot sieht sich der Bildungsdienstleister in der Lage, die gewünschten Qualifikationen trotz der unterschiedlichen Voraussetzungen der potenziellen Teilnehmer mit einem Trainer in den Räumen des Unternehmens zu den präferierten Zeiten zu vermitteln. Der Zeitraum von zwölf Wochen wird für ausreichend gehalten. Mit dem Preis für diese Inhouse-Variante sind die externen Kosten der Weiterbildungsmaßnahme bekannt. Opportunitätskosten fallen unter den gemachten Voraussetzungen nicht an, da Geschäft durch die sichergestellte spätere Erledigung der anfallenden Tagesarbeiten nicht verloren geht und weder Überstundenvergütungen noch Gehälter für temporär Beschäftigte gezahlt werden müssen. Der Sozialraum wird in den vorgesehenen Zeiträumen nicht für andere Zwecke benötigt und der Wert des voraussichtlich für Flip-Chart und Metaplanmethode benötigten Materials wird für vernachlässigbar gehalten.

5.5.6 Fünfter Schritt: Einholung und Prüfung von Alternativangeboten

Vorgehen
In Abhängigkeit von der Höhe der voraussichtlichen Kosten einer Weiterbildungsmaßnahme, den im Unternehmen vorhandenen Erfahrungen mit Angeboten und den internen Regelungen für die Vergabe von Aufträgen wird ein Unternehmen mindestens noch ein Alternativangebot einholen. Dies hat nicht nur den Vorteil, die Angemessenheit von Preisen überprüfen zu können, sondern ermöglicht auch einen Detailvergleich der Methoden und Zielerreichungsgarantien.

Fallbeispiel – Teil 5
Im vorliegenden Fall wird der Vertriebsleiter nach Auskunft durch die IHK oder Suche im Branchenverzeichnis oder Hinweis eines Kollegen vielleicht einen freiberuflichen Englischlehrer kontaktieren und diesen um einen Besuch und ein anschließendes Angebot bitten. Freiberufler sind im Allgemeinen sehr flexibel in Bezug auf die Wünsche ihrer Auftraggeber und können in Folge eines kleineren Overheads (weniger Verwaltungskosten) auch niedrigere Preise kalkulieren. Sie sind jedoch häufig nicht die Spezialisten für eine Lösung der Probleme des Kunden, z.B. wenn dieser Fachenglisch in Chemie wünscht, der Sprachenlehrer aber vor allem Erfahrung in allgemeinem Business English hat. Außerdem ist zu bedenken, dass bei einer Erkrankung oder eines anderweitigen Ausfalls des Lehrers nicht immer automatisch für Ersatz gesorgt ist. Selbst wenn der angesprochene Fremdsprachenlehrer auf die inhaltlichen und zeitlichen Wünsche des Vertriebsleiters eingehen kann, sollte letzteres bei einem Preisvergleich immer berücksichtigt werden.

5.5.7 Sechster Schritt: Angebotsvergleich und Auftragsvergabe

Vorgehen
In einem ersten Schritt wird man überprüfen, ob die inhaltlichen und zeitlichen Anforderungen von allen zum Vergleich vorliegenden Angeboten in

gleicher Weise erfüllt werden. Soweit das nicht der Fall ist, wäre bei den Angeboten zu vermerken, ob dies ein Ausschlusskriterium ist oder durch Anderes, z.B. einen günstigeren Preis, kompensiert werden kann. Der nächste Schritt bestände darin, Angaben über eigene oder fremde bisherigen Erfahrungen mit dem Anbieter zu vermerken und – soweit möglich – zu bewerten. Schließlich müssen die Preise und Konditionen in allen Einzelheiten verglichen werden. Nachstehende Tabelle kann als Entscheidungsgrundlage herangezogen werden. Solche Vergleichstabellen sollten praktischer Weise nicht zu kompliziert sein. Man könnte natürlich auch noch Gewichtungen der einzelnen Kriterien einführen, aber es dürfte sich als schwierig herausstellen, z.B. nur gemischte Erfahrungen mit einem deutlich niedrigeren Preis zu verrechnen.

Tab. 5.1:   Entscheidungsmatrix

	Angebot 1	**Angebot 2**	**Angebot n**
Inhaltliche Anforderungen erfüllt (1=voll, 2=ausreichend, 3=unvollständig, 4=nicht			
Zeitliche Anforderungen erfüllt (1=voll, 2=ausreichend, 3=unvollständig, 4=nicht			
Erfahrungen (1=sehr gute, 2=gute, 3=gemischte, 4=schlechte)			
Gesamtpreis			
Ranking (1=bestes Angebot)			
Entscheidung			

5.5 Make or Buy

Fallbeispiel – Teil 6

Für das hier behandelte Beispiel möge sich folgende Gegenüberstellung und Bewertung ergeben:

Tab. 5.2: Entscheidungsmatrix

	Angebot 1	Angebot 2
Inhaltliche Anforderungen erfüllt (1=voll, 2=ausreichend, 3=unvollständig, 4=nicht)	1	2
Zeitliche Anforderungen erfüllt (1=voll, 2=ausreichend, 3=unvollständig, 4=nicht)	1	2
Erfahrungen (1=sehr gute, 2=gute, 3=gemischte, 4=schlechte)	2	1
Gesamtpreis	3.000 EUR	2.000 EUR
Ranking (1=bestes Angebot)	1	2
Entscheidung	ja	nein

Es sollte deutlich geworden sein, dass in dem vorliegenden Fall keine eindeutige Bewertung möglich ist und am Ende das „Bauchgefühl" des Entscheiders den Ausschlag geben muss. Der höhere Preis von Angebot 1 wird hier durch seine insgesamt etwas bessere Bewertung für gerechtfertigt gehalten. Deshalb erhält Anbieter 1 den Auftrag.

5.5.8 Zusammenfassung

Die dargestellten Abläufe werden in dem nachstehenden Flussdiagramm zusammenfassend wiedergegeben:

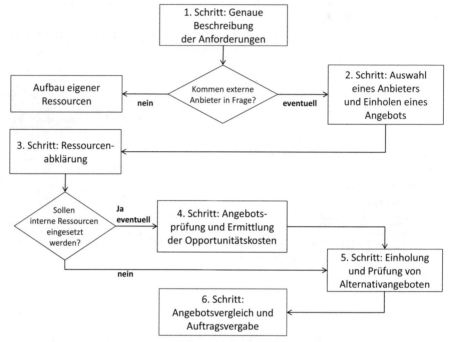

Abb. 5.12: Ablauf einer Make-or-Buy-Entscheidung

5.6 Durchführung von Personalentwicklungsmaßnahmen

Wenn der Bedarf für Personalentwicklungsmaßnahmen identifiziert und die Entscheidung getroffen wurde, ob die Maßnahme selbst entwickelt und durchgeführt oder zugekauft wird, wird die Maßnahme realisiert. Das kann durch den Einsatz sehr unterschiedlicher Personalentwicklungsinstrumente erfolgen, je nach angestrebten Zielen, Zielgruppe, Inhalten und Umfang. Die unterschiedlichen Instrumente werden in Kapitel 6 erläutert.

5.7 Transfermanagement

5.7.1 Bedeutung des Lerntransfers

Lerntransfer
Die vorherigen Kapitel haben deutlich gemacht, welcher Aufwand mit der Planung und Durchführung von Weiterbildung verbunden ist und welche Erwartungen Unternehmen bzgl. der Effekte von Personalentwicklungsmaßnahmen haben. Damit diese Effekte eintreten können, reicht es nicht aus, dass Mitarbeiter an Weiterbildung teilnehmen. Entscheidend ist, dass sie die während der Maßnahme erworbenen Kenntnisse und Fertigkeiten auf ihre Alltagssituation im Job übertragen und dort anwenden (vgl. Bergmann/Sonntag, 2006). Der Anwendungskontext im Alltag kann sich dabei sehr deutlich von der Lernumgebung unterscheiden, und der Transfer soll sich nicht auf die Leistung der trainierten Aufgaben beschränken, sondern sich auch auf nicht trainierte oder nicht trainierbare Aufgaben erstrecken. Im günstigsten Fall führt er zu Innovation (vgl. Solga, 2008b). Neben der Motivation der Trainingsteilnehmer, das Gelernte anzuwenden (Rowold, 2008), ist es wichtig, den Transfer durch gezielte Maßnahmen zu unterstützen.

> Für die Maßnahmen, die ergriffen werden, um die Anwendungswahrscheinlichkeit zu erhöhen, haben sich die Begriffe Transfermanagement und Transfersicherung etabliert. Die Aktivitäten zur Transfersicherung können vor, während und nach der Personalentwicklungsmaßnahme eingesetzt werden und sich auf die Teilnehmer, die Personalentwicklungsmaßnahme (Lernfeld) und das Arbeitsumfeld beziehen.

Leider ist es keineswegs selbstverständlich, dass die erworbenen Kompetenzen in die Alltagsarbeit übertragen werden. So kann beispielsweise Zeitdruck dafür sorgen, dass bisherige Routinen wieder angewendet werden, weil die Umsetzung des neu Erlernten zunächst einmal mehr Zeit beansprucht. Außerdem können am Anfang Probleme bei der Anwendung auftreten, die den Mitarbeiter entmutigen, während die bisherige Vorgehensweise sicher zum Ziel führt. Da die Hindernisse für die Umsetzung der erlernten Inhalte vielfältig sind, lohnt es sich, nach einer Betrachtung der Formen des Lerntransfers die Einflussfaktoren auf den Transfer näher zu betrachten.

Formen des Lerntransfers
Bei der Umsetzung der erlernten Inhalte können verschiedene Formen unterschieden werden.

- **Generalisierung**: Das Lernfeld, in dem die Personalentwicklungsmaßnahme durchgeführt wird, unterscheidet sich normalerweise vom konkreten Arbeitsumfeld jedes einzelnen Teilnehmers. Daher können die individuellen Bedingungen der Mitarbeiter nur unzureichend berücksichtigt werden. Dieser Umstand erfordert vom Mitarbeiter, von den Bedingungen des Lernfeldes zu abstrahieren und die erlernten Prinzipien auf seine spezifische Arbeitssituation zu übertragen. Diese Anpassung soll auch noch auf sehr unähnliche Situationen gelingen. Die erworbenen Kompetenzen sollen außerdem sowohl auf Anwendungssituationen desselben Anforderungsniveaus wie im Lernfeld als auch auf komplexere Anforderungen anwendbar sein.
- **Aufrechterhaltung**: Transfer gilt dann als gelungen, wenn das neu Erlernte nicht nur direkt nach Abschluss der Maßnahme angewendet wird, sondern auch über einen längeren Zeitraum hinweg vom Mitarbeiter genutzt wird.
- **Leistungsverbesserung**: Natürlich wird mit jedem Lerntransfer ein für das Unternehmen relevantes Ziel angestrebt. Der Transfer soll beispielsweise dazu führen, dass die Arbeit schneller oder besser erledigt wird, Prozesse korrekt ausgeführt werden und sich die Leistungen des Mitarbeiters steigern.

5.7.2 Maßnahmen zur Transfersicherung

Baldwin und Ford (1988) haben die zu berücksichtigenden Faktoren in ihrem Modell des Transferprozesses dargestellt. Diese Faktoren sind die Grundlage für entsprechende Transfermanagement-Maßnahmen.

5.7 Transfermanagement

Modell des Transferprozesses

Die Autoren unterscheiden zwischen Inputfaktoren, Outputfaktoren und Transferbedingungen von Personalentwicklungsmaßnahmen (siehe Abb. 5.13). Zu den Inputfaktoren zählen sie Merkmale der Teilnehmer, Merkmale der Personalentwicklungsmaßnahmen und Merkmale des Arbeitsumfeldes der Teilnehmer. Outputfaktoren sind das Lernen während der Maßnahme und das Erinnern des Gelernten. Die Transferbedingungen beziehen sich darauf, dass das Erlernte auf neue Anwendungssituationen übertragen (generalisiert) wird und die neuen Verhaltensweisen über die Zeit hinweg beibehalten werden (Aufrechterhaltung). Dadurch soll sich die Leistung steigern.

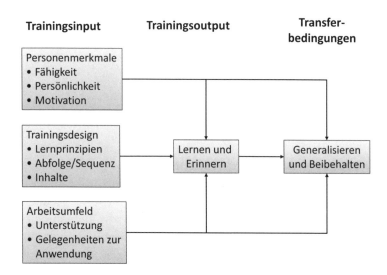

Abb. 5.13: Modell des Transferprozesses nach Baldwin und Ford

Die Pfeile kennzeichnen die unterstellten Wirkbeziehungen. So gehen die Autoren davon aus, dass die Wahrscheinlichkeit für Lernen hoch ist, wenn:

- Die Teilnehmer fähig und motiviert sind, zu lernen
- Die Maßnahme zielgerichtet gestaltet ist
- Die Teilnehmer erwarten, das Gelernte am Arbeitsplatz umsetzen zu können

Weiterhin wird davon ausgegangen, dass die Wahrscheinlichkeit für die Anwendung im Arbeitsumfeld hoch ist, wenn:

- Die Teilnehmer fähig und motiviert sind, die Inhalte am Arbeitsplatz umzusetzen
- Die Teilnehmer die Inhalte der Maßnahme gelernt haben und sich an sie erinnern
- Die Atmosphäre im Arbeitsumfeld die Umsetzung begünstigt

Im Folgenden werden Maßnahmen beschrieben, die den Transfer der Lerninhalte fördern. Sie werden danach unterschieden, ob sie sich auf die Personalentwicklungsmaßnahme selbst (Lernfeld) oder den Arbeitskontext (Funktions- oder Anwendungsfeld) beziehen. Die Zahl möglicher Maßnahmen ist nahezu unbegrenzt, daher erfolgt hier eine Beschränkung auf die wichtigsten (vgl. Solga, 2008b). Die einzelnen Faktoren des Modells können unterschiedlich stark von Seiten des Unternehmens beeinflusst werden (vgl. Knyphausen-Aufseß/Smukulla/Abt, 2009).

Aktivitäten zur Transfersicherung im Lernfeld

Die Aktivitäten zur Unterstützung des Lerntransfers im Lernfeld beziehen sich auf die Gestaltung und die Durchführung der Personalentwicklungsmaßnahme.

- **Teilnehmer bei der Auswahl der Inhalte und Methoden einbeziehen**: Werden die potenziellen bzw. tatsächlichen Teilnehmer in die Bedarfsanalyse einbezogen, indem sie sich zu den aus ihrer Sicht notwendigen Inhalten äußern können, fördert das ihre Motivation zur Teilnahme erheblich. Sie schätzen die Maßnahme dann als sinnvoll sein. Dazu gehört insbesondere, das Vorwissen der Teilnehmer zu berücksichtigen und ihre Eigenständigkeit zu fördern (vgl. Allmendinger, 2008).
- **Ähnlichkeit von Lern- und Anwendungskontext herstellen**: Je ähnlicher die Trainingsbedingungen der späteren Anwendungssituation sind, desto höher ist die Wahrscheinlichkeit, dass die Trainingsinhalte im Arbeitsalltag umgesetzt werden. Das kann zum Beispiel dadurch erreicht werden, dass dieselben Arbeitsmittel (z.B. Computerprogramme, Werkzeuge) verwendet werden, die auch am Arbeitsplatz zur Verfügung stehen. Es lohnt sich in jedem Fall, die Teilnehmer im Vorfeld der Maß-

nahme zu bitten, Beispielfälle aus ihrem Arbeitsalltag einzubringen, für die während der Maßnahme Lösungen entwickelt werden.

- **Zutrauen der Teilnehmer in ihre Umsetzungsfähigkeiten stärken**: Studien haben gezeigt, dass es sich positiv auf den Transfer auswirkt, wenn die Teilnehmer während der Maßnahme das Zutrauen in ihre Fähigkeiten gewinnen, die Inhalte später auch umsetzen zu können. Dieses Zutrauen kann gestärkt werden, wenn die Teilnehmer bereits während der Personalentwicklungsmaßnahme Erfolgserlebnisse haben, d.h. erfahren, dass sie Aufgaben mit den neuen Inhalten bzw. Methoden erfolgreich bewältigen können. Das wird durch ausreichende Übungsmöglichkeiten realisiert. Dabei ist gar nicht notwendig, dass jeder Teilnehmer alles im Detail selbst ausprobiert, auch die Beobachtung anderer Teilnehmer bei der erfolgreichen Aufgabenbewältigung kann das eigene Zutrauen stärken.
- **Generelle Prinzipien in unterschiedlichen Kontexten vermitteln**: Transfer wird natürlich auch gefördert, wenn bei allen Inhalten die unterliegenden Prinzipien offengelegt und generelle Denk- und Problemlösestrategien vermittelt werden. Die Anwendbarkeit in unterschiedlichen Situationen wird auch dadurch deutlicher, dass die Beispiele in der Personalentwicklungsmaßnahme in verschiedene Kontexte eingebettet werden. Mit Bezug auf das in Kapitel 5.4.3 erläuterte Kompetenzmodell bedeutet das, möglichst viel Methodenkompetenz zu vermitteln.
- **Mögliche Transferprobleme bearbeiten**: Da bekannt ist, dass die Umsetzung von Trainingsinhalten in das Anwendungsfeld von unterschiedlichsten Faktoren behindert werden kann, ist es sinnvoll, diese Hindernisse bereits während der Maßnahme zu thematisieren und zu bearbeiten. Das kann beispielsweise so gemacht werden, dass die Teilnehmer sich selbst Ziele setzen, die Umsetzung planen, mögliche Hindernisse identifizieren und bereits im Training Lösungen dafür erarbeiten. Häufig wird eine solche Transferplanung auch schriftlich fixiert und als Transfervereinbarung des Teilnehmers mit sich selbst formalisiert (ein Beispiel findet sich in Abb. 5.14).

Transferplanung

1. Was waren die wichtigsten Einsichten in diesem Kurs? Was hat mich am meisten überrascht?
   ....
   ....
   ....

2. Womit bin ich zufrieden und will es so weiterführen?
   ....
   ....
   ....

3. Was ist das erste, das ich anders mache als bisher?
   ....
   ....
   ....

4. Wie ändere ich das ganz genau? Wann genau? In welcher Situation?
   ....
   ....
   ....

5. Was kann bei der Umsetzung schiefgehen? Wie gehe ich am besten damit um?
   ....
   ....
   ....

6. Woran merke ich, dass ich erfolgreich bin? Woran merken es andere? Wer?
   ....
   ....
   ....

Abb. 5.14: Beispiel für die Transferplanung während der Personalentwicklungsmaßnahme

- **Fehler und Unberechenbarkeiten trainieren**: Studien haben gezeigt, dass die meisten Personalentwicklungsmaßnahmen lediglich auf die Einübung störungsfreier Abläufe ausgelegt sind (vgl. Sonntag, 2002). Das bedeutet, es wird zu wenig berücksichtigt, was bei der Umsetzung von Trainingsinhalten in die Praxis alles schiefgehen kann. Das führt dazu, bei Hindernissen in der Umsetzung schneller aufzugeben, als wenn die möglichen Fehler gleich in der Personalentwicklungsmaßnahme behandelt werden und der Umgang mit ihnen trainiert wird.
- **Lernen und Behalten fördern**: Ganz generell gilt es natürlich, das Training so zu gestalten, dass es den Teilnehmern möglichst leichtfällt, die Inhalte aufzunehmen und die neuen Kenntnisse und Fertigkeiten mit bestehenden Gedächtnisinhalten zu verknüpfen. Damit sind angemessener Stoffumfang mit praktischen Beispielen, die möglichst realistische Abbildung der Arbeitswelt im Trainingsdesign, viele Fragemöglichkeiten und Übungsphasen, angemessene Pausen, ansprechende Gestaltung der Lernmaterialien und Ähnliches gemeint.

Aktivitäten zur Transfersicherung im Anwendungsfeld

Die Aktivitäten zur Unterstützung des Lerntransfers im Anwendungsfeld beziehen sich auf den Teilnehmer selbst, seine Führungskraft und die Arbeitsbedingungen. Ein Teil der Empfehlungen muss bereits vor der Durchführung der Personalentwicklungsmaßnahme realisiert werden, um wirksam zu sein. Andere setzen nach Abschluss der Personalentwicklungsmaßnahme an. Es handelt sich im Einzelnen um folgende Aktivitäten:

- **Vorgesetzte involvieren**: Eine wesentliche Voraussetzung für Transfererfolg ist die Einsicht der jeweiligen Führungskraft in den Nutzen der Personalentwicklungsmaßnahme. Das wird erreicht, indem die Vorgesetzten in die Bedarfsanalyse einbezogen werden und ihre Rolle im Weiterbildungsprozess verstehen und annehmen. Ein Beispiel für einen Gesprächsleitfaden, wie Vorgesetzte und Mitarbeiter eine Personalentwicklungsmaßnahme vorbereiten können, um die Chancen für einen Transfer zu optimieren, findet sich in Abbildung 5.15.
- **Freiwillige Teilnahme**: Es gibt empirische Belege dafür, dass sich die freiwillige Teilnahme an Personalentwicklungsmaßnahmen positiv auf den Trainingserfolg und den Transfer auswirkt. Es fällt leicht, sich vor-

zustellen, dass Teilnehmer, die aus eigenem Antrieb eine Maßnahme besuchen wollen, motiviert sind und Transfermöglichkeiten aktiv suchen. Die erzwungene Teilnahme wirkt sich dagegen im Allgemeinen eher negativ auf die Motivation aus.

- **Lern- und Umsetzungsvoraussetzungen der Teilnehmer berücksichtigen**: Neben der Bereitschaft des Mitarbeiters, an der Personalentwicklungsmaßnahme teilzunehmen, spielen weitere Merkmale des Mitarbeiters eine Rolle. So muss beispielsweise die Lern- und Leistungsfähigkeit des Mitarbeiters berücksichtigt werden. Wenn das Anforderungsniveau der Personalentwicklungsmaßnahme die Leistungsfähigkeit des Mitarbeiters übersteigt, ist eine Teilnahme wenig effektiv und kann sogar zu einer Frustrierung des Mitarbeiters führen. Auch sollte in Betracht gezogen werden, ob eine ins Auge gefasste Personalentwicklungsmaßnahme zur Persönlichkeit des Mitarbeiters passt. Zum Beispiel wäre es wenig sinnvoll, einen sehr zurückhaltenden und wenig kommunikativen Mitarbeiter für ein Vertriebstraining vorzusehen mit der Zielsetzung, ihn im Anschluss mit der Neukundenakquisition zu betrauen.
- **Anreize für Lerntransfer bieten**: Es gehört zur Rolle der Führungskraft, den Transfererfolg zu sichern, indem sie Anreize dafür schafft. Das kann auf vielfältige Weise geschehen. Im Vorfeld der Personalentwicklungsmaßnahme sollte der Vorgesetzte bereits auf den Nutzen der Personalentwicklungsmaßnahme für das Aufgabengebiet des Teilnehmers und das Unternehmen hinweisen. Er sollte konkrete Erwartungen bzgl. der Umsetzung der Trainingsinhalte aussprechen. Nach Abschluss der Maßnahme ist es die Aufgabe des Vorgesetzten, Transferbemühungen durch Lob und positive Darstellung gegenüber anderen zu verstärken. Auch kann der Transfererfolg zum Gegenstand des Mitarbeitergesprächs und ggf. der Leistungsbeurteilung gemacht werden. Je nachdem, wie genau die Trainingsinhalte im Vorhinein bekannt sind, sollte der Vorgesetzte bereits vor Beginn der Maßnahme oder direkt danach mit dem Teilnehmer eine Transfervereinbarung treffen. In ihr wird mündlich oder besser sogar schriftlich festgehalten, in welcher Form und in welchem Zeitraum die neu erworbenen Kenntnisse und Fertigkeiten auf die Arbeitssituation übertragen werden.

5.7 Transfermanagement

Vorbereitung der PE-Maßnahme

Mitarbeiter/in: .... Vorgesetzte/r: ....
PE-Maßnahme: .... Zeitraum der Maßnahme: ....
Aktuelles Datum: ....

Sichtweise der Mitarbeiterin/des Mitarbeiters
1. Was sind meine Erwartungen an die Maßnahme?
2. Welche konkreten Fragen sollen in der PE-Maßnahme geklärt werden?
3. Was will ich nach Abschluss der PE-Maßnahme können?
4. Was genau soll nach Abschluss der PE-Maßnahme in der Alltagsarbeit anders sein?
5. Wie kann ich mich auf die PE-Maßnahme vorbereiten, welche konkreten Probleme einbringen?
6. Welche Voraussetzungen müssen dafür gegeben sein (bzgl. Arbeitstätigkeit/Kollegen/Vorgesetzter)?

Sichtweise der Vorgesetzen/des Vorgesetzen
1. Was soll die Mitarbeiterin/der Mitarbeiter nach der Maßnahme können?
2. Welche konkreten Probleme sollen durch die PE-Maßnahme gelöst werden?
3. Wie kann der Erfolg der PE-Maßnahme sichergestellt werden (Vorbereitung, Unterstützung nach Abschluss der Maßnahme)?

Unterschriften:		
	Mitarbeiter/in	Gesprächsführende/r Vorgesetzte/r

Abb. 5.15   Gesprächsleitfaden zur Sicherung des Transfers im Vorfeld einer Personalentwicklungsmaßnahme

- **Transferprozesse unterstützen**: Die Unterstützung von Transferprozessen ist unmittelbar mit dem vorgenannten Punkt, also mit Anreizen verbunden. Es gehört zu den Aufgaben der Führungskraft, nach Abschluss einer Personalentwicklungsmaßnahme die Arbeitsbelastung des Teilnehmers so anzupassen, dass dieser den Freiraum hat, die neu erworbenen Kompetenzen anzuwenden. Das ist wichtig, weil sonst hoher Arbeitsaufwand und Zeitdruck dazu führen können, dass Mitarbeiter wieder in bisherige Routinen zurückfallen. Entscheidend ist außerdem, dass der Vorgesetzte durch die Übertragung von geeigneten Arbeitsaufgaben sicherstellt, dass sich Anwendungsgelegenheiten bieten. Die Führungskraft muss außerdem akzeptieren können, dass der Lerntransfer nicht sofort fehlerfrei verläuft. Mit zunächst eintretenden Misserfolgen muss konstruktiv umgegangen werden.

> **Praxisbeispiel**
>
> In der Praxis von kleinen Unternehmen ist die häufigste Form der Transfersicherung, den Mitarbeitern nach Abschluss der Personalentwicklungsmaßnahme genau solche Aufgaben zu übertragen, die sie dann bearbeiten können sollten. Häufig wird der Transfer dann auch noch dadurch unterstützt, dass die Teilnehmer ihren Kollegen das Erlernte beibringen sollen. Herr R., der Geschäftsführer eines IT-Dienstleisters mit 22 Angestellten, führt außerdem ein Gespräch mit seinen Mitarbeitern, die von einer Schulung zurückkommen: „Ich frage sie nach den Inhalten der Schulung und wie sie den Kurs bewerten. Wir besprechen dann, wie das neu erworbene Wissen am besten umgesetzt werden kann. Auf diese Weise unterstütze ich nicht nur die Anwendung, sondern ich gewinne auch gleichzeitig einen Eindruck von der Qualität der Kurse."

6 Instrumente der Personalentwicklung

6.1 Interne Instrumente der Personalentwicklung

6.1.1 Abgrenzung

In diesem Kapitel werden verschiedene Arten von Maßnahmen dargestellt, die die Kompetenzentwicklung von Mitarbeitern fördern. Der Fokus wird dabei auf Maßnahmen gelegt, die im Unternehmen, d.h. von Führungskräften, Kollegen und den Mitarbeitern selbst, arbeitsnah durchgeführt werden können. Häufig ist mit ihnen geringerer Aufwand verbunden als mit externen Maßnahmen, wie sie in Kapitel 6.2 beschrieben werden. Außerdem beschränkt sich die Schilderung auf die für kleinere und mittlere Unternehmen wichtigsten Formen. Maßnahmen wie beispielsweise Mentoring (die Förderung der beruflichen Entwicklung und des Aufstiegs von Nachwuchskräften durch einflussreiche höherrangige Personen in der Organisation, vgl. Blickle/Schneider, 2006) und Karriereberatung (die individuelle Unterstützung der Mitarbeiter bei der Entwicklung beruflicher Perspektiven im Unternehmen, vgl. Ryschka/Tietze, 2008) werden ausgespart. Sie spielen in größeren Unternehmen eine Rolle, die weniger transparent sind als kleinere und mehr Entwicklungsmöglichkeiten innerhalb des Unternehmens bieten.

6.1.2 Einführung neuer Mitarbeiter

Ziele der systematischen Einführung
Die systematische Einführung neuer Mitarbeiter wird alternativ auch als Integration, Eingliederung, Personalentwicklung on-the-job, Inplacement-Training oder Einarbeitung bezeichnet. Mit der systematischen Einführung werden mehrere Ziele verfolgt. In jedem Fall geht es darum, die Investition,

die mit der Einstellung eines neuen Mitarbeiters getätigt wurde, zu sichern. Konkret bedeutet das, die Arbeitskraft des Neuen soll möglichst schnell und umfassend genutzt werden (vgl. Becker, 2004). Häufig erhofft man sich auch, dass neues Personal neue Ideen und aktuelles Fachwissen einbringt. Da die Gewinnung neuer Mitarbeiter immer mit Ausgaben verbunden ist, die bei einer erneuten Personalsuche wieder anfallen würden, soll verhindert werden, dass neu Eingestellte das Unternehmen bald wieder verlassen, z.b. weil sie sich nicht wohlfühlen oder mit der neuen Arbeitsaufgabe nicht zurechtkommen. Die mit der Einstellung eines neuen Mitarbeiters verbundenen Kosten werden im Durchschnitt auf 17.300 € für Facharbeiter und ca. 130.000 € für Führungskräfte geschätzt. Noch problematischer für das Unternehmen ist es allerdings, wenn Neue zwar im Unternehmen bleiben, obwohl es ihnen nicht gefällt (z.b. weil sie in ihrem Lebenslauf nicht so rasch aufeinander folgende Tätigkeitswechsel ausweisen möchten), sich aber nicht mit ihrer vollen Leistungsfähigkeit einbringen. In solchen Fällen spricht man von innerer oder stiller Kündigung. Denn dann wird ihnen jahrelang ein Gehalt gezahlt, das im Verhältnis zu ihrer Arbeitsleistung zu hoch ist. Auch ist es nach Ablauf der Probezeit schwieriger, sich von unproduktiven Mitarbeitern zu trennen, als während der Probezeit. Zusätzlich können ineffektive Mitarbeiter das Arbeitsklima stören und Unzufriedenheit bei den Kollegen auslösen, die ggf. die Minderleistung sogar ausgleichen müssen.

> Die Einführung neuer Mitarbeiter umfasst zwei Aspekte (siehe Abb. 6.1). Das ist zum einen die fachliche Einarbeitung in die Tätigkeit, damit die Arbeitsaufgaben schnell erfolgreich ausgeführt werden. Zum anderen geht es um die soziale Eingliederung, d.h. die Integration neuer Mitarbeiter in die Arbeitsgruppe und die Organisation, so dass sie gut mit anderen zusammenarbeiten und sich wohlfühlen.

Abb. 6.1 Systematische Integration neuer Mitarbeiter durch fachliche Einarbeitung und soziale Eingliederung

> **Praxisbeispiel**
> "Ein Einführungsprogramm für neue Mitarbeiter in dem Sinn haben wir nicht. Wir sind nur zehn Leute und haben nicht so oft neue Mitarbeiter, weil die Betriebszugehörigkeiten unserer Angestellten sehr lang sind." sagt der Bauunternehmer B. „Bevor wir jemand neu einstellen, leistet derjenige einen Probearbeitstag. Das heißt, er arbeitet auf der Baustelle mit. Ich frage später den Kolonnenführer, wie er sich angestellt hat und ob er ins Team passt. Bei so einem kleinen Unternehmen wie unserem ist es wichtig, dass die Leute nicht nur kompetent sind, sondern sich auch gut miteinander verstehen. Schließlich arbeiten sie den ganzen Tag zusammen auf der Baustelle. Wenn er dann bei uns anfängt, wird er einer Kolonne zugeteilt und macht das, was der Kolonnenführer sagt."

Das Nicht-Wieder-Verlassen des Unternehmens wird dabei durch zwei spezielle Vorgehensweisen von Seiten des Unternehmens unterstützt. Von „Investment" wird gesprochen, wenn der neue Mitarbeiter bzgl. der Arbeitsinhalte sofort stark belastet wird und sich folglich mit beträchtlicher Anstrengung und erheblichem Zeitaufwand einarbeiten muss. Dieses große Engagement soll bei ihm eine Bindung an das Unternehmen erzeugen und die Bereitschaft reduzieren, den Arbeitsplatz wieder zu verlassen, um bei einem neuen Arbeitgeber wieder eine so kräftezehrende Einarbeitung auf sich zu nehmen. Mit „Involvement" ist die intensive soziale Integration neuer Mitarbeiter in der Form gemeint, dass sie dazu veranlasst werden, ihre freie Zeit wie Mittagspausen und Abende sowie Wochenenden mit Kollegen zu verbringen. Auf diese Weise besteht das soziale Netzwerk des Neuen bald auch aus Unternehmensmitgliedern und er risikiert bei einer Kündigung den Verlust wichtiger sozialer Kontakte.

Das Ergebnis einer erfolgreichen Einführung neuer Mitarbeiter kann aus der Sicht des Unternehmens wie auch des neuen Mitarbeiters betrachtet werden (siehe Tab. 6.1):

Tab. 6.1: Angestrebte Ergebnisse der systematischen Integration

Sicht des Unternehmens	Sicht des neuen Mitarbeiters
▪ Kenntnis der Position und der mit ihr verbundenen Aufgaben ▪ Kenntnisse und Fähigkeiten entsprechen den Anforderungen der Position ▪ Engagierte Aufgabenerledigung ▪ Bereitschaft, sich an neue Anforderungen anzupassen ▪ Loyalität und Bindung zum Unternehmen ▪ Übernahme von Normen und Werten der Arbeitsgruppe und des Unternehmens	▪ Kenntnis der Erwartungen, die an ihn gestellt werden ▪ Beherrschung der Arbeitstätigkeit ▪ Bedürfnisgerechte Aufgabengestaltung ▪ Vereinbarung der Normen und Werte von Arbeitsgruppe und Unternehmen mit den eigenen Werten

Strategien bei der Einführung neuer Mitarbeiter

Bei der Einführung neuer Mitarbeiter wird auch unabhängig von Investment oder Involvement typischerweise eine von drei Strategien angewandt. Bei der Entwurzelungsstrategie werden neuen Mitarbeitern praktisch unlösbare Aufgaben vorgegeben. Neue Mitarbeiter werden gezielt überfordert, um ihnen ihre Grenzen aufzuzeigen, sie einzuschüchtern und sie anschließend, wenn ihr Selbstbewusstsein geringer geworden ist, nach den Vorstellungen der Unternehmensleitung zu formen. Diese Strategie ist bestenfalls bei jungen und unerfahrenen Mitarbeitern erfolgreich durchführbar. In jedem Fall sollte bedacht werden, welche unerwünschten Nebeneffekte – wie eine möglicherweise durch geringeres Selbstbewusstsein reduzierte Leistungsfähigkeit – ebenfalls auftreten können.

Die gängigste Strategie wird als „ins kalte Wasser werfen" bezeichnet. Bei ihr übernimmt der neue Mitarbeiter ab dem ersten Arbeitstag die Tätigkeit in vollem Umfang und voller Verantwortung. Zu diesem Zeitpunkt verfügt er über wenig einführende Information zur Tätigkeit und muss sich die erfolgreiche Erledigung der Aufgabe im Wesentlichen durch Ausprobieren und während des Tagesgeschäfts erarbeiten. Natürlich kann er die Initiative ergreifen und andere um Rat oder Unterstützung bitten, wenn er nicht weiß, wie er vorgehen soll. Diese Unterstützung ist aber typischerweise nicht institutionalisiert, sondern von der Initiative des Neuen und der Kooperationsbereitschaft der Kollegen abhängig.

Die dritte, ebenfalls gängige, Strategie ist die Schonstrategie, bei der die Leistungsansprüche an den Neuen zunächst niedrig sind und sogar eine Unterforderung beinhalten können. Innerhalb dieser Strategie werden nach dem Umfang des Einstiegs in den eigentlichen Arbeitsprozess das arbeitsbegleitende Training, die trainingsbegleitende Aufgabenübernahme und das vollzeitliche Einführungstraining unterschieden. Letzteres kommt speziell dann zum Tragen, wenn jemand für eine Position eingestellt wird, auf der er sofort umfangreiche Kontakte außerhalb des Unternehmens hat und dafür die Organisation und deren Produkte bzw. Dienstleistungen gut kennen bzw. darstellen muss. Beispiele dafür sind Call-Center-Angestellte oder Vertriebsmitarbeiter.

Erwartungen an neue Mitarbeiter
Bei der Einführung neuer Mitarbeiter finden grundsätzlich und unvermeidlich zwei gegenläufige Prozesse statt, die Sozialisation und die Individuation (siehe Abb. 6.2). Mit Sozialisation ist gemeint, dass von Neuen erwartet wird, dass sie sich an die vorherrschenden Arbeitsinhalte, Arbeitsprozesse und Umgangsformen, d.h. an die Organisation und die Kultur, anpassen und diese für sich übernehmen. Jeder weiß, wie schlecht es bei den bisherigen Mitarbeitern ankommt, wenn ein Neuer Kritik übt und dauernd darauf hinweist, dass er etwas beim früheren Arbeitgeber anders gewohnt war und das besser funktioniert hatte. Ein solches Auftreten führt schnell zur Ablehnung durch die Kollegen. Gleichzeitig erwarten die meisten Unternehmen durch neue Mitarbeiter einen Innovationsschub, d.h. sie werden auch eingestellt, weil man an ihrem aktuellen Fachwissen, ihren Kenntnissen neuer Technologien oder ihrer kritischen Sichtweise aufgrund ihrer Perspektive als noch Außenstehende interessiert ist. Man erwartet dann also auch von ihnen, dass sie vorschlagen, Dinge anders zu machen, als es bisher im Unternehmen üblich ist, und ihre Arbeitsaufgabe zumindest teilweise neu gestalten. Dies bezeichnet man als Individuation. Für Neue geht es also darum, die Prozesse der Anpassung und der aktiven Neugestaltung ihres Jobs in Balance zu bringen.

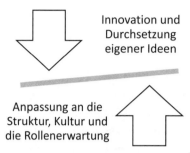

Abb. 6.2 Neue Mitarbeiter müssen eine Balance zwischen Anpassung und Innovation finden

Im Einzelnen ist es für neue Mitarbeiter wichtig, die Arbeitsaufgabe möglichst schnell zu verstehen und erfolgreich auszuführen. Dazu gehört, alle Inhalte zu erfassen und zu wissen, wann die Ausführung von relevanten anderen Personen wie Vorgesetzten, Kollegen und ggf. Geschäftspartnern als angemessen angesehen wird. Das eigene Leistungsniveau muss also den Erwartungen angepasst werden. Außerdem geht es darum, im Unternehmen zurechtzukommen und akzeptiert zu werden. Es werden formelle und informelle Beziehungen zu andern Mitarbeitern aufgenommen. Der Mitarbeiter muss sich im Unternehmen orientieren, d.h. wissen, wie Personen und Betriebsteile hierarchisch und örtlich angesiedelt sind, er muss die Unternehmenskultur erspüren, ein soziales Standing bekommen und möglichst schnell nicht festgeschriebene Routinen und Umfangsformen erkennen. Dadurch gewinnt der neue Mitarbeiter emotionale Sicherheit, beginnt sich wohl zu fühlen und wird von den Kollegen akzeptiert.

Gezielte Integrationsmaßnahmen

Obgleich Neue die Alltagsarbeit mit den Kollegen als hilfreichstes Mittel erfahren, um sich einzuarbeiten, ist es sinnvoll, die beiden Prozesse der fachlichen Einarbeitung und der sozialen Eingliederung durch gezielte Maßnahmen zu unterstützen. Die effektivste Unterstützungsmaßnahme besteht darin, Neuen einen „Paten" zuzuweisen, d.h. einen erfahrenen Kollegen, den sie während der ersten Zeit im Unternehmen jederzeit bzgl. fachlicher Themen, aber auch zu Fragen des Umgangs miteinander ansprechen können. Dieser sorgt auch dafür, dass sie beispielsweise während der Mittagspause Anschluss zu anderen Kollegen erhalten. Weiterhin ist es hilfreich,

6.1 Interne Instrumente der Personalentwicklung

wenn der Vorgesetzte in der Anfangsphase regelmäßig für Fragen zur Verfügung steht. Als weniger nützlich für die Integration empfinden die Neuen Kontakte zu Mitarbeitern in Stabspositionen oder zu Sekretärinnen sowie Geschäftsreisen.

Um das oben beschriebene Dilemma abzumildern, dass Neue einerseits neue Ideen einbringen, sich aber andererseits nicht als Besserwisser den Unmut der erfahrenen Kollegen zuziehen sollen, wenn sie voreilig nicht praktikable Vorschläge einbringen oder Maßnahmen empfehlen, die längst von den Kollegen ausprobiert und verworfen wurden, kann ein Innovationstagebuch genutzt werden. Konkret bedeutet das, neue Mitarbeiter werden gebeten, sich während ihrer ersten Zeit im Unternehmen (z.B. des ersten halben Jahres) Notizen zu machen, wenn ihnen auffällt, wo Prozesse nicht optimal gestaltet sind und Tätigkeiten sinnvoller organisiert werden könnten. Nach Ablauf der vereinbarten Zeit sichtet der Neue dann seine Notizen und streicht das, von dem er inzwischen erkannt hat, dass es so, wie es gemacht wird, doch sinnvoll ist. Die verbleibenden Notizen formuliert er als Verbesserungsvorschläge und präsentiert diese in einer speziell dafür arrangierten Sitzung dem Vorgesetzten und ggf. dem Team. Durch diese Vorgehensweise wird sichergestellt, dass sich der Neue nicht durch unpassende Vorschläge blamiert, aber dennoch sein Innovationspotenzial aufgrund seiner Außenperspektive genutzt und gewürdigt wird. Voraussetzung dafür ist natürlich, dass Vorgesetzte und Kollegen gewillt sind, sich mit seinen Verbesserungsvorschlägen auseinanderzusetzen und sie ggf. umzusetzen.

In den folgenden Checklisten (Tabellen 6.2 bis 6.4) sind sinnvolle Bestandteile systematischer Integrationsmaßnahmen mit ihrem zeitlichen Rahmen und den beteiligten Personen aufgeführt.

Tab. 6.2: Checkliste zur Vorbereitung des Arbeitsbeginns neuer Mitarbeiter

Nr.	Was?	Wer?	Erledigt?
1.	Arbeitsvertrag besprechen	Personalreferent	
2.	Kontakt halten	Vorgesetzter, Personalreferent	
3.	Schreiben zum Arbeitsbeginn (wann wo erscheinen)	Personalreferent	
4.	Organisatorisches klären (Parkplatz, Firmenausweis)	Vorgesetzter, Personalreferent	

5.	Ggf. Training organisieren	Vorgesetzter, Personalreferent
6.	Ggf. „Paten" benennen	Vorgesetzter benennt Kollegen des Neuen, der sich um dessen Einarbeitung kümmert
7.	Arbeitsplatz vorbereiten	Vorgesetzter, Pate
8.	Einarbeitungsplan erstellen	Vorgesetzter und Pate

Tab. 6.3 Checkliste für den ersten Arbeitstag eines neuen Mitarbeiters

Nr.	Was?	Wer?	Erledigt?
1.	Empfang und Begrüßung	Vorgesetzter, Personalreferent	
2.	In Arbeitsbereich begleiten	Vorgesetzter, Personalreferent	
3.	Informationsmaterial aushändigen	Vorgesetzter, Personalreferent	
4.	Den Kollegen vorstellen	Vorgesetzter	
5.	Gemeinsame Mittagspause	Kollegen	
6.	Im Betrieb herumführen	Kollegen	
7.	Arbeitsaufgaben besprechen	Vorgesetzter	
8.	In Tätigkeit einführen	Pate	

Tab. 6.4 Checkliste für die Einführung neuer Mitarbeiter nach dem ersten Arbeitstag im Verlauf der Probezeit

Nr.	Was?	Wer?	Erledigt?
1.	Über Regelungen wie Arbeitszeit, Pausen, Urlaubsplanung, Arbeitssicherheit etc. informieren	Vorgesetzter	
2.	Unternehmen näher vorstellen	Vorgesetzter, Pate	
3.	Team näher vorstellen	Vorgesetzter, Pate	
4.	Regelmäßige Feedbacktermine während Probezeit vereinbaren (z.B. vierzehntäglich oder einmal monatlich)	Vorgesetzter	
5.	Probezeitendgespräch	Vorgesetzter	

6.1.3 Learning by doing oder arbeitsimmanentes Lernen

Die Arbeitstätigkeit selbst bietet den Mitarbeitern die besten Möglichkeiten, berufsrelevante Kompetenzen zu erhalten und weiter zu entwickeln. Das ist allerdings kein Automatismus, denn unzureichend gestaltete Tätigkeiten können auch zu Kompetenzabbau beitragen. Die Arbeitsaufgabe und die Arbeitsorganisation sowie die technische Gestaltung müssen es dem Mitarbeiter erlauben, nicht nur Routinehandlungen auszuführen, sondern gezielt Kompetenzen zu entwickeln. Das wird durch die Auseinandersetzung mit Arbeitsaufgaben, Kollegen, Vorgesetzten und Geschäftspartnern, durch Anpassung an technische Veränderungen und andere Bedingungen innerhalb der Organisation und die Handhabung definierter Prozesse oder die Befolgung von Regeln gefördert (vgl. Stegmaier, 2007).

> **Praxisbeispiel**
> Der Ingenieur L. macht deutlich, dass in seinem Büro für Bautechnische Fachplanung, in dem er zwei Bauzeichner beschäftigt, das Learning by doing und das Selbststudium entscheidende Weiterbildungsformen sind. „Wir bringen uns den Umgang beispielsweise mit Software oft selbst bei, indem wir einfach damit arbeiten und Anwendungen ausprobieren. Über das Jahr hinweg gesehen macht die Weiterbildung durch Selbststudium sicher mindestens eine Woche pro Mitarbeiter aus. Wir lesen auch Fachliteratur während der Arbeitszeit und machen uns gegenseitig auf neue Entwicklungen aufmerksam."

Arbeitsplätze unterscheiden sich im Ausmaß, in dem sie Kompetenzentwicklung erlauben. Maßgeblich dafür sind der Arbeitsauftrag, die Arbeitsorganisation und die Technologiegestaltung. Gefördert wird die Kompetenzentwicklung durch Arbeitssituationen, die nicht nur durch Routinehandlungen zu bewältigen sind, sondern die neue Problemlösungsansätze erfordern. Je länger jemand eine gleichbleibende Arbeitstätigkeit ausführt, desto geringer werden die Entwicklungsmöglichkeiten durch die Bearbeitung der Aufgabe. Optionen für die weitere Entwicklung von Kompetenzen werden darüber hinaus durch die gezielte kompetenzförderliche Arbeitsgestaltung geboten, wie sie im folgenden Abschnitt beschrieben ist.

6.1.4 Kompetenzförderliche Arbeitsplatzgestaltung

Einen Schwerpunkt zur Förderung der Kompetenzentwicklung bilden besondere Gestaltungsmöglichkeiten auf der Ebene des Arbeitsplatzes. Bei allen Ansätzen zur motivierenden Arbeitsplatzgestaltung geht es darum, den Handlungsspielraum der Stelleninhaber zu erhöhen. Die Terminologie der damit verbundenen Konzepte ist vielfältig, gemeinsam ist ihnen der Ansatz, durch den Grad der Unterschiedlichkeit geforderter Tätigkeiten die Flexibilität in der Ausführung von Teilaufgaben und das Ausmaß, in dem selbständig geplant, organisiert und kontrolliert werden kann (Entscheidungs- und Kontrollspielraum), zu fördern. Kompetenzförderlich gestaltete Arbeitsplätze weisen zwei Vorteile auf: Einerseits werden die aktuellen Kompetenzen der Mitarbeiter optimal in Anspruch genommen, andererseits fördern sie durch die motivierenden Arbeitsbedingungen die Initiative der Mitarbeiter zur Ausweitung ihrer Kompetenzen und zur persönlichen Weiterentwicklung.

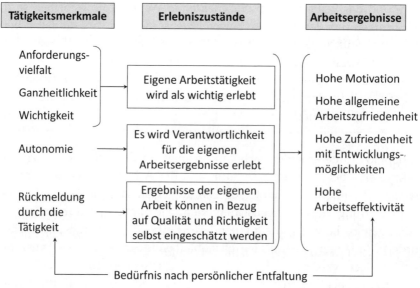

Abb. 6.3: Modell der Arbeitscharakteristika nach Hackman/Oldham (1976)

Schon vor einigen Jahrzehnten wurde postuliert, dass bestimmte objektive Merkmale von Arbeitstätigkeiten bestimmtes subjektives Erleben bei den Jobinhabern hervorrufen, das sich günstig auf Arbeitsergebnisse und Zufriedenheit der Mitarbeiter auswirkt. Diese Zusammenhänge sind im Modell der Arbeitscharakteristika (siehe Abb. 6.3) dargestellt.

Als Kernmerkmal einer motivierenden Tätigkeit gilt erstens die Anforderungsvielfalt, d.h. der Grad, in dem die Aufgabenerfüllung unterschiedliche Kompetenzen verlangt. Zweitens gehört dazu die Ganzheitlichkeit der Aufgabe, das ist das Ausmaß, in dem die Aufgabe die Erstellung eines vollständigen Arbeitsstückes verlangt anstelle von Teilen oder Facetten. Drittes Kernmerkmal ist die Wichtigkeit der Aufgabe, d.h. wie viel wahrnehmbaren Nutzen die Tätigkeit für das Unternehmen hat. Diese drei Kernmerkmale tragen dazu bei, dass die eigene Tätigkeit als sinnhaftig und bedeutsam erlebt wird. Das vierte Kernmerkmal, die Autonomie, beschreibt das Ausmaß, in dem der Jobinhaber die Arbeitsausführung zeitlich und sachlich selbst bestimmen kann. Sie führt dazu, dass sich Mitarbeiter verantwortlich für ihre Tätigkeit fühlen. Das fünfte Kernmerkmal ist das Feedback, das die Tätigkeit selbst dem Mitarbeiter über die Ergebnisse seiner Arbeit bietet. Konkret heißt das, der Mitarbeiter kann selbst die Qualität und Quantität der Ergebnisse einschätzen und benötigt dafür nicht die Aussagen anderer Personen, wie z.B. des Vorgesetzten. Die genannten Erlebniszustände führen zu Arbeitsergebnissen, die für das Unternehmen wie auch den Mitarbeiter positiv sind: zu Motivation, Zufriedenheit und Arbeitseffektivität. Wie stark die Zusammenhänge wirken, hängt allerdings auch von der Persönlichkeit des Mitarbeiters ab, d.h. von seinem individuellen Bedürfnis nach persönlicher Entfaltung.

> Neuere Untersuchungen haben allerdings gezeigt, dass eine starke Ausprägung der im Modell aufgeführten Tätigkeitsmerkmale auch bei Mitarbeitern mit einem zunächst geringen Bedürfnis nach persönlicher Entfaltung positive Effekte hat (vgl. Richter/Pohlandt, 2008).

Studien ergaben beispielsweise, dass sich Autonomie der Tätigkeit und hoher Anregungsgehalt positiv auf die Leistungsorientierung von Mitarbeitern auswirken. Außerdem sollte die Tätigkeit den Mitarbeitern Möglichkeiten zur sozialen Interaktion mit anderen bieten, um als befriedigend wahrgenommen zu werden.

Auf den genannten Überlegungen aufbauend wurden verschiedene Modelle der kompetenzförderlichen Arbeitsgestaltung entwickelt (vgl. Wilms, 2006), die im folgenden Schaubild im Überblick dargestellt und anschließend erläutert werden. Allen Modellen ist gemeinsam, dass durch die Gestaltung der Arbeitstätigkeit der Entscheidungsspielraum, die Identifikation mit der Tätigkeit, das Verantwortungsbewusstsein und die Selbstkontrolle gesteigert werden, um damit höhere Motivation, Leistung und Arbeitszufriedenheit zu erreichen. Solche Gestaltung trägt damit auch zur Arbeitsplatzsicherung bei.

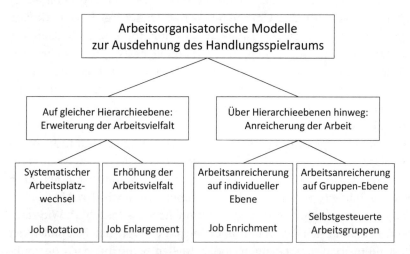

Abb. 6.4: Kompetenzförderliche Arbeitsgestaltungsoptionen (Darstellung in Anlehnung an Schreyögg, 2003, S. 244)

Praxisbeispiel

Der Inhaber eines Elektroinstallationsbetriebs macht deutlich, dass das Ausmaß der kompetenzförderlichen Arbeitsgestaltung nicht nur von ihm abhängig ist: „Ich arbeite mit einem Springerverfahren. Das heißt, ich teile die Arbeit so ein, dass jeder möglichst viel aus seinem Arbeitsbereich mitkriegt und breit einsatzfähig ist. Aber das hat natürlich auch Grenzen. Die hohe Technisierung hat dazu geführt, dass sich die Mitarbeiter immer stärker fachlich spezialisieren. Früher haben meine Mitarbeiter noch alles machen können. Aber heute kann ein Hauselektriker, der Spül- und Waschmaschinen installiert und repariert, nicht mal eben so eine Haussprechanlage einbauen oder gar als Fernsehtechniker arbeiten. Heute geht es nicht mehr darum, einen Schaltplan zu lesen und dann anzufangen, sondern die Mitarbeiter müssen die regelmäßigen fachlichen Weiterbildungen der Hersteller mitmachen, fahren im Fall einer Störung ihren Rechner hoch und beheben den Fehler in den Schritten, die ihnen das Programm des Herstellers vorgibt."

Job Rotation
Bei Job Rotation handelt es sich um systematisch geplante Aufgabenwechsel innerhalb einer Gruppe, indem beispielsweise in zeitlich bestimmten oder selbst gewählten Abfolgen unterschiedliche Arbeitssequenzen innerhalb eines Gesamtprozesses oder unterschiedlicher Teilbereiche des Unternehmens übernommen werden. Durch den periodischen Wechsel von einem Arbeitsplatz zum nächsten können ohne gestalterische Eingriffe in die Arbeitsplätze Langeweile vermieden und vielfältigere Einsetzbarkeit des Mitarbeiters erreicht werden.

Job Enlargement
Beim Job Enlargement geht es um die sog. horizontale Erweiterung der Arbeit durch gleichwertige Tätigkeiten, d.h. die Stelleninhaber übernehmen zusätzliche Aufgaben mit ähnlichen Leistungsanforderungen wie die bisherigen. Damit muss nicht gemeint sein, dass die Mitarbeiter mehr zu tun bekommen als zuvor, häufig ist das aber auch der Fall. Die Zusatzaufgaben bewirken dann höhere Anforderungen an den Jobinhaber und eine Leistungsverdichtung. Der Kerngedanke des Job Enlargements ist allerdings die abwechslungsreichere Gestaltung der Tätigkeit. Es werden am selben Produkt oder an derselben Dienstleistung mehr Arbeitsgänge ausgeführt als zuvor. In der Produktion kann das auch bedeuten, zwei Maschinen gleichzeitig zu bedienen anstatt nur eine oder an unterschiedlichen Anlagen eingesetzt werden zu können. Die Aufgabe kann so als ganzheitlicher wahrgenommen werden. Wenn die insgesamt eingesetzte Arbeitszeit gleich bleiben und Arbeitsverdichtung vermieden werden soll, heißt das, dass die zuvor

ausgeführten Arbeitsschritte weniger häufig durchgeführt werden, weil sie durch die neuen ersetzt werden. Damit kann aus Sicht des Unternehmens ein Produktivitätsverlust einhergehen, weil die Mitarbeiter bei der Ausführung der einzelnen Arbeitsschritte weniger Expertise ausbilden als bei der repetitiven Durchführung nur eines Arbeitsschritts. Auch bei dieser Gestaltungsform geht es neben Kompetenzerweiterung in erster Linie darum, die Motivation zu erhöhen. Allerdings haben Forschungsergebnisse gezeigt, dass dieses Ziel nur bedingt erreicht wird, weil meistens Entscheidungs- und Kontrollspielraum nicht erweitert werden.

Job Enrichment

Besser geeignet zur Kompetenzentwicklung und Motivationsförderung ist das auf Herzberg zurückgehende Konzept der Arbeitsanreicherung. Das ist eine qualitative Erweiterung der Arbeitstätigkeit durch verstärkte Übernahme von vor- und nachgelagerten Bearbeitungsschritten, die auch planende, entscheidende und kontrollierende Elemente umfassen. Dadurch wird nicht nur der Aufgabenbereich, sondern auch der Verantwortungsbereich erweitert, womit das Anforderungsniveau des Arbeitsplatzes steigt. Neben der Zusammenfassung von Aufgaben und der Schaffung sinnstiftender Arbeitseinheiten gehören zu dem Konzept auch direkte Kundenkontakte, wobei diese sich auf interne und externe Kunden beziehen können. Diese Form der Arbeit erlaubt es dem Mitarbeiter außerdem, seine Ergebnisse selbst zu bewerten. Häufig wird Job Enrichment eingesetzt, um auf die Übernahme einer höherwertigen Position vorzubereiten. Arbeitsanreicherung kann sowohl auf Personen- als auch auf Gruppenebene angewandt werden.

Teilautonome Arbeitsgruppen

Teilautonome Arbeitsgruppen regeln nicht nur die Arbeitsaufteilung und die Arbeitsweise, sondern auch weitere Aspekte wie Arbeitstempo, Pausen, Urlaubsplanung u.a. Sich selbst steuernde Arbeitsgruppen wurden ursprünglich in der Automobilproduktion eingeführt und werden heute auch häufig im Forschungs- und Entwicklungsbereich eingesetzt. Arbeitsanreicherung in der Gruppenarbeit trägt in hohem Maße dazu bei, die Flexibilität und Anpassungsfähigkeit der Mitarbeiter zu erhöhen. Allerdings ist sie in der praktischen Anwendung meist auf die Koordination innerhalb einer kleinen Organisationseinheit, etwa einer Abteilung, beschränkt, während abteilungsübergreifende Zusammenarbeit kaum berücksichtigt wird.

6.1.5 Mitarbeitergespräche

Seit 1972 wird aus dem Betriebsverfassungsgesetz abgeleitet, dass jeder Mitarbeiter ein Recht darauf hat, zu seinem Verhalten und seinen Leistungen Rückmeldung zu bekommen. Dieses Feedback wird meist im Rahmen eines Mitarbeitergespräche gegeben (vgl. Muck/Schuler, 2004). Beim Mitarbeitergespräch handelt es sich um ein Arbeitsgespräch zwischen Mitarbeitern und ihren direktem Vorgesetzten. Es sollte regelmäßig, zumindest einmal jährlich, stattfinden, ist terminiert und wird von beiden Beteiligten vorbereitet. Es sollte durch einen konstruktiven Dialog zwischen Vorgesetztem und Mitarbeiter gekennzeichnet sein. Es kann unterschiedliche Ziele haben, die sich neben der Leistungsbeurteilung den Bereichen Mitarbeiterführung, Personalentwicklung und Verbesserung des Organisationsklimas zuordnen lassen. Meist geht es schwerpunktmäßig um einen, häufig auch um mehrere Aspekte (vgl. Hossiep/Bittener/Berndt, 2008). Typische Ziele für Mitarbeitergespräche in der Praxis sind:

- Förderung einer vertrauensvollen Zusammenarbeit von Vorgesetztem und Mitarbeiter
- Klärung von Erwartungen und Abgrenzung von Aufgaben, Zuständigkeiten und Verantwortlichkeiten
- Vereinbarung von Zielen für den Mitarbeiter
- Wertschätzung für die Leistungen ausdrücken bzw. erhalten und dadurch Motivation und Zufriedenheit des Mitarbeiters steigern
- Feedback an den Mitarbeiter zu seinem Verhalten und seinen Leistungen
- Identifizierung von Hindernissen und Verbesserungsmöglichkeiten zur Entfaltung der Leistungsfähigkeit
- Klärung von Entwicklungsperspektiven für den Mitarbeiter und Planung von Entwicklungsmaßnahmen
- Feedback an die Führungskraft zu ihrem Führungsverhalten

Mitarbeitergespräche unterscheiden sich von der alltäglichen Kommunikation zwischen Führungskraft und Mitarbeiter dadurch, dass sie institutionalisiert sind, einen höheren Zeitbedarf (typischerweise ein bis drei Stunden) haben und ausreichende Vorbereitung durch die Gesprächspartner erfordern.

Diese Vorbereitung findet meist anhand von Leitfäden statt. Das Gespräch wird gewöhnlich auf einem Formular protokolliert (ein Beispiel für einen Gesprächsbogen eines Mitarbeitergesprächs mit dem Fokus auf Leistungsbeurteilung und Feedback findet sich in Abbildung 6.5). Die beiden Gesprächspartner sollten sich auf gleicher Ebene begegnen und es sollte vor allem der Mitarbeiter die Gelegenheit haben, seine Ansichten zu äußern. Forschung zu Reaktionen der Mitarbeiter auf institutionalisierte Beurteilungsgespräche hat gezeigt, dass es dem Mitarbeiter nicht nur wichtig ist, einen hohen Redeanteil zu haben, sondern dass es ihm sehr darauf ankommt, seine Meinung zu äußern und von der Führungskraft gehört zu werden.

Ein umfassendes Gespräch beinhaltet einen Rückblick und einen Ausblick bzgl. der Arbeitsaufgaben, der Entwicklung und der Zusammenarbeit. Der Mitarbeiter erhält Rückmeldung, wie die Führungskraft sein Verhalten und seine Leistungen wahrnimmt und welche Stärken und Schwächen sie sieht. Speziell die ausdrückliche Anerkennung guter Leistungen dient der Motivierung der Mitarbeiter (vgl. Nerdinger, 2007). Der Mitarbeiter kann auch seine eigene Sichtweise dazu darlegen. Auf dieser Grundlage kann der Mitarbeiter seine Selbsteinschätzung verbessern und sein Verhalten den Erwartungen anpassen. Dadurch kann er seine Leistung steigern. Oft reicht dafür die einfache Rückmeldung durch die Führungskraft bereits aus. Wenn das nicht der Fall ist, d.h. der Mitarbeiter nicht erkennt, wie er sein Verhalten ändern kann, sollte die Führungskraft erklären, welche konkreten Verhaltensänderungen notwendig sind. Liegt der Schwerpunkt des Gesprächs auf dem Personalentwicklungsaspekt, sollten die Entwicklungsmöglichkeiten des Mitarbeiters konkret besprochen, Entwicklungsmaßnahmen vereinbart und später auch umgesetzt werden. Auf diese Weise wird mittelfristig die Qualifikation des Mitarbeiters gesteigert.

Mitarbeitergespräch

Mitarbeiter/in: .... Vorgesetzte/r: ....

Abteilung/Stelle: .... Datum: ....

Bezugszeitraum: .... Gesprächsdauer: ....

Anlass: ❑ turnusgemäßes MAG ❑ Probezeitende ❑ auf Wunsch des Mitarbeiters ❑ ....

Leistungsbereich	1	2	3	4	5
Motivation: Einsatz, Fleiß, ergebnisorientiert, nicht problemorientiert, positive Einstellung zur Arbeit, ist von sich aus motiviert, bedarf keines Ansporns durch andere	❑	❑	❑	❑	❑
Flexibilität und Belastbarkeit: bewältigt wechselnde Aufgaben unter veränderten Bedingungen, Konzentration und Ausdauer bei der Aufgabenerfüllung, reagiert in kritischen Situationen besonnen	❑	❑	❑	❑	❑
Denkvermögen und Kreativität: strukturiert logisch, denkt und plant langfristig, erkennt Zusammenhänge, entwickelt neue Ideen und setzt sie um	❑	❑	❑	❑	❑
Kostenbewusstsein: handelt wirtschaftlich, geht mit anvertrauten Wirtschaftsgütern sorgfältig um	❑	❑	❑	❑	❑
Zusammenarbeit: informiert Ansprechpartner sach- und termingerecht, behandelt Informationen vertraulich, ist kooperativ	❑	❑	❑	❑	❑
Quantitatives Arbeitsergebnis: Arbeitsmenge, Tempo, zielgerichtetes und zweckmäßige Handeln	❑	❑	❑	❑	❑
Qualitatives Arbeitsergebnis: einwandfreies Funktionieren erstellter Arbeiten, Nachbearbeitungsbedarf, Kundenzufriedenheit, Brauchbarkeit der Lösungen, hält verabredete Vorgaben ein	❑	❑	❑	❑	❑
Selbständigkeit: erfüllt Aufgaben unabhängig von Kontrolle und ohne Einsatz fremder Hilfe, vermeidet unnötige Rückfragen, trifft sichere Entscheidungen, ist bereit, Verantwortung zu übernehmen	❑	❑	❑	❑	❑

Erläuterung der Bewertungsstufen:
1 = entspricht den Anforderungen nicht
2 = entspricht den Anforderungen größtenteils
3 = entspricht den Anforderungen voll
4 = übertrifft die Anforderungen gelegentlich
5 = übertrifft die Anforderungen regelmäßig

Vereinbarungen (Aufgaben, Entgelt, Entwicklung, sonstige):

Anmerkungen der/des Mitarbeiterin/Mitarbeiters:

Unterschriften:		
Mitarbeiter/in	Gesprächsführende/r Vorgesetzte/r	Nächsthöhere/r Vorgesetzte/r

Abb. 6.5: Beispiel für einen Leitfaden für ein Mitarbeitergespräch, bei dem Leistungsbeurteilung und Feedback im Vordergrund stehen

Neuberger (2004) stellt vier Aspekte leistungsbezogenen Feedbacks heraus, die eine gute Leitlinie für die Gesprächsführung bieten und den Mitarbeiter bewusst in den Mittelpunkt stellen:

Informationsaspekt
Es werden die Aufgaben benannt, die der Mitarbeiter ausführt, und es erfolgt ein sachlicher Austausch über Arbeitsbedingungen und die Analyse von Soll- und Ist-Zustand der Leistung. Es wird eine Klärung von Aufgaben und Anforderungen herbeigeführt.
Lernaspekt
Durch die ausdrückliche Bewertung des beobachteten Leistungsverhaltens, d.h. durch Lob und Tadel, äußert der Vorgesetzte seine Einschätzung. Mit Lob will er erreichen, dass das gewünschte Verhalten auch zukünftig bzw. in noch stärkerem Maß gezeigt wird. Der Tadel soll bewirken, dass unerwünschtes Verhalten in Zukunft nicht mehr auftritt oder zumindest abgeschwächt wird. Damit das gewünschte Verhalten wahrscheinlicher wird, ist es wichtig, Kritik konstruktiv zu äußern, d.h. Verhaltensalternativen zu benennen oder bevorzugt gemeinsam zu erarbeiten.
Motivationsaspekt
Feedback zur Leistung hat Einfluss auf den menschlichen Handlungsantrieb. Speziell durch positives Feedback kann eine höhere Anstrengung erreicht werden. Negatives Feedback, besonders, wenn es in Anwesenheit Dritter gegeben wird, kann desorganisiertes Verhalten und ein geringeres Zutrauen in die eigene Leistung bewirken.
Sozialer Aspekt
Leistungsbezogenes Feedback hat Auswirkungen auf das Selbstbild des Mitarbeiters. Während Lob bestätigend wirkt, kann Tadel sinkendes Selbstvertrauen und Resignation auslösen. Kritik sollte daher immer dosiert erfolgen und es sollten Begründungen für die Einschätzungen gegeben werden. Die Führungskraft sollte ihr Feedback auf konkrete fallbezogene Verhaltensbeobachtungen stützen (wie Einhaltung von Terminen, Anzahl gemachter Fehler, unfreundlicher Ton im Umgang mit einem Kollegen) und auf eigenschaftsbezogene Bewertungen (z.B. unzuverlässig, sorgfältig, teamfähig) verzichten. Eigenschaftsbezogene Bewertungen

> sollen deshalb vermeiden werden, weil sie als Abwertung der ganzen Person wahrgenommen werden und weil Eigenschaften gemeinhin als stabil und damit nicht änderbar gelten, während Verhalten situativ ist und geändert werden kann. Wenn Verhalten getadelt wird, kann über angemessene Darstellung der Stärken des Mitarbeiters Zuversicht vermittelt werden, die gewünschte Verhaltensänderung herbeiführen zu können. Außerdem sollte der Mitarbeiter Gelegenheit haben, seine Sichtweise darzustellen.

Das Mitarbeitergespräch bietet aber nicht nur dem Mitarbeiter Ansatzpunkte zur Personalentwicklung. Die Durchführung von Mitarbeitergesprächen ist für die Führungskraft selbst eine Entwicklungsmaßnahme bzgl. ihrer Kommunikations- und Führungskompetenz. Denn es erfordert klare Aussagen zu Aufgaben und Zielen des Arbeitsplatzes. Außerdem erhält auch die Führungskraft Feedback vom Mitarbeiter, wie dieser ihr Führungsverhalten wahrnimmt, und kann so ebenfalls ihr Verhalten anpassen.

Gesprächsablauf
Im Folgenden wird ein idealtypischer Ablauf des Mitarbeitergesprächs dargestellt. Die inhaltliche Gestaltung umfasst fünf Phasen, die in eine Einleitung und einen Gesprächsabschluss eingebettet sind. Das Vorgehen ist schematisch in Abbildung 6.6 dargestellt. In Abbildung 6.7 wird ein Beispiel für einen Gesprächsbogen zur Dokumentation des Mitarbeitergesprächs gegeben. Bei diesem Gesprächsbogen stehen im Gegensatz zum vorherigen (Abb. 6.5) die Ermittlung des Zielerreichungsgrades für die vergangene Leistungsperiode und die Zielvereinbarung für die kommende Leistungsperiode im Vordergrund.

Jedes Mitarbeitergespräch sollte gut vorbereitet werden. Dazu gehören eine rechtzeitige Einladung mit dem Hinweis, sich die konkreten Gesprächsziele bewusst zu machen und das Gespräch gedanklich zu strukturieren (z.B. anhand eines Leitfadens). Außerdem ist es notwendig, eine angenehme und störungsfreie Atmosphäre zu schaffen.

Nach der Begrüßung wird durch etwas Small Talk (z.B. über Sportergebnisse oder Events) eine positive Atmosphäre hergestellt, die eine grundsätzlich gute Beziehung zwischen den Gesprächspartnern bestätigen soll. Danach beschreibt die Führungskraft den Ablauf des Gesprächs, seine Ziele und den zeitlichen Rahmen.

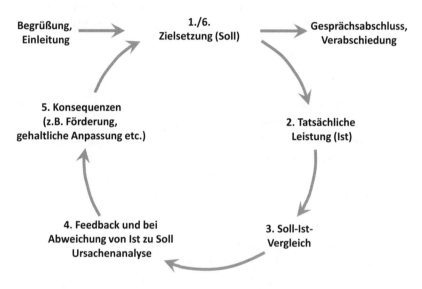

Abb. 6.6: Regelkreis des Beurteilungsgesprächs

Als Einstieg in den Hauptteil des Gesprächs sollte die Führungskraft zunächst das reguläre Aufgabengebiet mit Verantwortlichkeiten sowie ggf. Sonderaktivitäten und Projekte darstellen. Auf diese Weise wird klar, auf welche wesentlichen Aufgaben sich die dann folgende Einschätzung bezieht. Außerdem werden die Ziele benannt, die für den Zeitraum seit dem letzten Mitarbeitergespräch vereinbart worden waren. Sie stellen die Bemessungsgrundlage für eine etwaige Beurteilung dar. In dieser Phase werden auch spezielle Rahmenbedingungen angesprochen, die für den Beurteilungszeitraum maßgeblich waren, wie beispielsweise die Einarbeitung nach einem Tätigkeitswechsel. Ihre angemessene Berücksichtigung hat Einfluss auf die Glaubwürdigkeit der Führungskraft in den Augen des Mitarbeiters und dessen Zufriedenheit mit der Beurteilung.

6.1 Interne Instrumente der Personalentwicklung

Mitarbeitergespräch

Mitarbeiter/in:	Vorgesetzte/r: ....
Abteilung/Stelle:	Datum: ....
Bezugszeitraum:	Gesprächsdauer: ....

Anlass: ❏ turnusgemäßes MAG ❏ Probezeitende ❏ auf Wunsch des Mitarbeiters ❏ ....

1. Aktuelle Aufgabe, ggf. Sonderprojekte:

2. Vereinbarte Ziele:

3. Zielerreichung gemessen an letzter Vereinbarung:
   ❏ über Plan
   ❏ gemäß Plan
   ❏ nicht alle Ziele erreicht
   ❏ keine Ziele erreicht
   ❏ es gab keine Ziele

4. Feedback zu Zielerreichung, Analyse mögl. Hindernisse/Schwierigkeiten und Lösungsvorschläge:

5. Neue Zielvereinbarung:

6. Vereinbarungen (Entgelt, Entwicklung, sonstige):

7. Anmerkungen der/des Mitarbeiterin/Mitarbeiters:

Unterschriften:		
Mitarbeiter/in	Gesprächsführende/r Vorgesetzte/r	Nächsthöhere/r Vorgesetzte/r

Abb. 6.7: Beispiel für einen Leitfaden für ein Mitarbeitergespräch mit Fokus auf der Zielvereinbarung

Anschließend stellt die Führungskraft dar, wie sie die Leistung des Mitarbeiters wahrnimmt (Ist-Analyse). Diese Einschätzung hat die Führungskraft in Vorbereitung auf das Gespräch vorgenommen. Daran anschließend wird festgestellt, in welchem Ausmaß die zuvor vereinbarten Ziele für diesen Beurteilungszeitraum erreicht wurden. Positive wie negative Abweichungen des Ist vom Soll sind in dieser dritten Gesprächsphase als solche zu benennen.

Auf der Grundlage des Soll-Ist-Vergleichs gibt die Führungskraft detailliertes Feedback zum Zielerreichungsgrad, der Abweichung der Leistung von den Zielen. Neben der ergebnisbezogenen Rückmeldung wird üblicherweise auch eine verhaltensbezogene Einschätzung gegeben. Sind die Ziele erreicht oder übertroffen worden, muss das entsprechend gewürdigt werden, um die Leistungsmotivation zu erhalten. Wurden sie nicht erreicht, muss besprochen werden, warum. Ist die Nicht-Erreichung vom Mitarbeiter zu verantworten, ist zu klären, ob der Mitarbeiter durch die Ziele überfordert war und die Leistung auch zukünftig nicht erbringen kann oder ob die Minderleistung durch einmalige Faktoren (z.B. zu geringe Anstrengung, Fehleinschätzung) verursacht wurde. Liegen die Leistungsabweichungen nicht in der Person des Mitarbeiters begründet, sondern in äußeren Umständen, so muss das bei der Ermittlung des Zielerreichungsgrades berücksichtigt werden. Andernfalls ist mit Unzufriedenheit und Demotivation des Mitarbeiters zu rechnen. Es ist sehr wichtig, dass der Mitarbeiter in dieser vierten Gesprächsphase genügend Gelegenheit erhält, seine Sicht der Dinge darzustellen.

Das Ergebnis der vierten Gesprächsphase ist Grundlage für die Vereinbarung von Maßnahmen. Wurden die Ziele übertroffen, muss gemeinsam überlegt werden, welche Entwicklungschancen der Mitarbeiter hat. Wurden die Ziele nicht erreicht und liegt die Ursache in den (zu geringen) Fähigkeiten des Mitarbeiters, ist zu prüfen, ob die Fähigkeitslücken durch eine Weiterbildung geschlossen werden können. Ist der Erwerb der notwendigen Kompetenzen mittelfristig nicht zu erwarten, so ist es sinnvoller, die Aufgabeninhalte an die Fähigkeiten des Mitarbeiters anzupassen. Liegt die Ursache in einmaligen Vorkommnissen, die der Mitarbeiter zu verantworten hat, sollte geklärt werden, durch welche Verhaltensänderungen der Mitarbeiter zukünftig unbefriedigende Leistung vermeiden kann. Ist der Mitarbeiter nicht für die Unterschreitung der Zielvorgabe verantwortlich, diese Unterschreitung aber auch zukünftig zu erwarten, muss überlegt werden, ob und wie die Rahmenbedingungen günstiger gestalten werden können. So können häufig Arbeitsplätze anders gestaltet oder Abläufe optimiert werden. Bei marktbedingten Ursachen ist allerdings oft keine Änderung möglich. Trägt der Mitarbeiter keine Verantwortung für das Verfehlen der vorgegebenen Ziele, weil die Ursache dafür ein zufälliges Ereignis ist, so erübrigen sich Konsequenzen. Voraussetzung für diese Einschätzung ist allerdings, dass der Mitarbeiter angemessen auf nicht vorherzusehende Ereignisse reagiert hat und aktiv nach einer kurzfristigen Lösung gesucht hat.

Thema dieser Gesprächsphase kann auch die Entwicklungsplanung für den Mitarbeiter sein. In vielen Unternehmen wird die Entwicklungsplanung allerdings in einem separaten Gespräch durchgeführt. Auf diese Weise können die unterschiedlichen Gesprächsschwerpunkte mit der jeweils notwendigen Aufmerksamkeit bedacht werden. Eine Vorlage für die Dokumentation eines Entwicklungsgesprächs findet sich in Abbildung 6.8.

Wenn über Ziele geführt wird, so wird das Mitarbeitergespräch häufig auch genutzt, um in einer sechsten Gesprächsphase die Ziele für die nächste Beurteilungsperiode festzulegen. In jedem Fall sollte die Zielvereinbarung von der Führungskraft in der Weise vorbereitet sein, dass sie ausgehend von den eigenen Zielen ermittelt, welchen Beitrag der Mitarbeiter leisten kann und sollte (vgl. Abb. 6.9, Latham/Locke, 1990). Dabei sollten auch die Ergebnisse der in Gesprächsphase vier erfolgten Soll-Ist-Analyse sowie die folgenden Erkenntnisse der Leistungsforschung berücksichtigt werden (vgl. Kleinbeck, 2004). Danach dienen Ziele dazu, das Verhalten auszurichten, zu initiieren, aufrechtzuerhalten und Ausdauer bei deren Verfolgung zu fördern. Ziele zur Leistungsförderung sind dann besonders wirksam, wenn sie spezifisch formuliert, herausfordernd und erreichbar sind. Konkrete Ziele sind nach Inhalt, Ausmaß und Zeitraum eindeutig und verständlich zu beschreiben. Eine weitere wichtige Voraussetzung für die Wirksamkeit von Zielen ist die Bindung des Mitarbeiters an die Ziele, d.h., dass er ihnen zustimmen kann und sich verpflichtet fühlt, sie zu erreichen. Das kann am besten durch einen Prozess der partnerschaftlichen Zielvereinbarung im Gegensatz zu einer einseitigen Festlegung bzw. Vorgabe durch die Führungskraft erreicht werden.

Persönlicher Entwicklungsplan

Mitarbeiter/in: .... Vorgesetzte/r: ....
Abteilung/Stelle: .... Datum: ....
Bezugszeitraum: .... Gesprächsdauer: ....

Anlass: ❏ turnusgemäßes PEP-Gespräch ❏ auf Wunsch des Mitarbeiters ❏ ....

A Berufliche Entwicklungsziele

Art der angestrebten beruflichen Entwicklung	Zeitliche Planung

Meilensteine auf dem Weg dorthin	Zeitliche Planung

B Persönliche Analyse im Hinblick auf die Entwicklungsziele

Kompetenzbereich	Kompetenzstufe		
	Sehr gut	Gut	Verbesserungs-bedürftig
Arbeitsaufgabe			
Fachkompetenz			
Ergebnisorientierung			
Geschäftssinn			
Persönliche Fähigkeiten			
Analytische Fähigkeiten / Auffassungsgabe			
Initiative / Innovationsfähigkeit			
Selbständigkeit			
Kundenmanagement			
Aufbau und Pflege von Kundenbeziehungen			
Erkennen und Entwickeln von Geschäftschancen			
Umgang mit Kollegen und Mitarbeitern			
Zusammenarbeit / Kollegialität			
Führung und Kommunikation			

C Aktionsplan

Entwicklungsaufgabe	Priorität	Maßnahmen zur Zielerreichung	Beginn	Ende

Unterschriften:		
Mitarbeiter/in	Gesprächsführende/r Vorgesetzte/r	Nächsthöhere/r Vorgesetzte/r

Abb. 6.8: Beispiel für einen Dokumentationsbogen zu einem Entwicklungsgespräch

6.1 Interne Instrumente der Personalentwicklung

Kriterien für wirksame Leistungsziele
• Aus den Zielen der Führungskraft abgeleitet • Herausfordernd, aber erreichbar • Partnerschaftlich vereinbart, um Zielbindung zu erreichen • Konkret formuliert nach Inhalt, Ausmaß und Zeitraum

Abb. 6.9: Kriterien für wirksame Leistungsziele

Zum Abschluss des Gesprächs werden die vereinbarten Maßnahmen noch einmal zusammengefasst und schriftlich fixiert. Außerdem wird ein positiver Ausblick gegeben. Ziel dieser Gesprächsphase ist es, den Fortbestand der positiven Grundstimmung zwischen den Gesprächspartnern zu signalisieren. Das geschieht beispielsweise durch Hinweis auf die Erwartung einer weiterhin guten Zusammenarbeit oder die Zuversicht, dass die Ziele gemeinsam erreicht werden können.

Im Nachgang zu dem Gespräch werden die getroffenen Vereinbarungen, z.B. Fördermaßnahmen und gehaltliche Anpassungen, dokumentiert und umgesetzt. Die genaue und zeitnahe Umsetzung der Maßnahmen trägt wesentlich zur Glaubwürdigkeit der Führungskraft und zur Zufriedenheit des Mitarbeiters bei.

Mitarbeitergespräche in KMU

Die Mitarbeiter von kleinsten, kleinen und mittleren Unternehmen werden häufig nicht über Zielvereinbarungen geführt, weil sie durch den direkten Kontakt zur Unternehmensleitung die Bedeutung eines Geschäfts und seiner erfolgreichen Abwicklung unmittelbar erfahren. Oft wird nicht einmal eine systematische Leistungsbeurteilung durchgeführt. Da die Hierarchien flach sind und praktisch keine Aufstiegsmöglichkeiten bestehen, könnten sich Geschäftsführer bzw. Eigner kleiner Unternehmen fragen, ob es überhaupt sinnvoll und notwendig ist, Mitarbeitergespräche zu führen. Allerdings liegt gerade in diesen eine Chance für jene Unternehmen, die wenig formale Entwicklungsmöglichkeiten bieten können.

Im Mittelpunkt des Mitarbeitergesprächs steht dann der Aufbau und Ausbau einer langfristig tragfähigen, vertrauensvollen und konstruktiven Beziehung zwischen Vorgesetzten und Mitarbeitern. Sie dienen der Mitarbeiterzufriedenheit, der Motivation und der Bindung an das Unternehmen. Wichtig ist, dass Mitarbeitergespräche dem Mitarbeiter die Gelegenheit bieten, sich zu Themen zu äußern, die ihn beschäftigen. Das können Arbeitsbedingungen, fachliche Aspekte der Tätigkeit oder beispielswiese die Zusammenarbeit mit Kollegen und Vorgesetzten sein. Es kann dazu dienen, sich Ärger über wahrgenommene tatsächliche oder vermeintliche Missstände von der Seele zu reden. Es gibt verschiedenen Bedingungen, damit solche Mitarbeitergespräche erfolgreich sind. Neuberger (2004) hat für diesen Gesprächsstil den Begriff des mitarbeiterzentrierten Gesprächs geprägt. Bei dieser Gesprächsform verzichtet der Vorgesetzte auf eine starke Steuerung bzgl. der Inhalte und richtet sich nach den Bedürfnissen des Mitarbeiters. Dieser lenkt das Gespräch nach seinen Vorstellungen und hat auch den deutlichen höheren Redeanteil. Dies bedingt, dass die Führungskraft den Mitarbeiter in dieser Situation als gleichberechtigt akzeptiert und nicht als Vorgesetzter auftritt. Auch wenn kritische Aussagen oder Beschwerden kommen, hört der Vorgesetzte freundlich und geduldig zu, ohne zu unterbrechen, und unterlässt Beurteilungen, Ermahnungen oder Ratschläge. Fragen stellt der Vorgesetzte lediglich, um den Mitarbeiter zum Sprechen zu ermuntern oder Bedenken des Mitarbeiters auszuräumen. Dieser Gesprächsstil wird allerdings nur den gewünschten Erfolg haben, wenn der Vorgesetzte dem Mitarbeiter echtes Interesse entgegenbringt und ihn wertschätzt und wenn der Mitarbeiter dem Vorgesetzten so weit vertraut, dass er die Themen, die ihn beschäftigen, offen anspricht. Dieses Vorgehen ist immer dann sinnvoll, wenn es wichtig ist, Ansichten, Einstellungen, Erwartungen und Widerstände des Mitarbeiters kennenzulernen, um die Zusammenarbeit zu verbessern. Die Forderung an die Vorgesetzten, auf Ratschläge zu verzichten, geht von der Annahme aus, dass die Mitarbeiter selbst kompetent genug sind, Probleme zu lösen, und dass es für sie wichtig ist, Raum und Zeit für ihre Anliegen zu erhalten und in ihrer Person ernst genommen und geachtet zu werden. Sieht der Mitarbeiter selbst keine Lösungsansätze für wahrgenommene Probleme, so ist es Aufgabe des Vorgesetzten, durch gezielte Fragen Handlungsmöglichkeiten erkennbar zu machen. Auf diese Weise kann die Selbstentfaltung des Mitarbeiters gefördert werden.

Dieser Gesprächsstil bietet aber nicht nur dem Mitarbeiter, sondern auch dem Vorgesetzten Vorteile (vgl. Neumann, 2003). Durch den Verzicht auf Initiative, spontane Entscheidungen und generell durchsetzendes Verhalten hat der Vorgesetzte Gelegenheit zum Beobachten. Er erfährt unter Umständen Neues und kann von der im Gespräch geförderten Aktivität des Mitarbeiters profitieren. Gerade Letzteres muss der Vorgesetzte sich bewusst machen, da er zunächst Zeit in das Gespräch investiert. Wenn es gelingt, durch derartige Mitarbeitergespräche eine vertrauensvolle Beziehung zu gestalten, werden nachfolgend die vielfältigen täglichen Gesprächskontakte konstruktiver, wirksamer und für beide Beteiligten zufriedenstellender sein.

6.1.6 Training

Begriff und Ziele

Training ist die häufigste Form der Personalentwicklung. Betriebliche Trainings werden als „gezielte, institutionalisierte und von der Arbeit unterscheidbare, zeitlich begrenzte Maßnahmen nach der schulischen oder akademischen Ausbildung verstanden" (Hochholdinger, Rowold, Schaper, 2008b, S. 20). In ihnen vermittelt ein Experte einer Gruppe von Teilnehmern zuvor festgelegte Inhalte und übt die darauf bezogenen Fertigkeiten mit ihnen ein. In der betrieblichen Praxis werden die Begriffe Training und Weiterbildung häufig gleichgesetzt.

Trainingsprogramme können unterschiedliche Ziele haben:
- Auf- und Ausbau von fachlichen und überfachlichen Kompetenzen in Form von Kenntnissen und Fertigkeiten
- Veränderung der Einstellung und der Motivation von Mitarbeitern
- Verbesserung des Sozialverhaltens und der Zusammenarbeit der Mitarbeiter

Trainingsprogramme kommen sowohl den Mitarbeitern als auch dem Unternehmen zugute. Mitarbeiter werden in die Lage versetzt, ihre aktuelle Tätigkeit erfolgreich auszuführen und auf neue Anforderungen in einer sich ständig verändernden Arbeitswelt flexibel zu reagieren. Sofern das Unternehmen entsprechende Möglichkeiten bietet, kann Training außerdem darauf vorbereiten, anspruchsvollere Tätigkeiten zu übernehmen und sich für eine höhere Position innerhalb des Unternehmens zu qualifizieren. Das Unternehmen profitiert von Trainingsmaßnahmen durch gesteigerte Effizienz und Gesamtleistung der teilnehmenden Mitarbeiter (vgl. Noe, 2010).

Da kleinere Unternehmen aufgrund ihrer geringeren Personaldecke Mitarbeiter oft nicht für mehrere Tage zu Trainingsmaßnahmen schicken können, wurde bereits in der Vergangenheit der Weg gewählt, erfahrene Mitarbeiter als Trainer zu Nutzen. Diese Vorgehensweise hat verschiedene Vorteile: Da die Teilnehmergruppe auf Mitarbeiter eines Unternehmens beschränkt ist, kann das Training sehr arbeitsplatznah und auf die Bedürfnisse des Unternehmens bzw. der einzelnen Teilnehmer zugeschnitten werden. Außerdem kennen die Trainer das Unternehmen mit seinen spezifischen Bedingungen, Produkten und Prozessen und haben diesbzgl. eine höhere Expertise als externe Trainer. Die Durchführung im eigenen Unternehmen lässt sich häufig so gestalten, dass sie mit einem relativ geringen Verlust an Arbeitszeit der Teilnehmer verbunden ist. Ein weiterer Vorteil liegt darin, dass die Trainer auch während des Tagesgeschäfts rasch erreichbar sind und Probleme, die bei der Umsetzung des Gelernten in die Alltagsarbeit auftreten, schnell gelöst werden können. Auch die Trainer profitieren von ihrer Tätigkeit, da sie sich durch die Trainertätigkeit persönlich und didaktisch weiterentwickeln und außerdem über ihre üblichen Aufgaben hinaus Anerkennung für ihre Expertise erfahren.

Interne oder externe Durchführung

Vor der Entscheidung, Trainingsmaßnahmen intern (make) oder extern (buy, vgl. Kap. 5.5) durchzuführen, sind einige Fragen zu klären. Interne Trainingsmaßnahmen können nur erfolgreich sein, wenn Mitarbeiter zur Verfügung stehen, die nicht nur über die fachliche Expertise, sondern zusätzlich über didaktisches Geschick verfügen und von den übrigen Teilnehmern in der Trainerfunktion akzeptiert werden. Ferner muss geprüft werden, ob sich der Aufwand einer internen Maßnahme lohnt. Hierzu werden neben den Kosten drei weitere Kriterien herangezogen: Die Trainingsinhalte, die Anzahl der Teilnehmer und die Häufigkeit der Durchführung (siehe Abb. 6.10).

Abb. 6.10 Entscheidungskriterien für interne versus externe Entwicklung und Durchführung von Trainingsmaßnahmen

Bei der internen Durchführung von Trainingsmaßnahmen muss bedacht werden, dass es nicht nur um die reine Trainingszeit geht, sondern auch darum, das Trainingskonzept zu entwickeln, die Lehrmaterialien zu erstellen und das Training organisatorisch vorzubereiten. Dafür können Kosten entstehen, die bei externen Trainings im Preis pro Teilnehmer enthalten sind. Geht es um unternehmensspezifische Trainingsinhalte, so kommt vernünftigerweise nur die interne Durchführung in Frage, weil ein externer Trainingsanbieter nicht über genügend Insider-Kenntnisse verfügt, um die gewünschten Inhalte zu vermitteln. Beispiele hierfür sind Informationen zu unternehmensspezifischen Produkten oder zum Führungsleitbild. Bei Standardinhalten wie beispielsweise Fremdsprachen oder Umgang mit MsOffice-Software ist es häufig deutlich günstiger, die Teilnehmer durch externe Anbieter schulen zu lassen, die derartige Kurse in hoher Zahl durchführen. Sollen viele Mitarbeiter weitergebildet werden, kann eine interne Durchführung sinnvoll sein, weil bei externen Trainingsmaßnahmen die Kosten je Teilnehmer entstehen und so rasch in die Höhe schnellen. Das gleiche gilt bei häufiger Durchführung, d.h., wenn der Trainingsbedarf regelmäßig anfällt. Je häufiger ein Training benötigt wird, desto eher lohnt sich die unternehmensinterne Entwicklung und Durchführung. Ein potenzieller

Nachteil, der mit der internen Entwicklung und Durchführung von Trainings verbunden sein kann, ist der Verzicht darauf, andere Einsichten als die bereits im Unternehmen vorhandenen zu gewinnen.

> **Praxisbeispiel**
> Herr R., der Inhaber eines Elektroinstallationsbetriebs und Elektrohandels berichtet: „Als zertifizierter Fachhändler bin ich verpflichtet, meine Mitarbeiter regelmäßig, das heißt ca. zweimal pro Jahr, zu Werksschulungen der Hersteller zu schicken. Wenn sie dann auf dem Kurs waren, ist es ihre Aufgabe, ihr Wissen an die anderen Mitarbeiter weiterzugeben. Das geschieht einerseits während der täglichen Arbeit, wenn man gemeinsam beim Kunden ist. Wir haben aber auch regelmäßige zwei bis drei Stunden dauernde Treffen. Da kommen alle zusammen und einer der Mitarbeiter berichtet, was er auf der Schulung gelernt hat. Natürlich hat nicht immer ein Mitarbeiter etwas zu berichten. Dann gebe ich mein Fachwissen weiter und meine Mitarbeiter profitieren auch davon."

Unternehmensakademien
Eine Möglichkeit der Personalentwicklung für Mitarbeiter und interne Trainer sind sog. Unternehmensakademien, wenn sie in der Form organisiert werden, dass Mitarbeiter, die in einem bestimmten Kompetenzfeld (fachlich oder überfachlich) Expertise besitzen, Trainingskurse entwickeln und anderen Mitarbeitern anbieten. Diese Kurse können auf wenige Stunden begrenzt sein und ggf. außerhalb der Arbeitszeit und auf freiwilliger Basis für die Teilnehmer stattfinden. Auf diese Weise können die Mitarbeiter selbstgesteuert Personalentwicklung betreiben und ihre Employability stärken. Die Trainer entwickeln sich ebenfalls durch die intensive inhaltliche Auseinandersetzung weiter und gewinnen auf jeden Fall im überfachlichen Bereich Kompetenzen wie didaktisches Geschick und Präsentationsfähigkeit hinzu. Um die Motivation zu steigern, solche Trainingskurse anzubieten, sollte die Unternehmensleitung die Leistung der Trainer honorieren. In welcher Form das durch ideelle oder finanzielle Anerkennung geschieht, hängt sicher von der Unternehmensleitung und der Unternehmenskultur ab. Dabei sollte berücksichtigt werden, dass diese Form der Weiterbildung für Unternehmen aufgrund der genannten Vorteile meist sehr günstig ist.

6.1.7 Personalentwicklung unterstützende Faktoren

Nachfolge- und Karriereplanung
In vielen Unternehmen greifen die Nachfolge- und die Karriereplanung, die vom Human Resources Management gesteuert werden, ineinander.
Bei der Nachfolgeplanung geht es darum, die rechtzeitige und anforderungsgerechte Besetzung frei werdender Stellen sicherzustellen. Dafür werden entweder für alle (Leitungs-)Stellen oder zumindest für die Schlüsselpositionen potenzielle geeignete Nachfolger identifiziert und in Abhängigkeit von Zeitpunkt und Wahrscheinlichkeit der Besetzung für die Position qualifiziert. Bei der Nachfolgeplanung steht die Bedarfssituation des Unternehmens im Vordergrund mit dem Ziel, Positionen im Unternehmen optimal zu besetzen. Ein Instrument der Nachfolgeplanung, das sehr geringen Aufwand verursacht, ist das erweiterte Organigramm, bei dem außer dem aktuellen Stelleninhaber auch ein oder zwei potenzielle Nachfolger vermerkt sind. Diese können je nach Tiefe der Organisationsstruktur von der Unternehmensleitung, dem jeweiligen Vorgesetzten bzw. dessen Vorgesetzten oder der Personalabteilung benannt werden. In größeren Unternehmen gibt es häufig auch einen Fach- und Führungskräfte-Pool, in den alle Mitarbeiter aufgenommen werden, denen Potenzial für höherwertige Aufgaben zugeschrieben wird. Auf die Mitarbeiter dieses „Goldfischteichs" wird dann bei Entscheidungen für Stellenbesetzungen zurückgegriffen.

Die Karriereplanung bezieht sich im Gegensatz dazu darauf, für die Mitarbeiter eine individuelle Planung der Stellen vorzunehmen, die eine Person im Laufe ihrer beruflichen Entwicklung einnehmen könnte und sollte, um deren Qualifikation und Potenzial optimal zu nutzen. Um erfolgreich zu sein, muss die Karriereplanung an den Fähigkeiten und Bedürfnissen der Mitarbeiter ansetzen. Ihr Ziel ist der optimale Einsatz der Mitarbeiter. Die Karriereplanung sollte in regelmäßigen Abständen mit dem Mitarbeiter besprochen werden, da sich dessen Vorstellungen im Laufe der Zeit ändern können. Als Unterstützung für derartige Gespräche kann der Persönliche Entwicklungsplan genutzt werden, wie er in Abbildung 6.8 zu finden ist. Die Ergebnisse dieser Gespräche können dann in Entwicklungsdateien aggregiert werden.

Klima für Lernen und Innovation
Die Unternehmensleitung kann Lernen und Innovation durch die Gestaltung von Freiräumen für Lernaktivitäten fördern. Das kann dadurch realisiert werden, dass Mitarbeiter während der Arbeitszeit Lernchancen in ihrer Tätigkeit und durch Austausch mit anderen Mitarbeitern des eigenen und anderer Unternehmen nutzen können. Eine Form dieses organisationalen Lernens ist der Einsatz von Qualitätszirkeln. In Qualitätszirkeln treffen sich Mitarbeiter unterer Hierarchieebenen in kleinen bereichsspezifischen oder bereichsübergreifenden Gruppen, um selbstgewählte Probleme ihres Arbeitsbereichs zu lösen. Ziele sind die Optimierung von Arbeitsprozessen und –ergebnissen, Kostensenkung und Steigerung der Kundenzufriedenheit. Bei den einzelnen Mitarbeitern tragen sie zur fachlichen und persönlichen Entwicklung bei, indem Informations- und Wissensaustausch gefördert werden, sich das Problem- und Arbeitsverständnis der Mitarbeiter verbessert, Konfliktmanagementfähigkeiten entwickelt werden und Abteilungsdenken reduziert wird (vgl. Antoni, 2007; Guldin, 2006).

Darüber hinaus tragen die Autonomie von Arbeitsgruppen, Teambildungsmaßnahmen und ein hohes Maß an Partizipation zu Kreativität, Lernen und Veränderung bei. Lernen wird außerdem durch eine Fehlerkultur gefördert, in der das Ausprobieren neuer Vorgehensweisen zulässig ist. Fehler, die dabei auftreten, werden konstruktiv als Diskussions- und Lernbasis genutzt. So können Fehler dazu beitragen, Handlungsgewohnheiten umzustrukturieren und neue Handlungsweisen hervorzubringen. Sie bieten eine Chance für das Individuum wie die gesamte Organisation zu lernen und sind mitunter Ausgangspunkt für deutliche qualitative Verbesserungen und Innovationen (vgl. Kluge/Schilling, 2007; Wehner/Mehl, 2007).

Partizipative Führung
Mitarbeiter sind dann innovationsgeneigt, wenn sie eine betriebliche Situation nicht nur als veränderungsbedürftig wahrnehmen, sondern wenn sie sie auch gleichzeitig als veränderungsfähig ansehen. Die eingeschätzte Veränderungsfähigkeit wird durch die Einschätzung des Mitarbeiters beeinflusst, selbst über die notwendigen Ressourcen zur Problemlösung wie Handlungsvollmacht, Entscheidungsfreiheit, Wissen und Zeit zu verfügen oder

sie über die vorgesetzte Person oder die Geschäftsleitung beschaffen zu können (Krause, 2007). Führungskräfte können Lernen und Innovationen durch verschiedene Formen der Einflussnahme fördern. Am effektivsten sind dabei die Strategien, den Mitarbeitern Autonomie und Freiheitsgrade zu gewähren, wie sie für einen partizipativen Führungsstil kennzeichnend sind. Bei dieser Form der Führung teilt die Führungskraft Macht und Einfluss und räumt ihren Mitarbeitern Mitsprachemöglichkeiten ein und überträgt ihnen Entscheidungskompetenzen. Außerdem ist es hilfreich, wenn die Führungskraft zu Innovationen anregt, ihr Fachwissen und innovationsrelevante Informationen und ggf. notwendige Ressourcen zur Verfügung stellt, tolerant gegenüber Fehlern ist, die erforderliche Zeit für Innovationsprozesse bietet und Versuche und Erfolge anerkennt.

Kompetenzförderliche Gestaltung von Anreizen
Betriebliche Entlohnungsmodelle orientieren sich in erster Linie an den beiden Faktoren Schwierigkeitsgrad bzw. Anforderungsniveau der Arbeit und Leistungsniveau des jeweiligen Mitarbeiters (Äquivalenzprinzip der Entgeltgerechtigkeit nach Kosiol). Neben weiteren Faktoren kann auch explizit das Ausmaß erworbener Kenntnisse und Fähigkeiten entlohnt werden (Qualifikationsgerechtigkeit der Entlohnung). So sehen beispielsweise viele Manteltarifverträge für unterschiedliche Ausbildungsniveaus auch bei gleicher Tätigkeit verschiedene Entgeltgruppen vor.

6.2 Externe Instrumente der Personalentwicklung

6.2.1 Training

Auswahl geeigneter Trainingsanbieter
Zum Trainingsbegriff und den Kriterien für interne oder externe Durchführung siehe Kap. 6.1.6. Wenn die Durchführung des Trainings an einen externen Anbieter vergeben wird, bleibt es Aufgabe des Unternehmens, d.h. je nach Größe Aufgabe der Unternehmensleitung, der Vorgesetzten oder der Personalabteilung, einen geeigneten Anbieter zu identifizieren. Die folgende Checkliste (Abb. 6.11) dient dafür als Unterstützung.

Checkliste zur Auswahl von Trainern/Trainingsanbietern

Referenzen
- Liegen bereits Erfahrungen mit dem Anbieter vor? Welche?
- Welche Trainer sollen eingesetzt werden? Wie viele?
- Welche Referenzen aus vorherigen PE-Maßnahmen können die Trainer vorweisen?

Trainerqualifikation
- Welche fachlichen Qualifikationen (Ausbildung, Berufserfahrung, Branchenkenntnisse) besitzen die Trainer?
- Welche didaktischen Qualifikationen (Ausbildung, Erfahrung als Trainer, gruppendynamische Ausbildung) besitzen die Trainer?
- Welche Zielgruppen wurden bisher trainiert (Berufsbild, Hierarchieebene)?
- Welche Trainingstheorien, welche Methoden werden vertreten?
- Welches Menschenbild vertreten die Trainer?

Erfahrung mit der interessierenden PE-Maßnahme
- Wie lange wird die Maßnahmen schon angeboten, wie oft bereits durchführt?
- Wie wurde bislang die Qualitätssicherung gemacht, wie Verbesserungen umgesetzt?
- Werden immer dieselben Trainer eingesetzt?
- Mit wie vielen Teilnehmern wird die Maßnahme durchgeführt?

Konzept der PE-Maßnahme
- Gibt es einen Lernzielkatalog?
- Welche Lernmethoden sollen eingesetzt werden? Inwiefern sind sie aktivierend/motivierend?
- Wie wird das Verständnis überprüft?
- Wie wird der Arbeitskontext der Teilnehmer einbezogen?
- Wie wird der Lerntransfer sichergestellt?
- Welche Unterlagen werden den Teilnehmern zur Verfügung gestellt?
- Welche Möglichkeiten zur Übung der Inhalte gibt es?
- Welche Möglichkeiten zum Erfahrungsaustausch haben die Teilnehmer?
- Wie wird damit umgegangen, wenn Teilnehmer nach Abschluss der Maßnahmen noch Fragen haben?
- Welche Evaluationsformen werden eingesetzt?
- Welche Möglichkeiten haben die Teilnehmer, die Maßnahme mitzugestalten?
- Wie passt die Zeitplanung zu den angestrebten Zielen?

Vorbereitung der Maßnahme
- Welche Informationen benötigen die Trainer, um sich auf die Zielgruppe einzustellen?
- Wie können sich die Teilnehmer vorbereiten?
- Wird Material für die Vorbereitung zur Verfügung gestellt?
- Welche Termine sind geplant? Was passiert, wenn jemand nicht teilnehmen kann?
- Wo findet die Maßnahme statt?

Kosten
- Welche Rücktrittsrechte und Stornierungsmöglichkeiten gibt es? Wie wird auf Mängel eingegangen?
- Wie hoch ist der Tagessatz der Trainer, für die Durchführung, ggf. für die Entwicklung?
- Welche Nebenkosten fallen an?
- Wie ist die Preisgestaltung bei Teilnahme mehrerer Mitarbeiter?
- Wie wird die Verpflegung der Teilnehmer sichergestellt?

Abb. 6.11: Checkliste für die Auswahl von Trainingsanbietern/Trainern (vgl. Einsiedler/Hollstege/Janusch/Breuer, 1999)

In einer Studie der IHK Aachen (Siemons, 2007) bei knapp 1.000 Unternehmen des Kammerbezirks mit mindestens zehn Mitarbeitern (Rücklaufquote 27%) wurde bei der Auswahl externer Bildungsanbieter die Fachkompetenz der Trainer als wichtigstes Kriterium genannt, gefolgt von der Praxisnähe und der Aktualität des Bildungsangebots sowie der Qualität der Informationen und der bisherigen Zufriedenheit mit dem Anbieter. Weiter unten in der Rangfolge waren beispielsweise Preis, Methoden, Gruppengröße sowie Nähe und Ausstattung des Seminarorts genannt.

Als Anbieter kommen sowohl große Unternehmen der Weiterbildungsbranche als auch Nischenanbieter in Frage. Anbieter können inzwischen relativ einfach und zielorientiert über das Internet recherchiert werden (siehe Tab. 6.5). In jedem Fall ist es sinnvoll, sich an die zuständige Industrie- und Handels- bzw. Handwerkskammer zu wenden und sich dort im Hinblick auf spezifische Bedarfe beraten zu lassen.

Tab. 6.5   Beispiele für Seminar- und Weiterbildungsportale im Internet

Adresse	Beschreibung
www.seminaranzeiger.de	Erlaubt thematische Suche in einem alphabetischen Verzeichnis von Seminaranbietern
www.seminarbörse.de	Weiterbildungsportal, das Recherche nach Themen, Anbietern und Formen der Weiterbildung erlaubt und zusätzlich Bildungsratgeber und Checklisten zur Qualitätssicherung bietet
www.seminarmarkt.de	Ermöglicht die Suche nach Themen und nach Anbietern für die Zielgruppen Mitarbeiter und Führungskräfte
www.semingator.de	Nach Themen und Branchen strukturiertes Weiterbildungsportal, das Suche nach Seminaren und Trainern erlaubt
www.seminus.de	Weiterbildungsangebote für Unternehmen aller Größen und Branchen nach Themen und Weiterbildungsformen

Formen von Trainings

> Beim Einsatz von Trainings werden wissensorientierte und verhaltensorientierte Verfahren unterschieden, je nachdem, ob der Schwerpunkt der Personalentwicklungsmaßnahme auf der Vermittlung von Wissen oder auf der Änderung von Verhalten liegt.

Wissensorientierte Weiterbildung
Das in der beruflichen Erstausbildung erworbene Fachwissen ist eine wichtige Voraussetzung für die erfolgreiche Bewältigung von Arbeitsaufgaben. Es reicht aber nicht aus, da sich Arbeitsinhalte und Anforderungen immer rascher verändern. Daher muss berufliches Wissen, d.h. fachliches und überfachliches Wissen, im Verlauf der Arbeitstätigkeit um- und neu gelernt werden (vgl. Sonntag/Schaper, 2006). Bei wissensbasierter Weiterbildung geht es darum, aktuelle berufsrelevante Wissensbestände zu vermitteln und die Teilnehmer dazu zu befähigen, das Wissen in ihrem beruflichen Kontext anzuwenden. Inhalte wissensbasierter Weiterbildungen sind Fakten und Kenntnisse sowie Arbeitsverfahren und bereichsspezifische Problemlösestrategien.

Verhaltensorientierte Weiterbildung
Verhaltensorientierte Weiterbildungen haben das Ziel, überfachliche Fähigkeiten zu entwickeln. Es geht einerseits um die Änderung des Verhaltens der Teilnehmer und andererseits um deren Persönlichkeitsentwicklung (vgl. Sonntag/Stegmaier, 2006). Im Vordergrund steht dabei weniger, bisherige Verhaltensmuster durch neue zu ersetzen, sondern eher, das individuelle Verhaltensrepertoire zu erweitern. Aufgrund der sinkenden Halbwertszeit fachlichen Wissens und der Zunahme der Arbeitsplätze im Dienstleistungsbereich steigt die Bedeutung von Selbstorganisationsfähigkeiten und sozialer Kompetenz.

Verhaltenstrainings zielen häufig auf die Verbesserung des Umgangs mit anderen Menschen ab, so beispielsweise auf die Verbesserung der Kommunikationsfähigkeit, des Führungsverhaltens, die Steigerung der Konfliktlösekompetenz und die Förderung der Teamfähigkeit durch das Verständnis von Gruppenprozessen. Im Bereich der Persönlichkeitsentwicklung liegen

Schwerpunkte beim Zuwachs an Selbstvertrauen und der Belastbarkeit sowie beim Ausbau der Selbstdarstellungsfähigkeiten. Inhalte derartiger Trainings sind beispielsweise Präsentationsfähigkeiten, Kommunikation und Rhetorik sowie Stressmanagement (vgl. v. Rosenstiel, 2006).

Natürlich kommt diese Form der Weiterbildung nicht ohne Wissensvermittlung aus. Darüber hinaus geht es aber stärker als bei den wissensorientierten Verfahren darum, Einstellungen zu verändern und neue Verhaltensweisen im geschützten Rahmen der Trainingssituation einzuüben (vgl. Demmerle/Schmidt/Hess, 2008). Die Vermittlung der Kompetenzen in einem Gruppensetting hat dabei den großen Vorteil, dass Verhaltensweisen in der Interaktion mit den anderen Teilnehmern ausprobiert werden können und diese direkt Feedback geben können, wie das Verhalten auf sie wirkt. Außerdem können die Teilnehmer auch dadurch lernen, indem sie effektives Verhalten anderer Teilnehmer beobachten und übernehmen (Lernen am Modell).

Praxisbeispiel
„Bei uns haben Zertifikatslehrgänge die größte Bedeutung.", sagt Herr R., der Geschäftsführer eines IT-Dienstleisters mit 22 Angestellten. Nach seinen Aussagen setzen die Auftraggeber normalerweise voraus, dass die Berater ihre fachlichen Kompetenzen, z.B. in Programmiersprachen, in Softwaresystemen bestimmter Hersteller oder Datenbank-Know-how, durch entsprechende Zertifikate nachweisen. Das ist zwar jeweils sehr teuer, aber für das Unternehmen eine Voraussetzung, um den Auftrag überhaupt zu erhalten. Auf diese Weise ist allerdings auch sichergestellt, dass die Berater auf dem neuesten fachlichen Stand sind und jederzeit einsetzbar. Alle seine Mitarbeiterinnen und Mitarbeiter sind Informatiker, 40% haben sogar ein Studium absolviert. „Wenn man ihnen keine Weiterbildungsmaßnahmen anbieten kann, suchen sie sich über kurz oder lang einen neuen Arbeitgeber."

6.2.2 E-Learning

Unter dem Oberbegriff E-Learning werden Lernformen mit Hilfe von elektronischen Informations- und Kommunikationsmedien verstanden.

Dazu gehören auch computerbasierte Unternehmensplanspiele und Simulationssysteme. Nicht dazu zählen Lernformen, bei denen Tonträger, Videofilme oder Fernseher eingesetzt werden.

Formen von E-Learning

Unternehmen setzen zunehmend E-Learning ein, um Mitarbeiter effektiv und effizient weiterzubilden. Folgende technische E-Learning-Varianten werden unterschieden, die Lernen am Computer als Einzelplatzanwendung erlauben (siehe Abb. 6.12, vgl. Grotlüschen, 2006):

- **Computer-based Training**: Selbstlernen am Computer
- **Web-based Training**: Lernen an Computern über Netzumgebungen wie Internet, Intranet
- **Online-Lernen**: Lernende und Tutoren greifen auf Server mit relevanten Informationen zu und können synchron und asynchron miteinander kommunizieren
- **Blended Learning**: Kombination von selbstgesteuertem Lernen am Computer und Präsenzphasen

Abb. 6.12   Formen des E-Learning

Nach den didaktischen Aspekten bzw. der Art des Lernens unterscheiden Sonntag/Schaper (2006):

- **Lernen als Wiederholen und Memorieren mit Hilfe von Übungsprogrammen**: Diese Trainingssysteme dienen dazu, Wissen zu vermitteln, zu vertiefen und zu festigen. Der Lernende ist nur Aufnehmender und hat außer Wiederholungen keine Einflussmöglichkeiten. In diese Kategorie fallen Grammatik- und Vokabel-Lernprogramme sowie Lernprogramme zur Vorbereitung auf Prüfungen.

- **Lernen als interaktiver Prozess mit Hilfe tutorieller Systeme**: Über die Stoffvermittlung hinaus ist eine auf die lernende Person abgestimmte Anleitung und Förderung möglich, indem an das individuell bisher erreichte Lernniveau angepasste Aufgaben angeboten werden. Die ständige Diagnose der Lernfortschritte und Defizite ist allerdings sehr aufwändig.
- **Lernen als konstruktiver und entdeckender Prozess mit Einsatz von lernergesteuerten Systemen und Simulationsprogrammen**: Für das fall- und problemorientierte Lernen komplexer Lehrinhalte werden Hypertext- und Hypermediasysteme eingesetzt. Diese zergliedern Inhalte in einzelne Einheiten, die vom Lernenden flexibel genutzt werden können. Sie ermöglichen explorierendes Lernen und die Umstrukturierung von Lerninhalten. Ein Vorteil in dieser Lernform wird allerdings am ehesten dann gesehen, wenn schnelle Informationssuche in großen Datenmengen erforderlich ist.
- **Simulationsprogramme**: Bei Simulationsprogrammen arbeiten die Lerner mit einem System, das einen Ausschnitt der Realität abbildet (z.B. ein Marktsegment mit hypothetischen Wettbewerbern). Ihre Aufgabe besteht darin, die Systemelemente und deren Relationen zueinander zu kennen, zu lernen und zu verstehen. Es können Handlungsweisen ausprobiert (z.B. unternehmerische Entscheidungen wie Festsetzung von Preisen, Einsatz von Marketingmaßnahmen) und die Systemkonsequenzen (z.B. Verhalten der Käufer und der Wettbewerber) risikolos erfahren werden. Das explorierende Lernen soll das vernetzte Denken fördern.

Erwarteter und tatsächlicher Nutzen

Mit dem Einsatz von E-Learning sind vielfältige Nutzenerwartungen verbunden. Konradt (2007) nennt folgende:

- **Kompetenzerwerb**: Die Teilnehmer sollen Wissen erwerben, vorhandenes stabilisieren und verändern
- **Lernen erleichtern**: Inhalte können auf zielgruppen- und personenspezifische Bedürfnisse bezogen werden. Sie lassen sich nach Lerninhalten, -zeiten und -geschwindigkeiten angepasst vermitteln. Komplexe Inhalte werden durch multimodale Informationspräsentation anschaulich dargestellt

- **Abkopplung von räumlichen und zeitlichen Restriktionen:** Durch die zeitliche und räumliche Unabhängigkeit können Lernaufgaben arbeitsplatznah und anwendungsbezogener angeboten werden
- **Weiterbildungsengagement der Mitarbeiter fördern:** E-Learning soll selbst-initiiertes und eigenverantwortliches Lernen fördern
- **Kosten:** Reise- und Arbeitszeitkosten lassen sich reduzieren, weil die Teilnehmer an ihrem Arbeitsplatz oder zu Hause lernen können

> Die anfänglich hohen Erwartungen an E-Learning wurden allerdings insofern enttäuscht, als E-Learning-Angebote im Vergleich zu Präsenzveranstaltungen weniger gut akzeptiert werden (vgl. auch Bürg/Mandl, 2005).

Gründe für die Nicht-Nutzung von E-Learning-Angeboten liegen zum einen in den Rahmenbedingungen. Zum Beispiel bestehen bei den potenziellen Teilnehmern manchmal Informationsdefizite über die technischen Gegebenheiten und die Ansprechpartner bei Problemen mit dem E-Learning. Zum anderen scheitert es oft auch an individuellen Voraussetzungen, wenn die Teilnehmer beispielsweise nicht ausreichende Anwendungskenntnisse besitzen, um die Programme bedienen zu können. Gegen E-Learning spricht auch die Isolation der Lernenden und die geringe Möglichkeit, Unverstandenes sofort klären zu können. Viele Lernende sind dadurch überfordert.

Voraussetzung für den Erfolg von E-Learning

Als entscheidend für den Lern- und Transfererfolg werden deshalb zum einen die organisationalen Rahmenbedingen gesehen (vgl. Hochholdiger/Schaper, 2008). Damit sind die technischen Voraussetzungen sowie eine positive Lernkultur, d.h. die Unterstützung der Lernenden, gemeint. Technische Schwierigkeiten können reduziert werden, wenn es eine systematische Einführung von E-Learning im Unternehmen gibt. Auch ist es hilfreich, einen konkreten Ansprechpartner für technische Fragen zu benennen, an den sich die Mitarbeiter wenden können. Mit einer positiven Lernkultur ist gemeint, dass Lernen einen hohen Stellenwert im Unternehmen besitzt und dass Lernaktivitäten von Vorgesetzten und Kollegen unterstützt werden. Dies kann beispielsweise dadurch realisiert werden, dass Lern- und Entwicklungsziele zum Gegenstand der turnusmäßigen Mitarbeitergespräche gemacht werden und dass konkrete Vereinbarungen bzgl. der zu bearbeitenden Kurse getroffen werden. Unterstützend wirkt außerdem eine Regelung der Lernzeiten, die den Mitarbeitern Gelegenheit zur selbstgesteuerten Nutzung der E-Learning-Programme lässt.

Zum anderen ist die Lern- und Transfermotivation wichtig für den Kompetenzerwerb und die erfolgreiche Umsetzung im Arbeitsalltag. Lern- und Transfermotivierte verwenden mehr Zeit und Anstrengung auf E-Learning und suchen sich häufiger Anwendungsmöglichkeiten im Arbeitsumfeld. Die Transfermotivation wird durch das Zutrauen der Teilnehmer gestärkt, auf diese Weise gut lernen zu können, und kann durch ein positives Lernklima gefördert werden (vgl. Schaper/Konradt, 2004).

Ganz generell wird der Erfolg von E-Learning durch dieselben Aspekte gefördert, die für Erfolg von Personalentwicklungsmaßnahmen allgemein gültig sind, wie beispielsweise eine systematische Bedarfsanalyse, eine gute Konzeption der Maßnahme bzgl. Inhalten und Methoden sowie die Einbeziehung der Teilnehmer und die Berücksichtigung von Maßnahmen zur Transfersicherung.

6.2.3 Coaching

Begriff und Ziele

Coaching ist eine Form der Beratung für Mitarbeiter, die Managementaufgaben wahrnehmen. Die Führungskraft wird von einem Coach persönlich beraten und dabei unterstützt, Probleme zu bewältigen. Der Coach ist ein neutraler Feedbackgeber, der der Führungskraft keine Arbeit abnimmt, sondern Hilfe zur Selbsthilfe bei der erfolgreichen Ausführung der Arbeit bietet (vgl. Rauen, 2007).

Die Beratung kann sich auf berufliche wie auch auf private Themen richten, jedoch bezieht sie sich immer auf die berufliche Rolle. Ziel des Coachings ist es, der Führungskraft dabei zu helfen, die Ursachen von Schwierigkeiten zu erkennen und geeignete Lösungswege zu finden. Im Prozess der Beratung soll der Klient seine Wahrnehmung und Selbstwahrnehmung, seine Reflexionsfähigkeiten und sein Selbstmanagement verbessern. Außerdem wird eine Verbesserung in der Führungs- und Kommunikationskompetenz angestrebt. Aus der Beschreibung wird deutlich, dass es um den Ausbau persönlicher und sozialer Kompetenzen geht und nicht um die Entwicklung fachlicher Kompetenzen. Nach Abschluss der Beratung soll die Führungskraft ihre Handlungskompetenz in der Form entwickelt haben, dass sie jetzt wirksame Problemlösestrategien besitzt, die sie auf gleich- und andersartige Herausforderungen anwenden kann. Voraussetzung für ein erfolgreiches Coaching ist eine vom Klienten gewünschte Beratungsbeziehung, die auf Vertrauen und gegenseitiger Akzeptanz basiert.

Externe oder interne Coaches

Das Coaching wird häufig extern durchgeführt, d.h. der Coach ist nicht Mitarbeiter des Unternehmens (vgl. Rauen, 2005). Das wird bei kleinen und mittelständischen Unternehmen der Regelfall sein, wenn überhaupt Coaching als Personalentwicklungsmaßnahme eingesetzt wird. Bei größeren Unternehmen sind Coaches auch häufig interne Mitarbeiter, beispielsweise aus der Personal- bzw. Personalentwicklungsabteilung (Stabs-Coach). Da Coaching kein allgemeingültig festgelegter Begriff ist, wird er für viele Beratungs- und Unterstützungsformen eingesetzt, um von dem positiven Image des Coachings zu profitieren. Beispielsweise gibt es zunehmend das sog. Vorgesetztencoaching, in dem die Führungskraft als Linien-Coach Coachingfunktion für alle ihre Mitarbeiter übernimmt (vgl. Lippmann, 2007). Bei dieser Form kann allerdings nicht davon ausgegangen werden, dass es sich um eine offene und gleichberechtigte Beziehung zwischen Coach (d.h. Coachendem) und Coachee (d.h. Gecoachtem) handelt. Es ist vielmehr zu erwarten, dass ein Mitarbeiter nicht alle Probleme offen anspricht und schon gar nicht solche, bei denen er das dringendste Klärungsbedürfnis hat. Denn zu anderer Zeit ist der Vorgesetzte die Person, die über Gehalt, persönliche Entwicklung und Beförderung des Mitarbeiters entscheidet und Potenzialeinschätzungen vornimmt. Hier liegt ein Rollenkonflikt vor, der nicht aufzulösen ist. Daher ist es richtiger, in diesem Fall nicht von Vorgesetztencoaching zu sprechen, sondern von einem entwicklungsorientierten Führungsstil. Das kommt den Zielen wesentlich näher.

Kosten

Die Kosten für Coaching sind bei externer Durchführung im Vergleich zu anderen Personalentwicklungsmaßnahmen relativ hoch. Das ergibt sich daraus, dass der Coachee von einem Coach individuell betreut wird. Tagessätze professioneller Coaches liegen erfahrungsgemäß zwischen 1.400 und 3.000 Euro. Bei einer typischen Beratung im Umfang von zehn Gesprächen mit einer Dauer von jeweils zwei Stunden fallen etwa Kosten in Höhe von 3.000 bis 6.000 Euro an.

Werden beim Vorgesetzten-Coaching Kosten für dessen Ausbildung, Arbeitsausfallzeiten für seine Ausbildung und die Coachinggespräche mit den Mitarbeitern angesetzt, können erhebliche Summen entstehen. Rauen (2003) schätzt sie auf über 20.000 Euro. In der jährlichen Betrachtung setzt er 7.000 bis 10.000 Euro je Führungskraft für ca. 10 Mitarbeiter an.

6.2.4 Produkt- und Verfahrensdemonstrationen durch Hersteller

Gerade für kleine und mittlere Unternehmen hat die Weiterbildung, die durch Hersteller angeboten wird, eine zentrale Bedeutung. Zum einen wird sie oft kostenfrei oder zumindest zu geringen Gebühren zur Verfügung gestellt, zum anderen ist sie häufig Voraussetzung dafür, die in der Branche üblichen und von Kunden gewünschten Produkte und Verfahren einsetzen zu können. Sie bieten außerdem die Möglichkeiten, sich frühzeitig über neue Produkte und Verfahren zu informieren, die im eigenen Unternehmen bislang nicht eingesetzt werden.

> **Praxisbeispiel**
> „Eine sehr wichtige Fortbildungsmaßnahme ist für uns die Teilnahme an Produkt- und Verfahrensdemonstrationen der Hersteller. Wenn die Hersteller, mit denen wir hier in der Region zusammenarbeiten, etwas anbieten, gehen immer zwei von unseren Leuten hin. Der Junior, der später das Geschäft übernehmen soll, ist immer dabei und außerdem noch ein oder zwei Mitarbeiter. Da sehen wir dann bei ihnen oder auf Musterbaustellen, wie die Produkte verarbeitet werden oder wie die Verfahren funktionieren. Das müssen wir wissen, um unsere Kunden entsprechend beraten zu

können und um die Materialien und Verfahren einsetzen zu können. Diese Form der Weiterbildung bieten die Hersteller kostenlos an, aber wir stellen die Mitarbeiter dafür von der Arbeit frei. Besonders interessant ist es natürlich, wenn da dann auch große Geräte gezeigt werden, wie wir sie auf unseren Baustellen gar nicht verwenden können.", sagt der Bauunternehmer B.

6.2.5 Messebesuche

Einen ähnlichen Informationswert wie die Produkt- und Verfahrensdemonstrationen haben Messebesuche. Sie dienen dazu, sich über Neuheiten zu informieren. Gegenüber den vorgenannten haben sie den Vorteil, dass sich mehrere Hersteller gleichzeitig präsentieren, aber meist auch den Nachteil des längeren Anfahrtsweges, so dass mehr Arbeits- oder Freizeit dafür investiert werden muss. Die Teilnahme an Messen ist üblicherweise außerdem gebührenpflichtig. Für kleinere Unternehmen ist diese Weiterbildungsmaßnahme vor allem attraktiv, wenn die Hersteller ihnen Freikarten zur Verfügung stellen.

Praxisbeispiel
Die Gespräche mit Kleinunternehmen vermitteln alle ein ähnliches Bild wie das von Herrn R., dem Inhaber eines Elektroinstallationsbetriebs und –fachhandels: „Ein Messebesuch ist bei uns immer eher ein Event. Da nehmen mein Sohn und die Mitarbeiter unseren Firmenbus und fahren zusammen hin. Das ist manchmal während der Arbeitszeit, manchmal auch an einem Samstag, also in der Freizeit der Mitarbeiter. Wir sorgen dann für die Verpflegung. Das machen wir, um das Wir-Gefühl und den Zusammenhalt im Unternehmen zu fördern."

7 Bildungscontrolling

7.1 Personalentwicklungscontrolling allgemein

Im Controllingprozess werden immer zwei Dimensionen betrachtet, die pädagogische und die ökonomische. Bei der pädagogischen Betrachtung geht es um den Lernerfolg beim einzelnen Mitarbeiter, bei der ökonomischen um Kostentransparenz und Wirtschaftlichkeit von Maßnahmen aus Unternehmenssicht. Von ersterem hängt natürlich auch die Wirtschaftlichkeit einer Maßnahme ab.

Der Controllingprozess folgt dem Evaluationsprozess, der sich am Zyklus der Personalentwicklung (siehe Kap. 5.3, Abb. 5.3) orientiert. Der Evaluationsprozess dient dazu, Informationen für die Planung, Steuerung und Kontrolle von Qualifizierungsprozessen im Unternehmen bereitzustellen (vgl. Solga, 2008a). Er erfolgt nicht einmalig, sondern stellt eine kontinuierliche Aufgabe dar. Durch Personalentwicklungscontrolling soll die Personalentwicklungsarbeit auf strategische und operative Ziele des Unternehmens ausgerichtet und die Wirtschaftlichkeit der Maßnahmen gesichert werden.

Evaluation in der Planungsphase
Bei der Anwendung auf die Bedarfsanalyse wird überprüft, ob die bei der Analyse eingesetzten Instrumente und Vorgehensweisen angemessen waren, der Bedarf korrekt ermittelt wurde und daraus spezifische Ziele für Personalentwicklungsmaßnahmen abgeleitet wurden. In Bezug auf das Konzept der Personalentwicklungsmaßnahme muss überprüft werden, welche Alternative vor dem Hintergrund der Rahmenbedingungen des Unternehmens die ökonomischste Maßnahme ist, mit der die Ziele des Unternehmens erreicht werden können. Alternativen zu einer Personalentwicklungsmaßnahme könnten beispielsweise auch die Einstellung neuer Mitarbeiter oder

die Umstrukturierung von Unternehmensbereichen sein. In Bezug auf das Konzept der Personalentwicklungsmaßnahme werden außerdem Inhalte und Vermittlungsmethoden beurteilt. Konkret geht es darum, wie die Maßnahme in das gesamte Personalentwicklungssystem des Unternehmens eingebunden ist, damit sichergestellt wird, dass Inhalte verschiedener Maßnahmen nicht redundant oder gar widersprüchlich sind. Die Konzeption soll weiterhin lern- und transferförderlich sein.

Evaluation in der Durchführungsphase

Heutzutage wird die Mehrzahl der Personalentwicklungsmaßnahmen nach ihrem Abschluss evaluiert, um aus der Maßnahme heraus bereits festzustellen, in welchem Ausmaß sie dazu beiträgt, die angestrebten Ziele zu erreichen. Dabei wird einerseits die Einschätzung der Teilnehmer erhoben. Das erfolgt meist über strukturierte Fragebogen (siehe Abb. 7.1), in denen der Trainer und das eigene Lernergebnis bewertet werden. Ferner wird häufig der vermittelte Inhalt in Form von Tests abgefragt. Diese Methode wird speziell bei Zertifikatskursen angewendet, um den Teilnehmern auf dieser Grundlage eine Qualifikation zu attestieren. Aus den Ergebnissen können aber natürlich auch Rückschlüsse auf die Qualität des Lehrprozesses gezogen werden. Die Ergebnisse der Maßnahmenevaluation gehen dann wieder in die vorhergehenden Phasen ein. Beispielsweise könnte die Rückmeldung der Teilnehmer ergeben, dass die Maßnahme gar nicht notwendig war, weil die vermittelten Inhalte bereits beherrscht werden. Dieses Ergebnis würde Einfluss nehmen auf den Schritt der Bedarfsanalyse. Auch könnte das Feedback der Teilnehmer dazu führen, dass die Personalentwicklungsmaßnahme für andere Teilnehmer anders konzipiert wird, indem z.B. andere inhaltliche Schwerpunkte gesetzt oder andere didaktische Methoden verwendet werden. Eine Auswirkung auf die Durchführung der Personalentwicklungsmaßnahme selbst könnte z.B. in einer veränderten zeitlichen Staffelung bestehen oder darin, stärker die individuellen Probleme der Teilnehmer zu diskutieren.

Evaluation in der Transferphase

In der Transferphase wird überprüft, in welchem Ausmaß vermittelte Inhalte in den Arbeitsalltag übertragen werden. Die Erhebung kann in Form von mündlichen oder schriftlichen Befragungen der Mitarbeiter selbst, ihrer Vorgesetzten und der Kollegen erfolgen. Prinzipiell ist es bei Arbeitsplätzen mit externen Kundenkontakten auch möglich, die Kunden zu befragen. Dieses Vorgehen setzt allerdings ein sehr gutes Vertrauensverhältnis auf der Ebene der Unternehmensleitungen voraus. Die Ergebnisse der Evaluation in der Transferphase gehen ebenfalls wieder in die Bedarfsanalyse sowie die Personalentwicklungskonzeption und –durchführung ein. Zusätzlich wird ggf. Einfluss auf das Arbeitsumfeld des Mitarbeiters genommen, indem beispielsweise Vorgesetzte aufgefordert werden, dem Mitarbeiter mehr Zeit und Freiraum zu lassen, um die vermittelten Inhalte in den Arbeitsalltag umzusetzen. Außerdem wird eine Abschätzung vorgenommen, ob die mit der Maßnahme angestrebten geschäftlichen Resultate erreicht wurden. Zu dieser Phase gehören ferner die Kontrolle der Kosten der Maßnahme – wenn diese nicht bereits in der Durchführungsphase erfolgt ist – und die Analyse der Aufwands-Ertrags-Relation.

> Lern- und Weiterbildungsprozesse haben aufgrund sich rasch ändernder Anforderungen in den Unternehmen in den letzten Jahren zunehmend an Bedeutung gewonnen. Gleichzeitig wird es vor dem Hintergrund beständiger Budgetkürzungen immer notwendiger, die Wirksamkeit von Personalentwicklungsmaßnahmen in monetärer Hinsicht nachzuweisen.

Während Evaluationen des pädagogischen Nutzens seit den sechziger Jahren des letzten Jahrhunderts in vielen Unternehmen praktiziert werden, wurden erst in den letzten Jahren verstärkt Bemühungen unternommen, den monetären Erfolg von Weiterbildungsmaßnahmen festzustellen.

Die wichtigsten Gründe für Evaluationsmaßnahmen sind zusammenfassend folgende:

- Mit ihrer Hilfe kann die Gestaltung und Durchführung der Bildungsmaßnahmen in inhaltlicher und methodischer Hinsicht optimiert werden
- Sie ermöglichen den Nachweis, dass die angestrebten Ziele der Unternehmensleitung durch die Personalentwicklungsmaßnahme auch erreicht wurden

Hindernisse für systematische Evaluationen
Obwohl die oben genannten Argumente die Wichtigkeit von Evaluationen unterstreichen, findet in vielen Fällen keine systematische Bewertung von Personalentwicklungsmaßnahmen statt. Gründe dafür sind zum einen beim Auftraggeber der Maßnahme bzw. bei der Unternehmensleitung zu suchen. So kann es sein, dass die Unternehmensleitung eine Evaluation aufgrund unzureichender Problemkenntnis, Zeit- und/oder Personalmangel ablehnt oder weil der finanzielle Aufwand dafür als zu hoch angesehen wird. Zum anderen verfügt auch das mit der Personalentwicklung betraute Personal nicht immer über ausreichende Kenntnisse, um eine Evaluation sachgerecht durchführen zu können. Werden negative Ergebnisse befürchtet, ist anzunehmen, dass verschiedene Stakeholder geringes Interesse an einer Evaluation haben. Beispielsweise hat die Unternehmensleitung kein Interesse daran, einen Nachweis zu erhalten, dass eine von ihr angeordnete Maßnahme hohe inhaltliche Überschneidung mit zuvor durchgeführten Maßnahmen hatte. Das gleiche gilt für die Personalentwickler, wenn diese für die Bedarfsanalyse verantwortlich waren. Trainer könnten den Verlust ihrer Akzeptanz und zukünftiger Aufträge fürchten, wenn die Evaluation Mängel in ihrer fachlichen, didaktischen oder methodischen Kompetenz belegt. Weitere Hindernisse für Evaluationen werden ausführlich bei Thierau-Brunner, Wottawa und Stangel-Meseke (2006) dargestellt.

7.2 Pädagogische Modelle

7.2.1 Überblick

Die Evaluation des Erfolgs von Bildungsmaßnahmen ist ein wichtiger Bestandteil des Personalentwicklungscontrollings. Die Evaluation bezieht sich dabei prinzipiell auf das inhaltliche und methodische Design von Personalentwicklungsmaßnahmen, ihre Umsetzung und ihre Wirksamkeit in Bezug auf zuvor definierte Ziele. Nach wie vor sind aber Evaluierungen vorherrschend, die sich auf den pädagogischen „Erfolg" richten. Dies hängt vor allem damit zusammen, dass die monetären Auswirkungen viel schwerer zu erfassen und mit größerer Unsicherheit verbunden sind, als die „unmittelbaren" pädagogischen Ergebnisse.

7.2 Pädagogische Modelle

Es existiert ein Vielzahl unterschiedlicher Ansätze zur Evaluation von Personalentwicklungsmaßnahmen unter pädagogischer Perspektive. Zu unterscheiden sind dabei ebenenorientierte und prozess- oder phasenorientierte Ansätze (vgl. Hummel, 2001; Stender, 2009). Erstere zielen auf die Wirkungsanalyse von Personalentwicklungsmaßnahmen auf unterschiedlichen Betrachtungsebenen der Organisation. Die Ebenen beziehen sich dabei auf ihre Distanz zum Unternehmenserfolg. Prozessorientierte Ansätze folgen dem Funktionszyklus der betrieblichen Personalentwicklungsarbeit wie in Abschnitt 5.3 beschrieben. Im Folgenden wird das Ebenen-Modell von Kirkpatrick (1998) vorgestellt, das vier Betrachtungsebenen unterscheidet und durch den chronologischen Bezug der Ebenen zueinander auch Betrachtungsaspekte phasenorientierter Modelle abdeckt.

7.2.2 Ebenen-Modell der Evaluation von Kirkpatrick

Das bekannteste und in der Unternehmenspraxis gängigste Modell der Evaluation ist das bereits in den sechziger Jahren entwickelte Vier-Ebenen-Modell von Kirkpatrick (Kirkpatrick/Kirkpatrick, 2006). In diesem Modell werden die Wirkungen nach Schwerpunkt und zeitlichem Abstand zur Personalentwicklungsmaßnahme klassifiziert. Kirkpatrick postuliert ein Abhängigkeitsverhältnis der vier Ebenen, von denen Ebene 1 die unterste Stufe der Evaluation und Ebene 4 die höchste Stufe darstellt. Es wird angenommen, dass positive Resultate einer niedrigeren Ebene Voraussetzung für positive Ergebnisse auf einer höheren Ebene sind. Das Modell ist damit eindimensional hierarchisch aufgebaut (vgl. Hochholdigner/Rowold/Schaper, 2008a). Die vier Ebenen der Maßnahmenevaluation umfassen:

- **Ebene 1 – Reaktionen**: Subjektive Bewertungen der Maßnahme durch die Teilnehmer, auch als Zufriedenheitserfolg bezeichnet
- **Ebene 2 – Lernen**: Intellektuelle, einstellungs- und verhaltensbezogene Änderungen bei den Teilnehmern während der Maßnahme, auch als Lernerfolg bezeichnet
- **Ebene 3 – Verhalten**: Individuelle Anwendung des Gelernten in der täglichen Arbeitssituation, auch als Transfererfolg bezeichnet
- **Ebene 4 – Resultate**: Änderungen der wirtschaftlichen Ergebnisse des Unternehmens, auch als Unternehmenserfolg bezeichnet

Die erste Ebene bezieht sich auf die Zufriedenheit der Teilnehmer mit verschiedenen Aspekten der Personalentwicklungsmaßnahme wie Organisation, Inhalten, Methoden, Atmosphäre, Trainer. Sie umfasst die Abwägung des Nutzens der Maßnahme zur Verbesserung der Leistung und Erleichterung der Arbeit. Die Einschätzung wird typischerweise durch standardisierte schriftliche Fragen erfasst, die am Ende der Maßnahme von den Teilnehmern beantwortet werden. Ein Beispiel für einen solchen Evaluationsbogen findet sich in Abbildung 7.1. Diese Einschätzungen werden allerdings überproportional durch die letzten Eindrücke vor der Befragung beeinflusst. So kann der Trainer eine günstigere Bewertung seiner Person erreichen, wenn er die Teilnehmer kurz vor Ende des Kurses bzw. kurz vor der Evaluation durch inhaltliche Auflockerungen und Scherze in eine positive Stimmung versetzt, die dann seiner Beurteilung zu Gute kommt. Dieser Zusammenhang hat den Evaluationsbogen den Spitznamen Happy-Sheets eingebracht. Außerdem wird die Einschätzung meist auch mündlich in Form des Abschluss-Feedbacks erhoben.

Auf der Ebene des Lernens wird der Erwerb an Kenntnissen und Fähigkeiten sowie die Änderung von Einstellungen bewertet. Es soll festgestellt werden, in welchem Maß die zuvor definierten Lernziele erreicht wurden. Die Evaluation findet meist durch den Einsatz von Wissenstests oder durch Selbstauskünfte der Teilnehmer am Ende der Maßnahme statt.

Bei der Evaluation auf der Verhaltensebene wird die Umsetzung des Gelernten am Arbeitsplatz bewertet. Von Interesse ist, inwieweit die Teilnehmer die Trainingsinhalte auf die tatsächlichen Bedingungen ihres Arbeitsalltags übertragen können. Die Auswirkungen der Personalentwicklungsmaßnahme werden einige Zeit nach Durchführung der Personalentwicklungsmaßnahme durch Beobachtungen der Teilnehmer bei ihren Tätigkeiten und durch Interviews mit Teilnehmern, Vorgesetzten und/oder Kollegen ermittelt. In Abbildung 7.2 ist ein Beispiel für einen Gesprächsleitfaden für Vorgesetzte zur Transferevaluation dargestellt.

Für die Evaluation der Resultate wird die Unternehmensebene betrachtet. Es wird ermittelt, in welchem Ausmaß die Ziele der Unternehmensleitung wie gesteigerte Quantität und Qualität der Arbeitsleistung bzw. eine Reduktion der Kosten und eine Erhöhung der Erlöse bzw. des Gewinns durch die Maßnahme erreicht wurden. Grundlage der Evaluation sind die entsprechenden betrieblichen Kennzahlen.

7.2 Pädagogische Modelle

Kursbeurteilung

Kurstitel: ....

Teilnehmer/in: .... Termin: ....

Trainer/in: .... Ort: ....

	Trifft voll und ganz zu	Trifft überwiegend zu	Trifft teilweise zu	Trifft weniger zu	Trifft gar nicht zu
Kursinhalte					
1. Die Maßnahme hat eine wesentliche Bedeutung für meinen Tätigkeitsbereich.	❑	❑	❑	❑	❑
2. Die Maßnahme hat mir neue Erkenntnisse und Anregungen vermittelt.	❑	❑	❑	❑	❑
3. Die behandelten Themen haben eine hohe Praxisrelevanz.	❑	❑	❑	❑	❑
4. Die Inhalte entsprachen der Kursbeschreibung.	❑	❑	❑	❑	❑
Kursqualität					
5. Die Trainerin/der Trainer ist fachlich kompetent.	❑	❑	❑	❑	❑
6. Die Trainerin/der Trainer hat durch sehr gute Präsentation und sprachliche Darstellung überzeugt.	❑	❑	❑	❑	❑
7. Die Trainerin/der Trainer verfügt über positive Ausstrahlung und Überzeugungskraft.	❑	❑	❑	❑	❑
8. Die Trainerin/der Trainer ging auf Fragen und Hinweise individuell und angemessen ein.	❑	❑	❑	❑	❑
9. Der Kurs war durch verschiedene Lernmethoden und –medien interessant und abwechslungsreich.	❑	❑	❑	❑	❑
10. Die Beispiele und Übungen waren anschaulich und hatten hohen Praxisbezug.	❑	❑	❑	❑	❑
11. Die Übungsphasen waren ausreichend.	❑	❑	❑	❑	❑
Unterlagen					
12. Die Unterlagen sind als Begleitmaterial gut geeignet.	❑	❑	❑	❑	❑
13. Die Unterlagen sind als generelle Lernhilfe gut geeignet.	❑	❑	❑	❑	❑
Organisation					
14. Die Kursumgebung (Räumlichkeiten, Atmosphäre, Ausstattung etc.) war angenehm.	❑	❑	❑	❑	❑
15. Ich bin mit Organisation und Ablauf des Kurses sehr zufrieden.	❑	❑	❑	❑	❑
16. Die Informationen (Termin, Kursbeschreibung, Anfahrtsskizze) habe ich rechtzeitig erhalten.	❑	❑	❑	❑	❑
Gesamteindruck					
17. Meine Erwartungen an den Kurs wurden erfüllt.	❑	❑	❑	❑	❑
18. Ich bin insgesamt sehr zufrieden und würde diese PE-Maßnahme weiterempfehlen.	❑	❑	❑	❑	❑
Kommentare:					

Abb. 7.1: Beispiel für einen Evaluationsbogen auf der Ebene der Reaktionen

Andere Autoren (z.B. Einsiedler/Hollstege/Janusch/Breuer, 1999) untergliedern diese vierte Ebene noch einmal. Sie unterscheiden zwischen der Performance-Ebene, die die Auswirkungen des Transfers auf der Verhaltensebene beschreibt, und der Ergebnisebene, die sich auf die tatsächliche Ergebnisverbesserung und den monetären Vorteil der Veränderung beziehen.

Evaluation der Wirksamkeit   *H&L KarriereBeratung*

Mitarbeiter/in: .... Vorgesetzte/r: ....
PE-Maßnahme: .... Zeitraum der Maßnahme: ....
Aktuelles Datum: ....

Beurteilung des Transfers	☺☺	☺	☻	☹	☹☹
Die Mitarbeiterin/der Mitarbeiter wendet die Inhalte der PE-Maßnahme in der täglichen Arbeit an.					
Die PE-Maßnahme hat zu einer merklichen Verbesserung geführt (z.B. raschere, kompetentere Erledigung von Tätigkeiten)					
Ich empfehle die PE-Maßnahme weiter.					

Hindernisse für die Umsetzung:

Weitere Vereinbarungen zur Optimierung des Transfers:

Hinweise zur Optimierung der PE-Maßnahme:

Unterschriften:		
	Gesprächsführende/r Vorgesetzte/r	Mitarbeiter/in

Abb. 7.2 Beispiel für einen Gesprächsleifaden für Vorgesetzte zur Evaluation des Transfers (Evaluation auf der Verhaltensebene)

Anwendung in der Unternehmenspraxis

Da mit den Evaluationen auf den vier Ebenen unterschiedliche große Schwierigkeiten verbunden sind, wird die Evaluation vielfach auf die Bereiche beschränkt, die einfach und kostengünstig zu erheben sind. Eine Studie von van Buren und Erskine (2002) zeigt, dass sich die Evaluationsaktivitäten der meisten Unternehmen auf das Lernfeld beschränken und das Arbeitsfeld weitgehend unberücksichtigt lassen (siehe Abbildung 7.3).

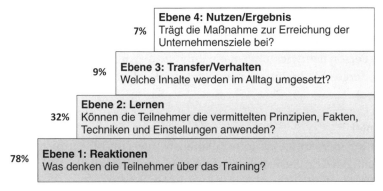

Abb. 7.3: Vier Ebenen der Evaluation von Personalentwicklungsmaßnahmen nach Kirkpatrick mit Häufigkeit der Unternehmen, die auf der jeweiligen Ebene evaluieren (Quelle: van Buren und Erskine (2002), zitiert nach Rowold/Kauffeld (2007))

Gründe für den Verzicht der Evaluation auf Ebene 2 liegen im Konstruktionsaufwand für Wissenstests und der geringen Akzeptanz dafür in der Erwachsenenbildung. Hindernisse für Evaluationen auf Ebene 3 können neben dem Arbeitsaufwand darin begründet liegen, dass die für die Personalentwicklungsmaßnahme Verantwortlichen bzw. daran Beteiligten, wie der Mitarbeiter selbst, sein Vorgesetzter und die Personalabteilung, das Risiko scheuen, einen geringen Transfererfolg nachzuweisen. Auf Ebene 4 ergibt sich die Schwierigkeit, Effekte der Personalentwicklungsmaßnahmen von anderen, z.B. saisonalen Einflüssen oder Aktivitäten von Wettbewerbern, zu isolieren.

Die Beschränkung der Evaluation auf die Ebene der Reaktionen ist problematisch. Das liegt zum einen daran, dass Zufriedenheitsbewertungen leicht beeinflusst werden können, daher meist sehr gut ausfallen und deshalb nicht zwischen Maßnahmen differenzieren. Auch wurde wiederholt festgestellt, dass sie nicht mit dem Lernen und dem Transfererfolg zusammenhängen. Rowold und Kauffeld (2007) berichten u.a. von Studien, in denen positiver bewertete Trainings langfristig weniger gewünschte Konsequenzen erzielten als schlechter bewertete Trainings. Die Zufriedenheit wird daher nicht als geeigneter Indikator für den angestrebten Nutzen von Personalentwicklungsmaßnahmen gewertet. Das von Kirkpatrick postulierte hierarchisch-kausale Abhängigkeitsverhältnis zwischen den Stufen ist damit nicht gegeben. Generell wird an dem Modell von Kirkpatrick kritisiert, dass es nur die einzelne Personalentwicklungsmaßnahme in den Blick nimmt und isoliert von anderen Maßnahmen betrachtet (vgl. Hochholdinger/Rowold/Schaper, 2008a).

Praxisbeispiel
Herr R., der Inhaber eines Elektroinstallationsbetriebs und Elektrohandels, sieht als wichtigstes Erfolgskriterium die Kundenzufriedenheit. „Wir leben von der Zufriedenheit unserer Kunden und davon, dass sie uns weiterempfehlen. Service ist bei uns alles. Er bietet uns die einzige Chance, uns von den preisaggressiven Flächenmärkten abzuheben." Wenn er den Erfolg einer Personalentwicklungsmaßnahme evaluieren will, schaut er sich auf dem Monteurbericht an, wie lange der Mitarbeiter für den Auftrag benötigt hat. Außerdem fragt er die Kunden, ob sie mit der Leistung und den Umgangsformen seiner Mitarbeiter zufrieden waren.

7.3 Monetäre Modelle

7.3.1 Allgemeines

Die pädagogischen Evaluierungen überwiegen bei weitem in der Palette der Bewertungen von Weiterbildungsmaßnahmen. In Abschnitt 7.2.2 wurde das gängigste Verfahren ausführlich vorgestellt. Im dritten Teil des Kapitels geht es um den Nachweis des wirtschaftlichen Erfolgs von Weiterbildung.

Unter diesem Gesichtspunkt fällt eine bemerkenswerte Begriffsbildung auf. In fast allen Veröffentlichungen ist vom Nutzen der Bildung bzw. Weiterbildung für Unternehmen die Rede. Es ist selbstverständlich, dass Bildung einen Nutzen hat; wobei durchaus offen bleiben kann, wer einen solchen zu welchen Teilen hat. Es ist aber auch bei der Betrachtung von Wirtschaft und wirtschaftlichem Prinzip – plausibel – zu unterstellen, dass die Eigentümer der Betriebe (Unternehmen) zumindest langfristig nach maximalem Gewinn streben und dass die privaten Haushalte (Arbeitnehmer) den Nutzen ihres Einkommens maximieren möchten (z.B. Wöhe, 2005). Daraus sollte man schließen dürfen, dass bei der Untersuchung, ob sich Weiterbildung für Unternehmen lohnt, deren Gewinnbeitrag festgestellt werden muss. Da sich der Gewinn eines Unternehmens aus vielen Ertrags- und Aufwandkomponenten zusammensetzt, die nicht alle direkt etwas mit der Leistungserstellung zu tun haben, ist der Begriff des Deckungsbeitrags im gemeinten Zusammenhang sicherlich besser zu greifen und wird auch häufiger verwendet. Nachstehend werden monetäre Modelle vorgestellt, die zwar unterschiedliche Erfolgsbegriffe verwenden, aber eigentlich Deckungsbeiträge meinen. Der Ausdruck Modell ist dabei eher im Sinne einer möglichen Darstellung und nicht als wissenschaftstheoretisches Instrument zu verstehen.

7.3.2 Return on Investment (ROI) und Nutzen

Unter Return on Investment versteht man als Grundsatz das Verhältnis von Gewinn zu eingesetztem Kapital. Man kann also auch von Kapitalrendite sprechen.

Bei Philipps und Schirmer (2008) findet sich eine sehr ausführliche Beschreibung des ROI-Prozesses einschließlich der Prognose in Bezug auf die Personalentwicklung. Die dort ausführlich beschriebenen Verfahren wirken sehr aufwändig und dürften in der Anwendung für KMU kaum in Frage kommen. In unseren weiteren Ausführungen zitieren wir Beiträge, die zumindest teilweise mit deren Vorschlägen übereinstimmen, aber einen einfacheren Zugang wählen.

Heller/Tröster (2009, S. 79) beschreiben den ROI von Bildungsmaßnahmen mit der Formel

$$ROI = \frac{Netto - Programmnutzen}{Programmkosten}$$

Mit Netto-Programmnutzen ist die Differenz zwischen Programmnutzen und Gesamtkosten des Programms gemeint. Die Verbindung des von ihnen angenommenen Nutzenbegriffs zu betriebswirtschaftlichen Erfolgskategorien bleibt offen. Darüber hinaus ist das zur Formel angegebene Zahlenbeispiel rein fiktiv. Der Ansatz von Heller/Tröster wird vielleicht verständlicher durch den von ihnen zitierten Hinweis aus Phillips und Schirmer: „Ein gutes Motto lautet: So viel wie nötig und so wenig wie möglich evaluieren." (Phillips/Schirmer, 2008, S. 32).

Weiß (2007, S. 43–45) erläutert unter der Überschrift „Abschätzung des Return on Investment" zwei Formeln, die ebenfalls betriebswirtschaftlich zweifelhafte Begriffskonglomerate enthalten. Er beschreibt „Weiterbildungsrendite" W wie folgt:

$$W = \frac{Weiterbildungsdeckungsbeitrag - Kosten\ der\ Weiterbildung}{Kosten\ der\ Weiterbildung}$$

Daneben gibt er eine Formel für die Berechnung des Nutzens der Weiterbildung mit nachstehenden Komponenten an:

$$N = D * A * \Delta L - K$$

mit N = Nutzen der Weiterbildung, D = Dauer des Trainingseffekts, A = Anzahl der Teilnehmer, ΔL = Leistungsdifferenz der Trainierten gegenüber den Untrainierten und K = Kosten der Weiterbildung. Dankenswerter Weise ergänzt er die Formeln auch mit folgenden Hinweis: „Als Belege für ursächliche Zusammenhänge taugen sie [alle Verfahren und Instrumente zum Nachweis eines ökonomischen Nutzens] hingegen nicht."

Büser/Gülpen führen eine ähnliche Formel an, die mit ihren einzelnen Parametern „im Laufe der Jahrzehnte empirisch sehr gut erforscht und auf unterschiedliche Arten von Bildungsprozessen angewandt [worden sei]." (2007, S. 244 ff.). Danach gilt:

$$U = T * N * A + d_t * Sd_y - N * K$$

mit U = Nutzen der Bildungsmaßnahme in Geldeinheiten, T = Dauer des Trainingseffekts in Jahren, N = Anzahl der Teilnehmer, A = Anteil des durch die Bildungsmaßnahme betroffenen Tätigkeitsbereichs, d_t = Leistungsdifferenz vor und nach der Bildungsmaßnahme, Sd_y = Geldwert für eine Leistungsdifferenz und K = Gesamtkosten pro Teilnehmer.

Die von Weiß (2007) angebotenen Formeln haben sicherlich nichts mit einem ROI im engeren betriebswirtschaftlichen Verständnis zu tun. Büser/Gülpen (2007) propagieren zwar eine nahezu gleiche Formel wie die Nutzenformel von Weiß, präsentieren diese allerdings unter der passenderen Überschrift „Der Nutzen von Personalentwicklung".

Ausführlich erläuterte theoretische Grundlagen zu Kosten-Nutzen-Analysen im Personalbereich finden sich in Süßmair/Rowold (2007). Die dort angebotenen Formeln gehen in der Berücksichtigung von Einflussfaktoren noch weit über die weiter oben referierten hinaus. Soweit man ihre Gültigkeit unterstellt, erlauben sie eine nachträgliche Bewertung von Personalentwicklungsmaßnahmen. Sie könnten natürlich bezüglich des Nutzens auch mit prognostizierten Werten bestückt werden, schrecken aber in ihrer Komplexität mit hoher Wahrscheinlichkeit die Entscheider zumindest in KMU ab.

Stender (2009) referiert einen schon einige Jahre alten und eher aus dem Rahmen fallenden Vorschlag von Walsh, der Lernwert und Transferwert zu einem Weiterbildungswert addiert und diesen zu den Weiterbildungskosten ins Verhältnis setzt. Auch für diesen Ansatz ist der Anwendungsbezug wegen der problematischen Bestimmung von Lernwert und Transferwert fraglich.

7.3.3 Deckungsbeitragsanalyse

Hummel (2001, S. 47) weist darauf hin, dass die „eigentlichen Programmeffekte in ihrer ökonomischen Dimension von Nutzen und Produktivität für das Unternehmen" nur schwer zu erfassen seien. Er gibt aber in einer Fallstudie ein anschauliches Beispiel, wie Deckungsbeiträge zur Bestimmung des ökonomischen Erfolgs einer Bildungsmaßnahme eingesetzt werden können. In dieser Fallstudie, die auf die Sparkassenakademie Bayern zurückgeht, wird zwar der gesamte ökonomische Erfolg auch noch aufgrund von Beurteilungen im Rahmen eines 360°-Feedback ermittelt, der errechnete

Deckungsbeitrag hat aber das größte Gewicht (S. 148 – 150). Nachstehend wird die Berechnung des letzteren wiedergegeben:

Vor einer Bildungsmaßnahme wird vom Gewinn aus den von einem Berater verkauften Produkten einer bestimmten Periode dessen periodenbezogenes Bruttogehalt abgezogen und so ein „Deckungsbeitrag" ermittelt. Das gleiche wird nach der Bildungsmaßnahme – vermutlich aber nach einer angemessenen Frist zur Umsetzung – gemacht. Der „Deckungsbeitragsunterschied" wird als wirtschaftlicher Erfolg der Maßnahme angenommen.

Es bleibt offen, warum noch andere Kriterien aus einem 360°-Feedback, die ebenfalls in Geld bewertet werden, für die Erfolgsbestimmung herangezogen werden. Als Grund ist denkbar, dass der Verkaufserfolg des hier betrachteten Beraters auch mit Vorteilen oder gegebenenfalls Nachteilen für Kollegen verbunden ist, die sich aus seinem trainingsbedingt veränderten Verhalten ergeben.

Auch wenn die Begriffe „Gewinn" und „Deckungsbeitrag" im aufgeführten Fallbeispiel eher umgangssprachlich verwendet werden und der unterstellte monokausale Zusammenhang kritisch zu beurteilen ist, wirkt der Ansatz im Vergleich zu vielen anderen doch erfreulich praktikabel. Nicht zuletzt, weil er auf das wirtschaftliche Ergebnis der Weiterbildung eines einzelnen Mitarbeiters abhebt, über die im Allgemeinen dessen Vorgesetzter entscheiden muss.

Ein ähnliches Modell, allerdings neueren Datums, wie das von Hummel beschriebene Berechnungsverfahren der Sparkassenakademie Bayern referieren Hagen/Wenning (2007, S. 122ff.) Es handelt sich dabei um eine Pilotstudie, die in Zusammenarbeit mit der Hamburger Sparkasse AG für deren Grundstufe ihres Management-Entwicklungsprogramms durchgeführt wurde. Hier werden die Kosten pro Teilnehmer an der Maßnahme von den einem individuellen Teilnehmer zugerechneten Deckungsbeiträgen abgezogen und zu den Teilnahmekosten pro Person ins Verhältnis gesetzt. Die Autoren der Studie betonen allerdings auch die Problematik der verursachungsgerechten Zuordnung von Verkaufserfolgen zu Managern, die Verkäufer (Berater) führen.

7.3.4 Kritische Würdigung der Modelle

Bei den vorgestellten Modellen handelt es sich um Versuche, den wirtschaftlichen Erfolg von Personalentwicklungsmaßnahmen, im Wesentlichen Weiterbildung, zu bestimmen. Die angebotenen Formeln sind zum Teil schon sehr komplex und könnten trotzdem noch durch zusätzliche Komponenten verfeinert werden. Der modellhafte oder auch beispielhafte Nachweis des Nutzens bzw. der wirtschaftlichen Vorteilhaftigkeit von Weiterbildung ermöglicht aber, auf die Wirkung ähnlicher Maßnahmen zu schließen. Sie helfen deshalb denen, die über die Einführung solcher Personalentwicklungsmaßnahmen zu beschließen haben, eine begründete Entscheidung zu treffen.

Sie wurden aber schwerpunktmäßig nicht entwickelt, um die Genehmigung oder Ablehnung von betrieblicher Weiterbildung für einen *einzelnen* Teilnehmer auf der Grundlage *des wirtschaftlichen Erfolgs der Maßnahme für sein Unternehmen* zu ermöglichen. Auch stand der Bedarf von KMU an unkomplizierten Rechnungen nicht im Zentrum der Überlegungen. Trotzdem lassen sich die hier referierten Ergebnisse durchaus nutzen, müssen aber auf KMU zugeschnitten werden.

7.3.5 Vorschlag für ein praktikables Deckungsbeitragsmodell

Begriffsrahmen

In diesem Abschnitt wird ein Modell vorgeschlagen, mit dem der wirtschaftliche, also in Geld bewertete Erfolg einer Weiterbildungsmaßnahme aus der Sicht des Unternehmens prognostiziert werden kann. Es ist natürlich einfacher, das monetäre Ergebnis einer solchen Maßnahme im Nachhinein zu bestimmen durch einen Vergleich der Situation vor dem Training und der Situation nach einer Wirkperiode des Trainings, weil dann alle Daten überprüfbare Vergangenheits- bzw. Gegenwartswerte haben. Aber dazu kann es nur kommen, wenn schon vor Durchführung einer Maßnahme deren Einsatz beschlossen wurde. Im Zusammenhang dieses Buches geht es ja darum, vor allem KMU ein Instrument an die Hand zu geben, mit dem sie entscheiden können, ob sich Weiterbildung für sie lohnt, also mit einem in Geld messbaren Gewinnzuwachs verbunden sein wird.

Da der Gewinn eines Unternehmens als „Restgröße" erst am Ende einer Wirtschaftsperiode ermittelt wird, ist diese Kategorie keine geeignete Messzahl für die Vorteilhaftigkeit einer Maßnahme. Der Begriff „Nutzen" ist betriebswirtschaftlich (unternehmensbezogen) nicht klar definiert und deshalb nicht hilfreich. Hier wird angeregt, mit Deckungsbeiträgen zu arbeiten, die in Übereinstimmung mit der betriebswirtschaftlichen Begriffsbildung definiert sind und dem punktuellen Einsatz von Weiterbildung gerecht werden.

> Unter dem Deckungsbeitrag eines Produkts bzw. einer Leistung wird im Allgemeinen der Geldbetrag verstanden, um den der Preis für ein Produkt bzw. eine Leistung die Kosten übersteigt, die anfallen, wenn dieses Produkt bzw. diese Leistung hergestellt und verkauft wird, und die sich erübrigen, wenn es nicht produziert wird.

Der Ausdruck „erübrigt" wurde gewählt, weil es durchaus denkbar ist, dass Ressourcen zwar nicht benötigt werden, aber aus verschiedenen Gründen – rechtlichen, sozialen, des Images – dennoch weiter beschäftigt und bezahlt bleiben. Wenn z.B. ein Installationsauftrag storniert wird, sind die vorgesehenen Arbeitsstunden des Monteurs zwar nicht mehr erforderlich, er wird aber im Allgemeinen trotzdem für diese Zeit entlohnt werden, auch wenn er keinen Alternativauftrag bekommt. Ebenso sind der Geschäftswagen und das Büro mit den Angestellten zur Abwicklung anderer Aufträge natürlich trotzdem unverzichtbar.

Der Deckungsbeitrag einer Weiterbildungsmaßnahme ist sinngemäß die Summe der Deckungsbeiträge aus dem Verkauf von Produkten bzw. Leistungen, die allein auf den Einsatz dieser Bildungsmaßnahme zurückzuführen sind. Die Produkt-Deckungsbeiträge sind natürlich bekannt, aber es wird immer sehr schwer sein, den so unterstellten monokausalen Zusammenhang zweifelsfrei festzustellen. Es gibt im „wirklichen Leben", in den realen Geschäftsprozessen eben keine Möglichkeit, andere Einflussfaktoren wirksam auszuschließen. Ein optimistischeres Konsumklima, eine endlich hergestellte Autobahnverbindung können wie noch viele andere Faktoren zu besseren Verkäufen beigetragen haben. Dies ist aber auch deshalb nicht so entscheidend, weil ja schon vor der Durchführung einer Maßnahme allein aufgrund von – worauf immer gestützten – Schätzungen entschieden werden muss. Um diesen Schätzungen einen Anschein von Exaktheit zu geben, könnten noch Wahrscheinlichkeiten für ihr Zutreffen eingeführt werden. Der Aufwand dafür dürfte sich aber nicht lohnen.

Zu diskutieren bleibt, welche Kosten bei dieser Betrachtungsweise zu berücksichtigen sind. Wir schlagen vor, nur die Kosten zu berücksichtigen, die in Verbindung mit einer Weiterbildungsmaßnahme auch tatsächlich anfallen. Wenn eine Weiterbildungsmaßnahme während der Arbeitszeit stattfindet, aber die in dieser Zeit üblichen Tätigkeiten zu anderen Zeiten ausgeführt oder durch andere Personen erledigt werden, ohne dass dem Unternehmen zusätzliche Kosten entstehen, dann sind diese Kosten auch nicht relevant. Jeder, der an betrieblichen Weiterbildungsmaßnahmen während der Arbeitszeit teilgenommen hat, wird bestätigen, dass dies häufig der Fall ist. Analoges gilt, wenn Weiterbildungsmaßnahmen, speziell Informationsveranstaltungen, durch Mitarbeiter anderer Unternehmenseinheiten durchgeführt werden. Auch in Bezug auf hauptberufliches Personal in der Personalentwicklung bzw. Weiterbildung sollte davon abgesehen werden, Entgeltbestandteile in die Kosten einzelner Maßnahmen einzurechnen. Deren Gehälter verringern sich nicht, wenn ein bestimmtes Training unterbleibt.

Bei Weiterbildungsmaßnahmen, die für eine Gruppe von Teilnehmern eingekauft werden, erscheint es nicht sinnvoll, für die einzelnen Teilnehmer separate Deckungsbeiträge zu berechnen. Zwar ließe sich für den Einzelnen wahrscheinlich eine Summe von Produkt-Deckungsbeiträgen angeben, doch könnten ihm wesentliche Teile der Weiterbildungskosten (das Honorar des Trainers zum Beispiel) nicht systemgerecht zugeordnet werden. Das Honorar für den Seminarleiter fällt – im Allgemeinen – unabhängig davon an, ob von den geplanten z.B. 20 Personen nur 18 erscheinen oder 21 teilnehmen. In diesem Fall wäre es vorzuziehen, den Deckungsbeitrag der Weiterbildungsmaßnahme als Deckungsbeitrag der Gruppe der Teilnehmer insgesamt zu bestimmen.

Es darf andererseits nicht vergessen werden, etwaige Erhöhungen der Personalkosten der Teilnehmer wegen erfolgreicher Absolvierung des Trainings in die Kosten einzubeziehen. Wenn in Erwartung einer höheren Summe von Produkt-Deckungsbeiträgen solche Steigerungen vereinbart wurden, sind sie der Weiterbildungsmaßnahme zuzurechnen und infolgedessen bei deren Kosten anzusetzen.

Schließlich muss der Deckungsbeitrag einer Weiterbildungsmaßnahme periodisiert bestimmt werden. Auch wenn die Kosten der Maßnahme nur im Jahr der Teilnahme anfallen sollten, ist doch wahrscheinlich mit einer über das Teilnahmejahr hinausreichenden Wirkung des Trainings zu rechnen. Auf welchen Zeitraum sich die Betrachtung erstrecken sollte, kann dagegen nur schwer allgemein festgelegt werden. Man hat zu bedenken, dass die vor der Durchführung des Trainings vorzunehmende Schätzung des Deckungsbeitrags einer Weiterbildungsmaßnahme umso unsicherer ausfallen muss, je länger der Betrachtungszeitraum gewählt wird. Eine Periode von drei Jahren dürfte erfahrungsgemäß eine hinreichend sichere Grundlage für den wirtschaftlichen Erfolg einer Weiterbildungsmaßnahme bieten. Für diese Zeitspanne kann auch auf die eigentlich notwendige Abzinsung der Zahlungsströme verzichtet werden, da der Effekt im Allgemeinen eher vernachlässigbar wäre.

Ein praktikables Deckungsbeitragsmodell: die Formel
Die vorstehenden Ausführungen zusammenfassend schlagen wir folgendes Modell vor, das sich ausdrücklich auf den Deckungsbeitrag der Weiterbildung für einen einzelnen Teilnehmer bezieht:

$$DWB(x) = \sum_{t=1}^{3} \sum_{i=1}^{n} DP_{i(x)}^{t} + KE_{WB(x)}^{t} - KD_{WB(x)}^{t} - KP_{WB(x)}^{t} - KO_{WB(x)}^{t}$$

mit

- DWB(x): Deckungsbeitrag der Weiterbildungsmaßnahme für den Teilnehmer x
- $DP^{t}_{i(x)}$: Deckungsbeitrag des Produkts i, der auf die Weiterbildungsmaßnahme zurückzuführen und vom Teilnehmer x zu verantworten ist, in der Periode t; schließt auch Deckungsbeiträge ein, deren Verlust durch die Maßnahme verhindert wird

7.3 Monetäre Modelle

- $KE^t_{WB(x)}$: Betrag der Kosteneinsparung bzw. Verhinderung einer Kostensteigerung in wenigstens einer Organisationseinheit durch Weiterbildung des Teilnehmers x in der Periode t
- $KD^t_{WB(x)}$: Kosten der Durchführung der Weiterbildungsmaßnahme für den Teilnehmer x in der Periode t auch unter Berücksichtigung entgangener Deckungsbeiträge
- $KP^t_{WB(x)}$: durch Weiterbildung bedingte höhere Personalkosten bei dem Teilnehmer x in der Periode t
- $KO^t_{WB(x)}$: durch Organisation der Weiterbildung (z.B. für die Buchung von Reise und Übernachtung) für den Teilnehmer x verursachte Kosten in der Periode t

Die getrennte Auflistung der vier Kategorien Deckungsbeitrag des Produkts i, Maßnahmekosten, Personalkosten und Organisationskosten erscheint sinnvoll, weil sie an unterschiedlichen Stellen im Unternehmen anfallen bzw. anfallen können. Selbstverständlich müssen nicht alle Kostenkategorien einen Wert aufweisen.

Ein praktikables Deckungsbeitragsmodell: Erläuterungen
Was ist unter Produkt-Deckungsbeiträgen zu verstehen?
Unter Produkt- bzw. Leistungsdeckungsbeitrag einer Weiterbildungsmaßnahme ist im einfachsten Fall die Summe der Deckungsbeiträge der Produkt- bzw. Leistungseinheiten zu verstehen, die allein aufgrund der Weiterbildung zusätzlich abgesetzt werden. Diese Definition kann immer dann angewandt werden, wenn der Weiterbildungsteilnehmer für den Mehrabsatz auch direkt verantwortlich ist, z.B. wenn er als Verkäufer arbeitet. In der Mehrzahl der Fälle ist eine solche Zurechnung zwar schwierig oder gar nicht möglich, doch lassen sich auch für sie praktikable Lösungen finden. Letztere bestehen darin, auf Kostensenkungen oder die Verhinderung von Kostenerhöhungen zu achten. In der Formel bekommen die Beträge der Kostensenkung bzw. der verhinderten Kostenerhöhung ein positives Vorzeichen. Tabelle 7.1 fasst die Vorschläge zusammen.

Tab. 7.1: Erfolgszurechnung bei Weiterbildungsmaßnahmen nach der Tätigkeit des Antragsstellers

Art der Tätigkeit	Zu berücksichtigende Auswirkungen der Weiterbildung	Entscheidungsgrundlage
Unterstützende Tätigkeiten für mehrere bzw. alle Organisationseinheiten (z.B. Mitarbeiter im Controlling)	Senkung der Kosten in wenigstens einer Organisationseinheit oder Verhinderung eines Kostenanstiegs in wenigstens einer Organisationseinheit	Schätzung durch Vorgesetzten des potenziellen Weiterbildungsteilnehmers
Verkauf einer bestimmten Anzahl von Produkten bzw. Leistungen; Verkäufer oder Berater	Erhöhung der Summe der Produkt- bzw. Leistungsdeckungsbeiträge	Schätzung durch Vorgesetzten des potenziellen Weiterbildungsteilnehmers
Leitung einer Organisationseinheit (z.B. Abteilungsleiter)	Senkung der Kosten in wenigstens einer Organisationseinheit oder Verhinderung eines Kostenanstiegs in wenigstens einer Organisationseinheit	Schätzung durch Vorgesetzten des potenziellen Weiterbildungsteilnehmers
Leitung des Unternehmens (z.B. Geschäftsführer)	Erhöhung des Gewinns	Schätzung nicht möglich

Jeder, der mit Weiterbildung zu tun hatte, weiß, dass es viele Fälle gibt, in denen kein positiver Deckungsbeitrag der Weiterbildung vorliegt, weil es keine Erhöhung der Produkt- bzw. Leistungsdeckungsbeiträge gibt bzw. eine Kostensenkung oder Verhinderung einer Kostenerhöhung nicht realisiert werden kann. Im 3. Kapitel wurden die Ergebnisse der IW-Erhebung 2008 bezüglich der Weiterbildungsmotive der Unternehmen referiert, die auch die Intentionen Mitarbeiter-Bindung und Erhöhung der Arbeitgeber-Attraktivität einschließen. Wenn aus diesen oder ähnlichen Motiven heraus, die nicht auf eine unmittelbare Leistungserhöhung zielen, Weiterbildungsanträge genehmigt werden, kann die vorgeschlagene Formel nicht als Entscheidungsgrundlage herangezogen werden. Die Genehmigung solcher Weiterbildungsmaßnahmen mag trotzdem sinnvoll im Sinne der Unternehmenspolitik sein, die mit ihr verbundenen Kosten gehören aber in eine andere Kategorie.

Dies wird deutlicher, wenn Beispiele für solche Entscheidungen betrachtet werden.

Erfahrungsgemäß werden in manchen Fällen Ausbildungskonzepte, aber auch Weiterbildungsmaßnahmen mit Betriebsräten vereinbart, bei denen aus Sicht der Unternehmensleitung nicht ein Kompetenzgewinn der Mitarbeiter im Vordergrund steht, sondern für die ein Entgegenkommen der Belegschaftsvertretung an anderen „Fronten", z.b. der Arbeitszeit, erwartet wird bzw. vereinbart wurde. Wenn, wie es aus der chemischen Industrie bekannt ist, die Teilnahme an Lehrgängen zum Industriemeister Chemie in einigen Unternehmen weit über den Bedarf hinaus erfolgt, dürfte statt Kompetenzgewinn eher eine Bindungs- oder Beruhigungsstrategie im Vordergrund stehen. Damit wird natürlich nicht bestritten, dass auch Kompetenzen gewonnen wurden. Es muss aber zugleich darauf hingewiesen werden, dass Mitarbeiter mit funktionsorientierter Qualifikation (Industriemeister), die wegen des Überangebots an dieser Qualifikation nicht funktionsgerecht eingesetzt werden können, Unruhe und Reibungsverluste verursachen können. Es könnte sich für ein Unternehmen durchaus als vorteilhaft herausstellen, wenn zur Realisierung der erwähnten Kompensations- und Bindungs- bzw. Beruhigungsstrategie andere Möglichkeiten gesucht würden als eigentlich „überflüssige" Weiterbildung.

Welche Kosten sind zu berücksichtigen?

In Tabelle 7.2 sind die Kosten aufgeführt, deren Berücksichtigung empfohlen wird, soweit sie in ursächlichem Zusammenhang mit einer Weiterbildungsmaßnahme stehen. Gehaltserhöhungen, Boni oder Sachgeschenke zum Beispiel, die wegen anderer Leistungssteigungen gewährt werden, bleiben hier außer Betracht.

Tab. 7.2: Aufgliederung der Weiterbildungskosten

Durchführungskosten					Personalkosten	Organisationskosten
Externe Kosten (mit Auszahlungen bzw. geringeren Einzahlungen verbundene Kosten)			**Interne Kosten** (nur verrechnete Kosten)			
Sachkosten	Temporäre Personalkosten	Entgangene Deckungsbeiträge				
▪ Externe Seminargebühren ▪ Reise- und Übernachtungskosten ▪ Mahlzeiten-Pauschalen	▪ Überstundenvergütungen des Teilnehmers ▪ Überstundenvergütungen der Kollegen ▪ Kosten der Ersatzeinstellung für die Zeit der Weiterbildung	▪ Wenn die Teilnahme zu Verzicht auf Aufträge führt	▪ interne Seminargebühren ▪ interne Belastungen für Mieten und Material ▪ interne Honorare		▪ Gehaltserhöhung ▪ Boni ▪ Sozialversicherungsbeiträge ▪ Sachgeschenke	▪ Kosten für die Suche geeigneter Seminare ▪ Kosten für die Suche nach Seminarhotels ▪ Kosten der Einladung ▪ Kosten des Rahmenprogramms

Dass die in der Tabelle aufgeführten Kosten berücksichtigt werden sollten, liegt auf der Hand. Ihre Einteilung in die hier vorgeschlagenen Bereiche ist zwar sicherlich nicht zwingend, bei Berücksichtigung der unterschiedlichen Organisationseinheiten, in denen sie anfallen können, aber nützlich. Interne Kosten sollten nicht zu Geldabflüssen aus dem Unternehmen führen. Temporäre Personalkosten haben eine andere Bedeutung als Personalkostenbestandteile, die dem Leistungsanreiz dienen. Die hier genannten Organisationskosten haben nicht direkt mit der Seminardurchführung zu tun.

Man könnte sich bei der Berücksichtigung der Kosten auch vorstellen, Opportunitätskosten in dem Sinn zu ermitteln, dass man prüft, ob der von einer Weiterbildungsmaßnahme erwartete Deckungsbeitrag nicht auch auf andere Weise als durch die Weiterbildung eines Mitarbeiters erzielt werden könnte. Man stelle sich hier eine Umstrukturierung der Organisationseinheit vor, in der der potenzielle Weiterbildungsteilnehmer arbeitet. Wenn diese mit geringeren Kosten verbunden wäre als für die Weiterbildung aufzuwenden sind, müsste eigentlich diese Alternative gewählt werden. Da aber die Feststellung solcher Opportunitätskosten immer umständlich ist, der erwartete Vorteil wahrscheinlich nur selten in einem vertretbaren Verhältnis zu den Ermittlungskosten steht und darüber hinaus bei einem solchen Vorgehen mit erheblichen Reibungsverlusten gerechnet werden müsste, wird die Verfolgung von Opportunitätskosten in dem vorliegenden Zusammenhang nicht empfohlen.

Beispiele zum Modell
Die folgenden Beispiele sind nicht idealtypisch gemeint, sondern sollen, so gut es geht, die Realität widerspiegeln.

Beispiel Mitarbeiter im Controlling
Ein Mitarbeiter im Controlling eines Unternehmens, das sich bisher nicht an Weiterbildung beteiligt hat, möchte an einem Seminar teilnehmen, welches die Bedeutung von Unternehmenskennzahlen zum Gegenstand hat. Er weiß aus Gesprächen mit Kollegen anderer Unternehmen, welcher Anbieter als gut eingeschätzt wird, und hat sich auf der Homepage dieses Anbieters Termine ausgesucht, die sich seiner Meinung nach mit der Erledigung seiner Aufgaben vertragen. Das Seminar dauert einen Tag und findet bei München statt. Er muss vernünftiger Weise am Vorabend anreisen und eine Übernachtung buchen. Eine geeignete Unterkunft konnte er ebenfalls auf der Homepage des Anbieters finden. Die Seminargebühr beträgt 750,00 Euro plus Mehrwertsteuer. Das Hotel berechnet für eine Übernachtung 107,00 Euro einschließlich Mehrwertsteuer. Eine Fahrkarte zweiter Klasse für Hin- und Rückfahrt hat er im Internet ermittelt. Sie kostet 190,00 Euro ebenfalls einschließlich Mehrwertsteuer. Die Anmeldungen für das Seminar und die Buchung von Hotel und Fahrkarte könnte die Ab-

teilungssekretärin übernehmen. Im Gespräch mit seinem Vorgesetzten nennt er Kosten in Höhe von etwa 1.100 Euro und erläutert, dass etwa liegenbleibende Arbeit ohne Nachteile von ihm nachgeholt werden kann und außerdem eine Kollegin Eiliges für ihn erledigt. Der Vorgesetzte müsste jetzt entscheiden, ob die Teilnahme seines Mitarbeiters an dem Seminar seiner Abteilung oder einer anderen Organisationseinheit eine Kosteneinsparung bzw. die Verhinderung einer Kostensteigerung in mindestens gleicher Höhe bringt. Verständlicher Weise ist der Vorgesetzte überfordert, eine solche Rechnung direkt vorzunehmen. Er vertagt die Entscheidung um eine Woche mit dem Hinweis, dass die Übernahme von Weiterbildungskosten durch das Unternehmen bisher nicht üblich war, und er überlegen muss, ob er das verantworten kann, weil dann ja auch andere Mitarbeiter mit ähnlichen Wünschen kommen könnten. In der Zeit bis zum nächsten Gespräch mit dem Mitarbeiter informiert er sich bei dem Seminaranbieter direkt per E-Mail über den von diesem propagierten Nutzen seines Seminars. Er sieht auch danach keine Möglichkeit, eine Kosteneinsparung oder die Verhinderung einer Kostensteigerung direkt zu berechnen, kommt aber zu dem Ergebnis, dass er das Seminar nur genehmigen wird, wenn der Mitarbeiter zustimmt, seine über die Bedeutung von Unternehmenskennzahlen gewonnenen Kenntnisse so einzusetzen, dass sich Werte für das Unternehmen (z.B. die Genauigkeit der Rückstellungen) ein Jahr nach Seminarteilnahme verbessert haben. Wäre dies der Fall, so würde er schließen, hätte sich eine Kostensenkung auf der Unternehmensebene ergeben. Zur Überprüfung solle der Mitarbeiter unmittelbar nach dem Seminar mit ihm gemeinsam die Werte für das Unternehmen ermitteln und dann ein Jahr später mit den dann aktuellen Werten vergleichen. Wenn sich keine Verbesserung zeige, würden die Kosten seiner Seminarteilnahme bei den nächsten Gehaltsregulierungen in Abzug kommen.

Beispiel Monteur
Ein Unternehmen beschäftigt bisher zwei Monteure, die im Rahmen seiner Serviceangebote Reparaturen an Hydraulik-Maschinen durchführen können. Der Inhaber der Firma weiß aus zahlreichen Gesprächen mit Kunden, dass diese es schätzen würden, wenn seine Monteure nicht nur Bagger,

7.3 Monetäre Modelle

Radlader und Gabelstapler warten und reparieren könnten, sondern auch die Wartung und Fehlerbehebung an pneumatischen Maschinen und Werkzeugen wie Kompressoren, Presslufthämmern und ähnlichen Maschinen vornehmen könnten. Er überlegt, einen Mitarbeiter dazu weiterbilden zu lassen, möchte sich aber vorher einigermaßen sicher sein, dass sich die Ausgaben dafür auch rechnen. Er erkundigt sich bei seiner Kammer und einem ihm bekannten großen Weiterbildungsanbieter nach geeigneten Maßnahmen, die seinen Vorstellungen davon entsprechen, was ein Monteur zusätzlich können sollte. Als Ergebnis seiner Bemühungen kommt heraus, dass eigentlich nur eine maßgeschneiderte Weiterbildungsmaßnahme des großen Anbieters in Frage kommt, die 40 Unterrichts- und Übungsstunden umfassen und in andere Kurse des Anbieters integriert werden soll. Das Weiterbildungsunternehmen wollte ihm dafür 1.250 Euro netto berechnen. Die erforderlichen Stunden würden sich auf 10 Wochen verteilen mit unterschiedlich langen Blöcken. Die Fahrten zum und vom Anbieter würden mit dem Firmenwagen erfolgen und Mehrkosten für Treibstoff und Öl von 50 Euro verursachen. Übernachtungen wären nicht erforderlich. Organisationskosten sind ihm nicht entstanden und würden auch nicht weiter anfallen. Er geht davon aus, dass durch die Weiterbildung des einen Monteurs bei dem zweiten Monteur Überstunden im Umfang von 30 Stunden anfallen werden, die zu höheren Personalkosten von 750 Euro führen. Das Modell gefällt ihm, weil der Mitarbeiter nicht eine Woche für den Betriebseinsatz vollkommen ausfällt. Er muss aber vor allem noch kalkulieren, welche zusätzlichen Erträge durch diese Weiterbildung erwirtschaftet würden und wie sich die Maßnahme auf den Stundenlohn des Monteurs auswirken könnte.

Der Inhaber schätzt auf der Grundlage der von ihm in der Vergangenheit mit Kunden geführten Gespräche, dass er innerhalb der nächsten drei Jahre durch die Weiterbildung eines Monteurs zusätzliche Deckungsbeiträge durch umfangreichere Aufträge in Höhe von – vorsichtig kalkuliert – 3.600 Euro erwirtschaften könnte. Dabei rechnet er mit zwei zusätzlichen Monteurstunden pro Woche über 40 Wochen Vollauslastung im Jahr und 15 Euro Deckungsbeitrag pro Stunde. Er beschließt, dem Mitarbeiter keine über die Tarifanpassung hinausgehende Lohnerhöhung zu gewähren, weil die Firma ja die Kosten der Weiterbildung übernehmen wird. Seine abschließende Rechnung sieht wie folgt aus:

$DWB(x) = \sum_{t=1}^{3} \sum_{i=1}^{n} DP_{i(x)}^{t} + KE_{WB(x)}^{t} - KD_{WB(x)}^{t} - KP_{WB(x)}^{t} - KO_{WB(x)}^{t}$

$1.550 = 3 * 1.200 + 0 - 1 * 2.050 - 0 - 0$

In Anbetracht seiner Annahme, dass er vorsichtig gerechnet hat und er auch nach drei Jahren natürlich noch zusätzliche Deckungsbeiträge aus der Maßnahme erwartet, will er seinem Monteur die Weiterbildung vorschlagen und zusagen, die Kosten dafür zu übernehmen.

Beispiel Geschäftsführer

Der Geschäftsführer eines Unternehmens möchte Mitte des Jahres an einer Weiterbildungsveranstaltung „Key-Account-Management" teilnehmen. Das Seminar dauert 4 Tage und kostet einschließlich Übernachtung und Grundverpflegung im Seminarhotel sowie obligatorischem Rahmenprogramm 4.900 Euro. Für die An- und Abreise mit der Bahn 1. Klasse einschließlich Taxi zum und vom Hotel sind 360 Euro zu kalkulieren. Seminaranmeldung und Reisebuchung werden von seiner Sekretärin im Rahmen ihrer üblichen Arbeiten erledigt. Eine Erhöhung der von ihm verursachten Personalkosten durch Boni auf die sich durch seine Weiterbildung eventuell ergebenden zusätzlichen Gewinne lässt sich nicht abschätzen. Er kann zwar nicht ausschließen, dass er in der Zeit seiner Abwesenheit Geschäftsopportunitäten verpasst, sieht andererseits aber auch die Möglichkeit, im Teilnehmerkreis neue Geschäftsverbindungen anzuknüpfen. Der Deckungsbeitrag ist in seinem Fall der Gewinn des Unternehmens, dessen Veränderung sich aber nicht in direkten Zusammenhang mit seiner Weiterbildung bringen lässt. Gleichwohl besteht die Aussicht, mit den im Seminar gewonnen Kenntnissen in Zukunft noch bessere Geschäfte zu machen. Der Geschäftsführer weiß zum Zeitpunkt der Anmeldung, dass er sein ihm für das laufende Jahr vorgegebenes Gewinnziel deutlich übertreffen wird und die zu erwartenden Teilnahmekosten für das Seminar daran auch nichts ändern würden. Er wird sich das Seminar gewähren nicht nur Kraft seiner unternehmerischen Vollmacht, sondern auch nach Abwägung von Ertrag und Aufwand (Kosten).

7.3.6 Einteilung von Weiterbildungsmaßnahmen nach ihrer Kosten- und Erfolgsrelevanz

Bedeutung der Maßnahmen

In großen Unternehmen gibt es häufig ein Weiterbildungsbudget, in dessen Rahmen Maßnahmen der unterschiedlichsten Dringlichkeit finanziert werden. Dies soll natürlich nicht heißen, dass dort nicht überlegt werde, ob eine Weiterbildungsmaßnahme sinnvoll sei. Aber gewiss fällt es Vorgesetzten leichter, Mitarbeitern die Freistellung für einen Kurs und die Übernahme der Kursgebühren zuzusagen, wenn das Geld dafür schon bewilligt ist. In kleineren Unternehmen wird im Allgemeinen kein eigenes Budget für Weiterbildung reserviert, weil dort Weiterbildungsbedarf erfahrungsgemäß eher kurzfristig entsteht. Für diese Gruppe von Unternehmen ist es hilfreich, mögliche Weiterbildungen zu kategorisieren und unter den Gesichtspunkten Kostenrelevanz und zusätzlicher monetärer Erfolg zu betrachten. Im Hinblick darauf unterscheiden wir folgende Gruppen von Maßnahmen:

Pflichtmaßnahmen

Darunter fassen wir alle Maßnahmen, zu deren Durchführung ein Unternehmen gleichsam verpflichtet ist. Man denke dabei an Sicherheitsbelehrungen, Nachweise des Good Manufacturing Practice (GMP), wie sie in der Arzneimittel- bzw. Lebensmittelherstellung gefordert werden, und an Zertifizierungen, die Kunden verlangen. Zu letzteren gehören ISO-Zertifikate der Reihe ISO 9001. Diese Pflichtmaßnahmen besitzen eine geringe Kostenrelevanz, weil sie durchgeführt werden müssen auch unabhängig davon, ob sie von einem Unternehmen als wirklich notwendig erachtet werden und ob es ihren Preis für angemessen hält. Ein gewisser Spielraum besteht lediglich darin, aus den Preisen alternativer Anbieter den günstigsten wählen zu können. Mit einem zusätzlichen monetären Erfolg sollte bei diesen Maßnahmen aber nicht kalkuliert werden, da sie sich auf das laufende Geschäft beziehen und stattzufinden haben, ob sich daraus neue Geschäftsbeziehungen ergeben oder nicht.

Schulungen in bestehende Produkte und Anlagen/Verfahren

Wenn z.B. Vertriebsmitarbeiter oder Anlagenfahrer ausscheiden und durch neue Betriebsangehörige ersetzt werden, müssen diese die Produkte des

Unternehmens bzw. die zu bedienenden Anlagen kennen lernen. Es kann durchaus sein, dass sie bisher nicht vergleichbare Produkte vertrieben haben bzw. Maschinen anderer Art bedienen mussten. Da es auch permanent Weiterentwicklungen der Produkte und im Service gibt und mehr oder weniger regelmäßig Geräte veralten und durch neue, meistens leistungsfähigere und anders zu bedienende ersetzt werden, entsteht auch für die vorhandene Mannschaft Weiterbildungsbedarf. Die Kostenrelevanz dieser Maßnahmen ist relativ gering, weil sie durchgeführt werden müssen, wenn der Betrieb in der gewohnten Weise funktionieren soll. Auch bei diesen Maßnahmen kann im Allgemeinen nicht mit zusätzlichem monetärem Erfolg gerechnet werden, weil sie sich auf die bisherige Ausstattung beziehen bzw. neue Maschinen dann dem Stand der Technik in der Branche entsprechen und vermutlich auch von Wettbewerbern genutzt werden.

Schulungen in neuen Produkte und Anlagen/Verfahren
Hier sind Produkte und Anlagen bzw. Verfahren gemeint, mit denen neue Geschäfte erschlossen werden sollen. Man stelle sich vor, dass ein Unternehmen, das bisher nur Elektromotoren hergestellt hat, jetzt auch hydraulische und pneumatische Steuerungen anbietet. Mit ihrer Aufnahme ins Portfolio und der Anschaffung der zu ihrer Herstellung notwendigen Maschinen sind zwar wirtschaftliche Risiken verbunden, aber an sie werden auch Erwartungen im Hinblick auf zusätzlichen monetären Erfolg geknüpft. Die Kosten für diese Neuorientierung fallen vermutlich ins Gewicht, relativieren sich aber an dem davon erwarteten Mehrgewinn. Wenn die Kosten sehr hoch sein sollten, aber bei ihrer Berücksichtigung trotzdem ein Gewinnzuwachs erwartet wird, ist die Kostenrelevanz der Schulungsmaßnahmen für diese neuen Produkte und Anlagen bzw. Verfahren höchstens mittel. Der erwartete zusätzliche ins Gewicht fallende Gewinn entsteht ja nur, wenn Vertrieb bzw. Produktion gut funktionieren.

Weiterbildung zur kurzfristigen Geschäftsverbesserung
Dazu zählen wir z.B. die mit der Umstellung bestehender Software (z.B. eines MS-Office-Pakets oder SAP-Moduls) auf eine aktuelle Version erforderliche Weiterbildung. Es kann sich auch um Weiterbildungsmaßnahmen handeln, die durch organisatorische Veränderungen bedingt wären, wie

etwa die Umstellung auf elektronische Post (E-Mail) oder die Abschaffung der Sekretariate. Hierzu rechnen wir vor allem aber alle Schulungen, mit denen echte oder vermeintliche Defizite ausgeglichen werden sollen. Kurse in Rhetorik, in Fremdsprachen, in Präsentationstechnik, zur Verbesserung der Teamfähigkeit, des Kostenbewusstseins und des Führungsverhaltens sind in diesem Zusammenhang als Beispiele zu nennen. Man wird solche Maßnahmen nur durchführen, wenn ein zusätzlicher monetärer Erfolg dadurch wahrscheinlich ist und die mit der Umstellung verbundenen Kosten für eine entsprechende Weiterbildung der betroffenen Mitarbeiter im Vergleich zu diesem vertretbar erscheinen.

Weiterbildung zur mittel- und längerfristigen Geschäftsverbesserung

Weiterbildungsmaßnahmen, die der mittel- und längerfristigen Geschäftsverbesserung dienen, umfassen die Ausstattung der Mitarbeiter mit neuen, bisher nicht benötigten Qualifikationen. Dafür sind im Allgemeinen umfangreichere Schulungen erforderlich. Die Weiterbildung von ungelernten Kräften zur Vorbereitung auf einen IHK-Berufsabschluss im Bereich ihrer bisherigen Tätigkeit, die Schulung von Qualitätsmanagern z.B. als SixSigma-Spezialisten und die Weiterbildung von Mitarbeitern des Rechnungswesens in Controlling oder zu Bilanzbuchhaltern mögen als Beispiele dienen. Die Kostenrelevanz dieser Maßnahmen ist relativ hoch, weil den mit ihnen verbundenen Kosten nur eine relativ vage Schätzung des mit ihnen zu erzielenden mittel- und längerfristigen monetären Erfolgs gegenüber gestellt werden kann. Diese Schätzung muss einen hohen Erfolg ergeben, um die mit den genannten Maßnahmen verbundenen im Allgemeinen beträchtlichen Kosten vertreten zu können.

Aufstiegsweiterbildung

Damit sind Weiterbildungsmaßnahmen gemeint, die auf einen Abschluss zielen, der dem jeweiligen Teilnehmer einen höheren beruflichen Status vermittelt, als es seiner bisherigen Ausbildung entspricht. Hierher gehören z.B. die Weiterbildung eines Chemikanten zum Industriemeister Chemie oder eines Mechanikers zum staatlich geprüften Techniker. Kurse, mit denen sich eine Industriekauffrau auf die IHK-Weiterbildungsabschlüsse Industriefachwirtin oder Fachkauffrau Personal vorbereitet, gehören ebenfalls in diese Kategorie. Auch wenn es gut möglich ist, dass mit den in den entsprechenden Vorbereitungslehrgängen erworbenen Kompetenzen zum monetären Erfolg des Unternehmens beigetragen wird, dürfte doch der Nutzen des Abschlusses für den Teilnehmer bei solchen Maßnahmen im Vordergrund stehen. Der Erfolgsbeitrag könnte dabei in der Bindung routinierter Mitarbeiter und/oder der Vorbereitung einer Nachfolge auf eine höhere Position bestehen. Dieses Ergebnis könnte vermutlich aber auch auf anderem Wege erreicht werden. Einer Aufstiegsweiterbildung dürfte deshalb im Allgemeinen kein hoher zusätzlicher monetärer Erfolg beizumessen sein und man wird aus diesem Grund von einer hohen Kostenrelevanz , also einer Abhängigkeit der Durchführung von der Höhe der Kosten, ausgehen müssen.

In der nachfolgenden Graphik (Abb. 7.4) werden die Überlegungen zur Bedeutung der Maßnahmen zusammengefasst. Auf der x-Achse wird die Kostenrelevanz von Gruppen von Weiterbildungsmaßnahmen von gering bis hoch abgetragen. Eine sehr geringe Kostenrelevanz haben Maßnahmen, die unbedingt erforderlich sind, um das bisherige wirtschaftliche Ergebnis oder ein besseres zu erzielen. Sie „müssen" oder „sollten" durchgeführt werden unabhängig davon, welche Kosten sie verursachen. Eine hohe Kostenrelevanz wird Weiterbildungen zugesprochen, die durchgeführt werden „können", deren zusätzlicher monetärer Erfolgsbeitrag aber ursächlich bzw. der Höhe nach fraglich ist. In diesen Fällen hängt ihre Genehmigung bzw. Durchführung stark von der Höhe der Kosten ab.

Auf der y-Achse wird der mit Gruppen von Weiterbildungsmaßnahmen verbundene zusätzliche monetäre Erfolg von null bis hoch abgetragen. Die dort gegebene Einschätzung dieses zusätzlichen monetären Erfolgs basiert auf Erfahrung und kann im Einzelfall selbstverständlich abweichen. Bei „Kann-Maßnahmen" wird sich der zusätzliche monetäre Erfolg mit vertretbarem Aufwand im Allgemeinen nur schätzen lassen.

7.3 Monetäre Modelle

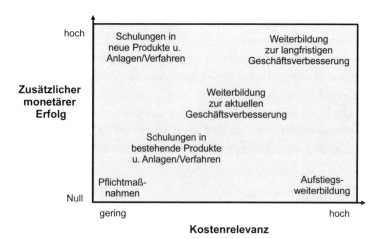

Abb. 7.4 Kostenrelevanz und zusätzlicher monetärer Erfolg verschiedener Gruppen von Weiterbildungsmaßnahmen

7.3.7 Beispiel für die Berechnung des ökonomischen Erfolgs einer Weiterbildungsmaßnahme

In Abschnitt 7.3.5 haben wir einen Vorschlag für ein praktikables Deckungsbeitragsmodell vorgelegt, uns dabei aus Gründen der Allgemeingültigkeit aber auf die Berechnung der Kosten beschränken müssen. Nachstehend wird ein Beispiel präsentiert, das sich auf eine konkrete Weiterbildungsmaßnahme und deren Auswirkungen auf den Geschäftserfolg eines KMUs bezieht. Um letzteren möglichst konkret bestimmen zu können, wurde der Eigentümer eines Elektro-Installationsunternehmens bezüglich realistischer Annahmen zu einem Auftrag, einer passenden Weiterbildungsmaßnahme und zu Kosten und Preisen um Auskunft gebeten. Die nachstehend verwendeten Zahlen basieren auf seinen Angaben. Der Deutlichkeit halber wurde der aus der Weiterbildung resultierende zusätzliche monetäre Erfolg in diesem Fall nicht auf einen Zeitraum von drei Jahren bezogen, sondern als Amortisationszeitraum berechnet.

Ausgangspunkt der Überlegungen ist der Auftrag an ein Elektro-Installationsunternehmen, die Erneuerung und die Neuinstallation elektrischer Bauelemente (Steckdosen und Schalter) vorzunehmen sowie eine Antenne zum Empfang von Satellitenfernsehen einschließlich der Anschlüsse zu installieren. Das Unternehmen rechnet mit 16 Stunden für Erneuerung und Neuinstallation der Steckdosen und Schalter und mit 6 Stunden für die Montage der Satellitenantenne und die Verlegung der Antennenanschlüsse. Da die Monteure des Unternehmens in der Montage von Antennen und der Verlegung ihrer Anschlüsse nicht geschult sind, muss das Unternehmen diese Teil-Leistungen einkaufen. Die Kalkulation des Unternehmens für den beschriebenen Auftrag ergibt sich aus der nachstehenden Tabelle. Nur weil die Materialkosten nichts zur Erklärung beitragen, bleiben sie im Folgenden unberücksichtigt.

Tab. 7.3 Kalkulation des Beispielauftrags

Personalkosten pro Monteurstunde	33,00 Euro	
Auftragsumfang in eigenen Monteurstunden	16,00 Std.	
Eigene Personalkosten für den Auftrag		**528,00 Euro**
Kosten pro fremder Antennentechnikerstunde	48,00 Euro	
Auftragsumfang in fremden Antennentechnikerstunden	6,00 Std.	
Fahrtkosten des fremden Antennentechnikers	130,00 Euro	
Kosten für den fremden Antennentechniker		**418,00 Euro**
Kosten des Auftrags		**946,00 Euro**
Angebotspreis pro eigene Monteurstunde	45,00 Euro	
Angebotspreis für eigene Leistungen	720,00 Euro	
Angebotspreis für fremde Leistungen	418,00 Euro	
Gesamtangebotspreis		**1.138,00 Euro**
Deckungsbeitrag des Auftrags (Differenz zwischen Angebotspreis und Kosten des Auftrags)*		**192,00 Euro**
Deckungsbeiträge des eigenen Monteurs (pro Stunde 45,00–33,00 Euro) für 6 Stunden während ein fremder Antennentechniker eingesetzt wird	72,00 Euro	
Gesamtdeckungsbeiträge für eigene 22 Stunden		**264,00 Euro**

*) zur Erklärung des Begriffs Deckungsbeitrag siehe Abschnitt 7.3.5

7.3 Monetäre Modelle

Der Eigentümer des Unternehmens wurde überzeugt, dass die Weiterbildung eines Monteurs in Antennentechnik für ihn wirtschaftlich vorteilhaft ist. Dazu gehört auch, dass er seinen Angebotspreis pro Monteursstunde der gestiegenen angebotenen Qualifikation anpassen kann. Er könnte dann wie folgt kalkulieren:

Personalkosten pro Monteurstunde	33,00 Euro
Auftragsumfang in eigenen Monteurstunden	22,00 Std.
Kosten des Auftrags	726,00 Euro
Angebotspreis pro Monteurstunde	48,00 Euro
Gesamtangebotspreis	1.056,00 Euro
Deckungsbeitrag des Auftrags	**330,00 Euro**

Um den im Beispiel ermittelten höheren Deckungsbeitrag realisieren zu können, muss der Monteur einen Weiterbildungskurs in Antennentechnik absolvieren, für den der Unternehmer folgende Kosten kalkuliert:

Wöchentliche Arbeitszeit	40,00 Std.
Kursgebühr für einen Kurs von 5 Tagen (Montag bis Freitag, Tagessatz 150,00 Euro)	750,00 Euro
Fahrtkosten zum Durchführungsort	50,00 Euro
Verdienstausfall des Monteurs einschließlich Personalnebenkosten (40h*33Euro/h)	1.320,00 Euro
Verlust an Deckungsbeitrag (40h*(45 Euro – 33 Euro))	480,00 Euro
Gesamtkosten, wenn das Unternehmen alle Kosten übernimmt	**2.600,00 Euro**
Gesamtkosten, wenn das Unternehmen nur die Kursgebühren übernimmt und auf die Deckungsbeiträge für die 5 Tage verzichtet	**1.230,00 Euro**

Das Unternehmen könnte durch die Weiterbildung eines Monteurs in Bezug auf einen Auftrag im Umfang von 22 Stunden in Zukunft zusätzlich 66 Euro Deckungsbeitrag erwirtschaften. Dafür müsste es bei Übernahme aller Kosten für die Weiterbildung 2.600 Euro tragen. Ein Auftrag von 22 Stunden entspricht bei 8 Stunden Arbeitszeit pro Tag 2,75 Tagen. Bei einer jährlichen Arbeitszeit von 220 Tagen könnten 80 Aufträge dieser Art übernommen werden und mit diesen 80 Aufträgen zusätzliche Deckungsbeiträge in Höhe von jeweils 66 Euro erwirtschaftet werden: in Summe pro Jahr 5.280 Euro. Nach knapp einem halben Jahr hätte das Unternehmen die Gesamtkosten der Weiterbildung verdient und würde mit jedem weiteren Auftrag zusätzlichen Gewinn machen. Würde das Unternehmen nur die Kursgebühren übernehmen und auf die Deckungsbeiträge des Monteurs in der Zeit der Kursteilnahme verzichten, reichten schon 19 entsprechende Aufträge mit ihren zusätzlichen Deckungsbeiträgen aus, diese Kosten zu finanzieren. Diese 19 Aufträge deckten eine Zeitspanne von knapp 3 Monaten ab, nach denen jeder nächste Auftrag mehr Gewinn brächte. Ein wirtschaftlicher Vorteil aus der Weiterbildungsmaßnahme wäre auch dann noch gegeben, wenn die Personalkosten pro Stunde etwas höher und der neue Angebotspreis pro Monteurstunde etwas niedriger wären.

Das Ergebnis fällt noch vorteilhafter für die Weiterbildungsmaßnahme aus, wenn in Rechnung gestellt wird, dass mit dem dann möglichen um etwa 7 % niedrigeren Angebotspreis die Wettbewerbsfähigkeit des Unternehmens wächst.

7.4 Kennzahlen zur Weiterbildung

7.4.1 Kennzahlen allgemein

Kennzahlen sind ein wichtiges Instrument zur Steuerung eines Unternehmens. Sie bezeichnen Faktoren, die auf die Geschäftsentwicklung Einfluss haben.

Die Größe der Zahl allein ist aber noch kein Indikator für Richtung und Umfang des Einflusses. In der Gegenüberstellung mit früheren Zahlen

7.4 Kennzahlen zur Weiterbildung

und adäquaten Zahlen von Wettbewerbern gewinnt zwar die Größe einer Kennzahl Bedeutung, doch können daraus keine steuerungsrelevanten Schlüsse gezogen werden. Erst im Vergleich mit einer entsprechenden Zahl als Vorgabe wird sie zum Steuerungsinstrument.

Dies sei an einer sehr einfachen Kennzahl, der Zahl der Mitarbeiter eines Unternehmens, deutlich gemacht.

Ein Unternehmen U habe 1.000 Mitarbeiter. Aus dieser Zahl kann zunächst nur etwas sehr Formales abgeleitet werden, nämlich dass es nach EU-Standards nicht zu den KMU gehört. Wenn wir wissen, dass dieses Unternehmen in den vergangenen drei Jahren erst 750, dann 800 und im Vorjahr 900 Beschäftigte hatte, ließe sich schließen, dass es bezogen auf den Personalbestand gewachsen ist. Dies klingt zunächst durchaus positiv. Können wir feststellen, dass im gleichen Zeitraum der Personalbestand bei Wettbewerbern prozentual stärker zugenommen hat, stellt sich schon die Frage, wie es mit der Wettbewerbsfähigkeit des Unternehmens U steht. Letztere kann sich trotzdem besser als die der anderen Unternehmen in der Branche entwickelt haben, wenn in U hohe Produktivitätsfortschritte realisiert werden konnten. Aber auch wenn mehrere Kennzahlen zum Vergleich zur Verfügung stehen, kann zwar auf die aktuelle Position des Unternehmens geschlossen, aber noch nicht in Bezug auf die Geschäftsentwicklung gesteuert werden.

Voraussetzung für die Steuerung ist die Richtungsangabe, und erst aus dem Vergleich des Kurses mit der geforderten Richtung kann abgeleitet werden, ob die Steuerung funktioniert. Im Falle des Unternehmens U möge die Geschäftsleitung der Personalabteilung vorgegeben haben, die Beschäftigtenzahl jährlich um 15% zu erhöhen. Es lässt sich leicht überblicken, dass diese Zielvorgabe nicht erreicht wurde und deshalb korrigierend eingegriffen werden muss. Man würde erwarten, dass dies durch zusätzliche Maßnahmen zum Aufbau des Personalbestands erfolgen wird. Falls sich bei einer Prüfung allerdings herausstellt, dass die Zielgröße objektiv unerreichbar war, müsste die Korrektur bei dem Prozess der Zielvorgabebestimmung ansetzen.

7.4.2 Weiterbildungskennzahlen allgemein

Man kann Personalkennzahlen – und natürlich Kennzahlen allgemein – nach sehr verschiedenen Kriterien einteilen, z.b. in inputorientierte Kennzahlen und wirkungsorientierte Kennzahlen. Kosub (2009, S. 115ff.) weist ersteren zu, Aufwand und Aktivitäten zu messen, und sieht in den zweitgenannten eine Möglichkeit, die Wirkung von Qualifizierungsmaßnahmen zu bestimmen. Danach gehört die Zahl der Weiterbildungstage pro Mitarbeiter, berechnet als

$$Zahl\ der\ WBTage\ pro\ MA = \frac{Summe\ der\ WBTage\ aller\ MA}{Personalbestand} = z.B.\ 1{,}5$$

zu den inputorientierten Kennzahlen. Der durchschnittliche Seminarerfolg (DSE), der von ihm als „Seminarerfolgsquote" bezeichnet wird, und sich ergibt aus

$$Seminarerfolgsquote = \frac{Summe\ aller\ Seminarbewertungen\ (z.B.\ auf\ 5er-Skala)}{Anzahl\ der\ Teilnehmer, die\ Bewertungen\ abgegeben\ haben} = z.B.\ 4{,}01$$

ist dagegen eine wirkungsorientierte Kennzahl.

Es dürfte Einigkeit darin bestehen, dass auch Weiterbildungskennzahlen in erster Linie dazu dienen sollen, die Weiterbildungsaktivitäten eines Unternehmens so zu steuern, dass sie zum Geschäftserfolg beitragen. Unter diesem Gesichtspunkt ist es natürlich wünschenswert, solche Kennzahlen zu haben, deren Veränderungen Auswirkungen auf das Geschäftsergebnis haben.

7.4.3 Einteilungsvorschlag für Weiterbildungskennzahlen

Der folgende Einteilungsvorschlag basiert auf der Einsicht, dass es innerhalb der wirkungsorientierten Kennzahlen mindestens noch einen deutlichen Unterschied, nämlich zwischen eher pädagogischen Kennzahlen einerseits und monetären Kennzahlen andererseits gibt. Wenn man die dem Vier-Ebenen-Modell von Kirkpatrick (vgl. Kap. 7.2.2) zugrunde liegenden Erfolgskategorien verwendet, nämlich

7.4 Kennzahlen zur Weiterbildung

- Zufriedenheitserfolg
- Lernerfolg
- Transfererfolg
- Geschäftserfolg,

dann wird im Allgemeinen nur letzterer monetär gemessen bzw. bewertet. Die ersten drei messen eine „Qualität" in dem Sinne, dass der Grad der erreichten Qualität direkt abgelesen werden kann. Wenn dies nicht der Fall ist, sollte von quantitativen Kennzahlen gesprochen werden. Wir schlagen deshalb folgende Einteilung der Weiterbildungskennzahlen vor:

Tab. 7.4: Einteilung und Verwendungsbedingungen für Weiterbildungskennzahlen

Kategorie	Definition	Gegenstand der Messung	Verwendungs-Bedingungen
Quantitative	Absolute Zahlen oder Verhältniszahlen, an denen weder eine Veränderung des Geschäftsergebnisses noch ein Wirkungsgrad abgelesen werden kann	Struktur	Ohne Benchmark keine Einschätzung möglich
Qualitative	Absolute Größen, an denen der erreichte **Wirkungsgrad** abgelesen werden kann	Zufriedenheitserfolg Lernerfolg Transfererfolg	Benötigen nicht unbedingt ein Benchmark
Monetäre	Absolute oder relative Größen, die Einfluss auf das Geschäftsergebnis haben	Geschäftserfolg	Sind unabhängig von Benchmarks

7.4.4 Beispiele für quantitative Weiterbildungskennzahlen

Mit den nachstehend aufgeführten Kennzahlen, die natürlich noch durch beliebig viele ergänzt werden könnten (vgl. Schulte, 2002), ließe sich eine Weiterbildungsstruktur eines Unternehmens kennzeichnen. Dabei sollte im Auge behalten werden, dass sie sich zwar häufig auf Kosten beziehen, eine

Kostenbetrachtung ohne Berücksichtigung der bewirkten Erträge aber nichts über den Geschäftserfolg aussagt. Steuern kann man außerdem mit ihnen nur, wenn zu jeder Kennzahl auch eine Vorgabe existierte. Solche Vorgaben könnte die Geschäftsleitung wiederum aus einem Benchmarking gewinnen, d.h. der Kenntnis entsprechender Werte in nach Branche und Größe vergleichbaren Unternehmen. Beispiele für quantitative Weiterbildungskennzahlen sind:

$$WBEngagement\ der\ MA = \frac{Summe\ aller\ Weiterbildungsstunden}{Zahl\ der\ MA}$$

$$WBEngagement\ des\ Unternehmens = \frac{Weiterbildungskosten}{Zahl\ der\ MA}$$

(Weiterbildungsinvestitionsquote)

$$Weiterbildungskostenquote = \frac{Weiterbildungskosten}{Personalkosten}$$

$$Durchschnittlicher\ interner\ Weiterbildungspreis = \frac{Weiterbildungskosten}{Summe\ Weiterbildungsstunden}$$

$$WBEngagement\ der\ Mitarbeitergruppe\ X = \frac{Summe\ aller\ WB-Stunden\ der\ Gruppe\ X}{Summe\ aller\ WBStunden}$$

Aber auch wenn Vorgaben existieren, ist die Steuerung trotzdem mit einem Kurshalten allein nach Kompass, aber ohne Seekarte zu vergleichen. Der für die Kursanpassung Verantwortliche hat keine Vorstellung, was sein Steuern im Hinblick auf das Unternehmen bewirkt. Die Auswirkungen für sich selbst kann er in jedem Fall besser einschätzen, insbesondere, wenn das Erreichen bestimmter Kennzahlen in seiner Zielvereinbarung enthalten ist und sich auf sein Jahresentgelt auswirkt.

7.4.5 Beispiele für qualitative Weiterbildungskennzahlen

Zu den qualitativen Kennzahlen gehören neben dem durchschnittlichen Seminarerfolg in der oben angeführten Fassung auch der durchschnittliche Lernerfolg (DLE) und der durchschnittliche Transfererfolg (DTE). Der DLE kann z.B. wie folgt berechnet werden:

$$DLE = \frac{Summe\ der\ Testergebnisse\ der\ Teilnehmer\ nach\ Skala\ 0\ bis\ 100}{Anzahl\ der\ Teilnehmer, die\ an\ Tests\ teilgenommen\ haben}$$
$$= z.B.\ 78,5$$

Wenn der Transfererfolg durch Bewertung auf einer Fünfer-Skala gemessen wird, ergibt sich der DTE aus:

$$DTE = \frac{Summe\ aller\ Transferbewertungen}{Anzahl\ der\ Teilnehmer, die\ bewertet\ haben} = z.B.\ 4,01$$

Diese qualitativen Kennzahlen geben durch ihren Skalenbezug direkt den Erfolgsgrad an. Ein Testergebnis-Durchschnitt von 78,5 auf einer Punkteskala von 0 bis 100 besagt bei Anwendung des von den Industrie- und Handelskammern verwendeten Bewertungsschemas, dass etwa eine 2 minus als Note erreicht wurde. Wenn eine Fünfer-Skala (mit dem besten Wert bei 5) verwendet wurde und der Durchschnitt 5 ergibt, weiß man, dass kein besseres Ergebnis denkbar ist. Natürlich würden diese Angaben noch wertvoller, wenn bekannt wäre, welche Ergebnisse in vergleichbaren Unternehmen erreicht wurden. Dann wüsste man, ob man Weiterbildung besser oder schlechter als Wettbewerber betreibt, und würde vielleicht auch bei einem überdurchschnittlichen Skalenwert auf eine Verbesserung hinarbeiten.

7.4.6 Beispiele für monetäre Weiterbildungskennzahlen

Monetäre Kennzahlen bezeichnen die Auswirkungen von Weiterbildungsmaßnahmen auf den Geschäftserfolg, nicht nur auf die Kosten des Unternehmens, in Geld. Beispiele für monetäre Kennzahlen sind „Deckungsbeitrag der Weiterbildung" (DBW) und „Durchschnittlicher Weiterbildungsdeckungsbeitrag je Weiterbildungsteilnehmer" (DBW/TN), die wie folgt bestimmt werden können:

$$DBW = \sum Weiterbildungsverursachter\ Deckungsbeiträge$$

$$DBW/TN = \frac{\sum Weiterbildungsverursachter\ Deckungsbeiträge}{Anzahl\ aller\ Weiterbildungsteilnehmer}$$

Man könnte auch als Kennzahl einführen, dass jede individuelle Weiterbildungsmaßnahme, durch die dem Unternehmen Kosten entstehen, einen Deckungsbeitrag von mindestens 1 Euro erbringen muss:

$$DBW \geq 1 \text{ €}$$

Ganz offensichtlich sind die monetären Kennzahlen die letztlich entscheidenden Kennzahlen. Man darf aber nicht übersehen, dass es sehr viel schwieriger ist, die Erträge aus einer Weiterbildungsmaßnahme zu bestimmen als ihre Kosten zu ermitteln. Soweit nach einer solchen Maßnahme Mehrumsätze festgestellt wurden, müsste man sich vergewissern, in welchem Maße diese auf Weiterbildung zurückgeführt werden können und inwieweit andere Faktoren, z.B. Marktveränderungen, dafür verantwortlich sind. Ist dies sicherlich nicht einfach, dürfte es noch problematischer sein, vor Genehmigung einer Weiterbildungsmaßnahme deren Ertragspotenzial einigermaßen zutreffend zu schätzen. Daran ändern auch die Nutzenbeschreibungen und Nutzenversprechen der Weiterbildungsanbieter nichts, die sich auf alle möglichen Nachfrager beziehen und von den Besonderheiten des einzelnen potenziellen Kunden absehen (müssen). Außerdem gehen diese nie so weit, den behaupteten Nutzen als Deckungsbeitrag in Euro anzugeben. Für eine Entscheidung, ob sich Weiterbildung wirklich lohnt, ist aber gerade eine solche Aussage wichtig. Nur wenn die Kosten für eine Maßnahme im Vergleich zu den übrigen Kosten der Organisationseinheit bzw. des Unternehmens vernachlässigbar sind, kann ihre Veranlassung *in der Hoffnung* auf einen monetären Gegenwert zu rechtfertigen sein.

7.4.7 Benchmarks allgemein

Für monetäre Kennzahlen liegen nirgendwo Vergleichsergebnisse vor. Dies ergibt sich zum einen aus der jeweils unterschiedlichen Ausgangssituation in den Unternehmen und zum anderen aus der gerade angedeuteten Abgrenzungsproblematik. Auch dort, wo gewissermaßen experimentell durch Erhebungen vor und nach der Durchführung der Maßnahme der Nutzen einer Weiterbildungsmaßnahme untersucht wurde, konnten keine wirklichen monetären Kennzahlen ermittelt werden. Eine von Süßmair (2007, S. 138ff.) referierte sorgfältig geplante Pilotstudie zur CNC-Bedienerschulung blieb diesbezüglich auch deshalb unvollständig, weil wegen rechtlicher Bedenken keine Daten zu „Produktionssteigerungen, Verringerung der Produktionszeit, Verringerung des Ausschusses, Erhöhung der selbständigen Fehlerfeststellung und -beseitigung sowie Verringerung der Beseitigungsdauer der Fehler" (S. 150) erhoben werden konnten. Man musste in der Studie auf „Schätzgrößen der Meister als auch auf Annahmen des Evaluationsteams" (S. 150) zurückgreifen. Die trotzdem ermittelten Werte ergeben einen

$$ROI = \frac{Trainingsnutzen - Trainingskosten}{Trainingskosten}$$

$ROI = 0{,}47$ über 5 Jahre und $-0{,}12$ über 3 Jahre

In dieser wie auch in anderen Studien wird der Erfolg eines Trainings auf verbesserte Arbeitsleistung zurückgeführt. Ob und inwieweit daraus auch tatsächlich höhere Deckungsbeiträge resultieren, bleibt offen.

Bei den qualitativen Kennzahlen sind die verwendeten Erhebungsinstrumente einschließlich ihrer Skalen so unterschiedlich, dass eine Gegenüberstellung keinen großen Nutzen bringt.

Anders sieht es bei den quantitativen Kennzahlen aus, auch wenn bei diesen ebenfalls unterschiedliche Definitionen, z.B. für Beschäftigte und Mitarbeiter, zu beachten sind. Hier stehen Benchmarks zur Verfügung, die als Durchschnitt aus den Angaben aller Unternehmen ermittelt wurden. Der IW-Erhebung von 2008 können folgende Angaben für Deutschland entnommen werden:

Tab. 7.5 Quantitative Kennzahlen für Benchmarks

Weiterbildungsstunden je Mitarbeiter in internen Kursen	9,0
Weiterbildungsstunden je Mitarbeiter in externen Kursen	9,2
Stunden je Mitarbeiter in formeller Weiterbildung (interne und externe Kurse)	18,1
Weiterbildungsstunden je Mitarbeiter insgesamt (formelle und informelle Weiterbildung)	31,4
Weiterbildungsstunden je Mitarbeiter insgesamt in der Arbeitszeit	20,5
Weiterbildungskosten je Beschäftigten	1.053 Euro
davon Wert ausgefallener Arbeitsstunden	635 Euro

Es ist im Allgemeinen nicht einfach, entsprechende Zahlen für einzelne Unternehmen zu ermitteln, insbesondere nicht für kleinere Unternehmen, die keinen Veröffentlichungspflichten nachkommen müssen. Kostenzahlen, die zwischen Aus- und Weiterbildung unterscheiden, sind kaum zu bekommen. Nachstehend werden einige, den Geschäftsberichten entnommene Kennzahlen, referiert.

Die BASF, ein für seine überdurchschnittlichen Aktivitäten in Aus- und Weiterbildung bekannter Chemiekonzern, weist im Geschäftsbericht für 2009 3,5 Tage Weiterbildung pro Mitarbeiter aus. Bei einer Arbeitszeit von 7,5 Stunden täglich in der chemischen Industrie bedeuten das 22,5 Stunden formelle Weiterbildung. Daimler gibt 2,4 Tage Weiterbildung je Mitarbeiter an und zum Vergleich 4,4 Tage für 2008. Diese Werte passen zu den in der IW-Erhebung 2008 festgestellten 20,5 Stunden durchschnittlicher Arbeitszeit je Mitarbeiter für Weiterbildung in allen einbezogenen Unternehmen. Im Siemens Geschäftsbericht für 2009 findet sich keine Angabe zu den Weiterbildungstagen pro Mitarbeiter, es werden aber Weiterbildungskosten ohne Reisekosten in Höhe von 228 Millionen Euro und entsprechend 562 Euro pro Mitarbeiter genannt.

8 Literatur

Allmendinger, K., Aufgabenorientierte Personalentwicklung: Konstruktivistische und computerbasierte Ansätze, in: J. Ryschka, M. Solga und A. Mattenklott (Hrsg.), Praxishandbuch Personalentwicklung, Instrumente, Konzepte, Beispiele, 2. Aufl., Wiesbaden 2008, S. 167–188.

Antoni, C., Partizipation, in: H. Schuler und K. Sonntag (Hrsg.), Handbuch der Arbeits- und Organisationspsychologie, Göttingen 2007, S. 773–780.

Baden, C., und A. Schmid, Betriebliche Weiterbildung in Hessen, Bestandsanalyse und Möglichkeiten zur Etablierung eines „Informationssystems Weiterbildung" in Hessen, Frankfurt 2008, http://www.iwak-frankfurt.de/documents/Informationssystem.pdf, Abruf: 17.12.2010

Baldwin, T.T., and J. K. Ford, Transfer of Training: A review and direction for future research, in: Personnel Psychology, 1988, 41, p. 63–103.

Bechmann, S., V. Dahms, A. Fischer, M. Frei, und U. Leber, 20 Jahre Deutsche Einheit – Ein Vergleich der west- und ostdeutschen Betriebslandschaft im Krisenjahr 2009, Ergebnisse des IAB-Betriebspanels 2009, http://www.iab.de/185/section.aspx/Publikation/k100709a01, Abruf: 17.12.2010.

Becker, F., Personaleinführung, in: Wirtschaftswissenschaftliches Studium 33 (2004), S. 514–519.

Beckmann, N., und A. Schmid, Betriebliche und berufliche Weiterbildung für Bildungsferne in Hessen, 2009, http://www.iwak-frankfurt.de/english/pubrep/index.htm, Abruf: 17.12.2010.

Behringer, R., B. Käpplinger, J. Kampmann, und T. Kienitz-Adam, Evaluation and interpretation of the third European Continuing Vocational Training Survey, 2010, www2.bibb.de/tools/fodb/pdf/eb_20545.pdf, Abruf: 17.12.2010.

Bergmann, B., und K. Sonntag, Transfer: Die Umsetzung und Generalisierung erworbener Kompetenzen in den Arbeitsalltag, in: K. Sonntag (Hrsg.), Personalentwicklung in Organisationen, 3. Aufl., Göttingen 2006, S. 355–388.

BiBB, Datenreport zum Berufsbildungsbericht 2009, 2009, http://datenreport.bibb.de/media2009/datenreport_bbb_090525_screen.pdf, Abruf: 17.12.2010.

Blickle, G., und P. B. Schneider, Mentoring, in H. Schuler und K. Sonntag (Hrsg.), Handbuch der Psychologie, Band Arbeits- und Organisationspsychologie, Göttingen 2007, S. 395–402.

Bürg, O., und H. Mandl, Akzeptanz von E-Learning in Unternehmen, in: Zeitschrift für Personalpsychologie, 2005, 4 (2), S. 75–85.

Büser, T., und B. Gülpen, 300.000 Euro Rendite durch ein dreitägiges Training?, in M. Gust und R. Weiß, Praxishandbuch Bildungscontrolling für exzellente Personalarbeit, 3. Aufl., 2007, S. 241–250.

Demmerle, C., J. M. Schmidt, und M. Hess, Verhaltenstrainings, in: J. Ryschka, M. Solga und A. Mattenklott (Hrsg.), Praxishandbuch Personalentwicklung, Instrumente, Konzepte, Beispiele, 2. Aufl., Wiesbaden 2008, S. 211–252.

Dietrich, S., H.-J. Schade, und B. Behrensdorf, Forschungsprojekt Anbieterforschung, Ergebnisbericht Projekt Weiterbildungskataster, Bonn 2008, http://www.die-bonn.de/doks/dietrich0803.pdf, Abruf: 17.12.2010.

Einsiedler, H., S. Hollstege, M. Janusch, und K. Breuer, Organisation der Personalentwicklung, Neuwied 1999.

Europäische Kommission, Die neue KMU-Definition, Handbuch und Mustererklärung, http://ec.europa.eu/enterprise/policies/sme/files/sme_definition/sme_user_guide_de.pdf, Abruf: 27.04.2011.

Fiege, R., P. M. Muck und H. Schuler, Mitarbeitergespräche, in: H. Schuler, Lehrbuch der Personalpsychologie, 2. Aufl., Göttingen 2006, S. 471–525.

Fischer, G., V. Dahms, S. Bechmann, F. Bilger, M. Frei, J. Wahse, und I. Möller, IAB Forschungsbericht 3/2008, Nürnberg 2008, http://doku.iab.de/forschungsbericht/2008/fb0308.pdf, Abruf: 17.12.2010.

Flanagan, J. C. (1954). The critical incident technique, Psychological Bulletin, 54, 327–358.

Frieling, E. und M. Buch, Arbeitsanalyse als Grundlage der Arbeitsgestaltung, in: H. Schuler und K. Sonntag (Hrsg.), Handbuch der Arbeits- und Organisationspsychologie, Göttingen 2007, S. 117–125.

Frieling, E. und C. Hoyos, Fragebogen zur Arbeitsanalyse (FAA), Deutsche Bearbeitung des Position Analysis Questionnaire (PAQ), Bern 1978.

Grote, S., S. Kauffeld, und E. Frieling, Kompetenzmanagement, Grundlagen und Praxisbeispiele, Stuttgart 2006.

Grotlüschen, A., E-Learning, web-based learning, Telelearning, Fernunterricht und Blended Learning, in: R. Bröckermann, und M. Müller-Vorbrüggen (Hrsg.), Handbuch Personalentwicklung, Die Praxis der Personalbildung, Personalförderung und Arbeitsstrukturierung, Stuttgart 2006, S. 179–193.

8 Literatur

Guldin, A., Förderung von Innovationen, in: H. Schuler, Lehrbuch der Personalpsychologie, 2. Aufl., Göttingen 2006, S. 305–330.

Hackman, J.R., und G. R. Oldham, Motivation through the design of work: Test of a theory, Organizational Behaviour and Human Performance, 1976, 21, 289–304.

Hagen, K., und H. Wenning, Evaluation des Management-Entwicklungs-Programms der Hamburger Sparkasse, in A. Süßmair, und J. Rowold (Hrsg.), Kosten-Nutzen-Analysen und Human Resources, Weinheim 2007, S. 122–137.

Hauer, G., und M. Ultsch, Unternehmensführung kompakt, München 2010.

Heller, J., und D. Tröster, Bildungscontrolling. Effektive Steuerung der Personalentwicklung, Saarbrücken 2009.

Hochholdinger, S., J. Rowold, und N. Schaper, Ansätze zur Trainings- und Transferevalution, in: J. Rowold, S. Hochholdinger und N. Schaper (Hrsg.), Evaluation und Transfersicherung betrieblicher Trainings, Modelle, Methoden und Befunde, Göttingen 2008a, S. 30–53.

Hochholdinger, S., J. Rowold, und N. Schaper, Praxis- und Forschungsrelevanz von Trainings, in: J. Rowold, S. Hochholdinger und N. Schaper (Hrsg.), Evaluation und Transfersicherung betrieblicher Trainings, Modelle, Methoden und Befunde, Göttingen 2008b, S. 13–29.

Hochholdinger, S., und N. Schaper, Die Bedeutung von Transfermotivation und Lernkultur für betrieblichen E-Learning-Erfolg, Zeitschrift für Personalpsychologie, 2008, 7 (2), S. 81–89.

Hölbling, G., D. Stößel, und H. Bohlander, Bildungscontrolling, Erfolg messbar machen, Bielefeld 2010.

Holling, H. und J. T. Kuhn, Methoden der Datenerhebung, in: H. Schuler und K. Sonntag (Hrsg.), Handbuch der Arbeits- und Organisationspsychologie, Göttingen 2007, S. 90–97.

Hossiep, R., J. E. Bittner, und W. Berndt, Mitarbeitergespräche – motivierend – wirksam – nachhaltig, Göttingen 2008.

Hummel, T. R., Erfolgreiches Bildungscontrolling, 2. Aufl., Heidelberg 2001.

IHK Aachen, 10 Fragen zur Weiterbildung, Aachen 2007, http://www.aachen.ihk.de/de/weiterbildung/download/pw_001.pdf, Abruf: 17.12.2010.

Kirkpatrick, D. L., Evaluating training programs, San Francisco 1998.

Kirkpatrick D. L., J. D. Kirckpatrick, Evaluating training programs, the four levels, 3rd edition, San Francisco 2006.

Kleinbeck, U., Die Wirkung von Zielsetzungen auf die Leistung, in: H. Schuler (Hrsg.), Beurteilung und Förderung beruflicher Leistung, 2. Aufl., Göttingen 2004, S. 215–237.

Kleinmann, M., Assessment Center, Göttingen 2003.

Klug, A., Analyse des Personalentwicklungsbedarfs, in: J. Ryschka, M. Solga und A. Mattenklott (Hrsg.), Praxishandbuch Personalentwicklung, Instrumente, Konzepte, Beispiele, 2. Aufl., Wiesbaden 2008, S. 35–90.

Kluge, A., und J. Schilling, Organisationales Lernen, in: H. Schuler und K. Sonntag (Hrsg.), Handbuch der Arbeits- und Organisationspsychologie, Göttingen 2007, S. 760–766.

Knyphausen-Aufseß, D. z., S. Smukalla, und M. Abt, Toward a new training of transfer portfolio: a review of trainings-related studies in the last decade, in: Zeitschrift für Personalforschung, 2009, 23 (4), 288–311.

Konradt, U., E-Learning, in: H. Schuler und K. Sonntag (Hrsg.), Handbuch der Arbeits- und Organisationspsychologie, Göttingen 2007, S. 641–647.

Kosub, B., Personalentwicklung, in: Deutsche Gesellschaft für Personalführung e.V. (Hrsg.), Personalcontrolling für die Praxis, Konzept – Kennzahlen – Unternehmensbeispiele, Bielefeld 2009, S. 109–127.

Krause, D. E., Person- und führungsbezogene Bedingungen für Innovation, in: H. Schuler und K. Sonntag (Hrsg.), Handbuch der Arbeits- und Organisationspsychologie, Göttingen 2007, S. 367–372.

Landy, F. J., and J. L. Farr, The measurement of work performance, Methods, theory, and applications, San Diego, CA 1983.

Lang, K., Bildungs-Controlling, Personalentwicklung effizient planen, steuern und kontrollieren, 2. Aufl., Wien 2006.

Lenske, W., und D. Werner, Umfang, Kosten und Trends der betrieblichen Weiterbildung, Ergebnisse der IW-Weiterbildungserhebung 2008, Köln 2009, http://www.iwkoeln.de/Portals/0/pdf/trends01_09_3.pdf, Abruf: 17.12.2010.

Lippmann, E., Coaching durch die Führungskraft – eine kritische Betrachtung, in: A. Schreyögg und C. J. Schmidt-Kellek (Hrsg.), Konzepte des Coaching, Wiesbaden 2007, S. 246–250.

Locke, E., and G. Latham, A theory of goal setting and task performance, Englewood Cliffs, NJ 1990.

Lohaus, D., Leistungsbeurteilung, Göttingen 2009.

Lohaus, D., und M. Kleinmann, Analysis of Performance Potential, 2002, 155–178.

Moser, K., Selbstbeurteilung, in: H. Schuler (Hrsg.), Beurteilung und Förderung beruflicher Leistung, 2. Aufl., Göttingen 2004, S. 83–99.

Muck, P. M., und H. Schuler, Beurteilungsgespräch, Zielsetzung und Feedback, in: H. Schuler (Hrsg.), Beurteilung und Förderung beruflicher Leistung, 2. Aufl., Göttingen 2004, S. 255–289.

8 Literatur

Mudra, P., R. Kalteis, S., Presinger, M. Rupp, A. Schimbeno, und A. Unger, Studie zum Stand und der Weiterentwicklung der betrieblichen Weiterbildung, www.fh-lu.de/mudra/Weiterbildungsstudie%20FH%20Ludwigshafen.pdf, Abruf: 17.12.2010.

Nerdinger, F. W., Motivierung, in: H. Schuler und K. Sonntag (Hrsg.), Handbuch der Arbeits- und Organisationspsychologie, Göttingen 2007, S. 379–387.

Neuberger, O., Das Mitarbeitergespräch, Praktische Grundlagen für erfolgreiche Führungsarbeit, 6. Aufl., Leonberg 2004.

Neuberger, O., Personalentwicklung, 2. Aufl., Stuttgart 1994.

Neumann, P., Gespräche mit Mitarbeitern effizient führen, in: L. v. Rosenstiel, M. Domsch und E. Regnet (Hrsg.), Führung von Mitarbeitern. Handbuch für erfolgreiches Personalmanagement, 5. überarb. Aufl., Stuttgart 2003, S. 253–268.

Noe R. A., Employee Training and Development, McGraw-Hill 2010.

Oesterreich, R., und W. Volpert, Verfahren zur Ermittlung von Regulationsanforderungen – Version 2 (VERA/2), Berlin 1991.

Philipps, J. J., und F. C. Schirmer, Return on Investment in der Personalentwicklung: Der 5-Stufen-Evaluationsprozess, 2. Aufl., Berlin 2008.

Rauen, C., Coaching, Göttingen 2003.

Rauen, C., Coaching, in: H. Schuler und K. Sonntag (Hrsg.), Handbuch der Arbeits- und Organisationspsychologie, Göttingen 2007, S. 388–394.

Rauen, C., Varianten des Coachings im Personalentwicklungsbereich, in: C. Rauen (Hrsg.), Handbuch Coaching, 3. erw. u. überarb. Aufl, Göttingen 2005, S. 111–136.

Richter, F., und A. Pohlandt, Arbeitsintegrierte Ansätze der Personalentwicklung, in: J. Ryschka, M. Solga und A. Mattenklott (Hrsg.), Praxishandbuch Personalentwicklung, 2. Aufl., Wiesbaden 2008, S. 131–165.

Rosenbladt, B., und F. Bilger, Weiterbildungsbeteiligung in Deutschland – Eckdaten zum BSW-AES 2007, München 2008, http://www.bmbf.de/pubRD/weiterbildungsbeteiligung_in_deutschland.pdf, Abruf: 17.12.2010.

Rosenstiel, L. v., Entwicklung von Werthaltungen und interpersonaler Kompetenz – Beiträge der Sozialpsychologie, in: K. Sonntag (Hrsg.), Personalentwicklung in Organisationen, 3. Aufl., Göttingen 2006, S. 108–137.

Rowold, J., Zum Zusammenhang von berufs-, organisations- und laufbahnbezogenen Einstellungen sowie Transfermotivation und Leistung, in: Zeitschrift für Personalpsychologie, 2008, 7 (2), S. 70–80.

Rowold, J., und S. Kauffeld, Einführung: Kosten-Nutzen-Analysen in Organisationen als Evaluations- und Entscheidungsinstrument, in A. Süßmair, und J. Rowold (Hrsg.), Kosten- Nutzen-Analysen und Human Resources, Weinheim 2007, S. 12–33.

Ryschka, J., und K. Tietze, Beratungs- und betreuungsorientierte Personalentwicklungsansätze, in: J. Ryschka, M. Solga und A. Mattenklott (Hrsg.), Praxishandbuch Personalentwicklung, Instrumente, Konzepte, Beispiele, 2. Aufl., Wiesbaden 2008, S. 93–129.

Schaper, N., und U. Konradt, Personalentwicklung mit E-Learning, in G. Hertel, und U. Konradt (Hrsg.), Human Resources Management im Inter- und Intranet, Göttingen 2004, S. 274–293.

Schmid, A., und C. Baden, Betriebspanel Report Hessen 3/2002, Betriebliche Weiterbildung in Hessen 2001,2002a, http://doku.iab.de/betriebspanel/2002/panel_hessen_03.pdf, Abruf: 17.12.2010.

Schmook, R., Ausgliederung aus dem Berufsleben. In H. Schuler (Hrsg.), Lehrbuch der Personalpsychologie, 2. überarb. u. erw. Aufl., Göttingen 2006, S. 729–756.

Schreurs, M., und B. Millenat, Beschäftigungspotenziale erschließen durch familienfreundliche Personalpolitik, Ergebnisse der Online-Befragung „Check-up Personalpotenzial" in mittelständischen Unternehmen, Eschborn 2008.

Schreyögg, G., Organisation, Grundlagen moderner Organisationsgestaltung, 4. Aufl., Wiesbaden 2003.

Schuler, H., Leistungsbeurteilung – Gegenstand, Funktionen und Formen. In H. Schuler (Hrsg.), Beurteilung und Förderung beruflicher Leistung, 2. Aufl., Göttingen 2004, S. 1–23.

Schuler, H., und B. Marcus, Leistungsbeurteilung. In H. Schuler (Hrsg.), Enzyklopädie der Psychologie: Organisationspsychologie – Grundlagen und Personalpsychologie, Göttingen 2004, S. 947–1006.

Schulte, C., Personal-Controlling mit Kennzahlen, 2. Aufl., München 2002

Semmer, N., Stressbezogene Tätigkeitsanalyse, Psychologische Untersuchungen zur Analyse von Stress am Arbeitsplatz, Weinheim 1984.

Siemons, W., 10 Fragen zur Weiterbildung, Ergebnisse einer Blitzumfrage der IHK Aachen im Januar 2007, http://www.aachen.ihk.de/de/weiterbildung/download/pw_001.pdf, Abruf: 17.12.2010.

Solga, M., Evaluation der Personalentwicklung, in: J. Ryschka, M. Solga, und A. Mattenklott (Hrsg.), Praxishandbuch Personalentwicklung, Instrumente, Konzepte, Beispiele, 2. Aufl., Wiesbaden 2008a, S. 333–363.

Solga, M., Förderung des Lerntransfers, in: J. Ryschka, M. Solga, und A. Mattenklott (Hrsg.), Praxishandbuch Personalentwicklung, Instrumente, Konzepte, Beispiele, 2. Aufl., Wiesbaden 2008b, S. 303–331.

Sonntag, K., Ermittlung tätigkeitsbezogener Merkmale: Qualifikationsanforderungen und Voraussetzungen menschlicher Aufgabenbewältigung, in: K. Sonntag (Hrsg.),

Personalentwicklung in Organisationen. Psychologische Grundlagen, Methoden und Strategien, 3. Aufl., Göttingen 2006, S. 206–234.

Sonntag, K., Personalentwicklung und Training, Stand der psychologischen Forschung und Gestaltung, in: Zeitschrift für Personalpsychologie, 2002, 2, S. 59–79.

Sonntag, K., und N. Schaper, Wissensorientierte Verfahren der Personalentwicklung, in: H. Schuler, Lehrbuch der Personalpsychologie, 2. Aufl., Göttingen 2006, S. 255–280.

Sonntag, K., und R. Stegmaier, Verhaltensorientierte Verfahren der Personalentwicklung, in: H. Schuler, Lehrbuch der Personalpsychologie, 2. Aufl., Göttingen 2006, S. 281–304.

Stegmaier, R., Kompetenzentwicklung in der Arbeit, in H. Schuler und K. Sonntag (Hrsg.), Handbuch der Arbeits- und Organisationspsychologie, Göttingen 2007, S. 126–133.

Stender, J., Betriebliches Weiterbildungsmanagement, Ein Lehrbuch, Stuttgart 2009.

Stiefel, R. Th., Personalentwicklung in Klein- und Mittelbetrieben. Innovationen durch praxiserprobte PE-Konzepte, 2. Aufl., Leonberg 1999.

Süßmair, A., Kosten-Nutzen-Analysen in der Praxis – Pilotierung der Evaluation einer Computerized-Numerical-Control (CNC)-Trainingsmaßnahme, in A. Süßmair, und J. Rowold (Hrsg.), Kosten- Nutzen-Analysen und Human Resources, Weinheim 2007, S. 138–154.

Thierau-Brunner, H., H. Wottawa, und M. Stangel-Meseke, Evaluation von Personalentwicklungsmaßnahmen, in: K. Sonntag (Hrsg.), Personalentwicklung in Organisationen, 3. Aufl., Göttingen 2006, S. 329–354.

Ulich, E., Arbeitspsychologie, 6. überarb. u. erw. Aufl., Stuttgart 2005.

Wallau, F., und L. Haunschild, Die volkswirtschaftliche Bedeutung der Familienunternehmen, IfM-Materialie Nr. 172, Bonn 2007, http://www.ifm-bonn.org/assets/documents/IfM-Materialien-172.pdf, Abruf: 27.04.2011.

Wehner, T., und K. Mehl, Fehler und Fehlhandlungen, in: H. Schuler und K. Sonntag (Hrsg.), Handbuch der Arbeits- und Organisationspsychologie, Göttingen 2007, S. 266–271.

Weiß, R., Bildungscontrolling: Messung des Messbaren, in M. Gust und R. Weiß, Praxishandbuch Bildungscontrolling für exzellente Personalarbeit, 3. Aufl., 2007, S. 29–49.

Wilms, W. J., Job Enlargement und Job Enrichment, in: R. Bröckermann, und M. Müller-Vorbrüggen (Hrsg.), Handbuch Personalentwicklung. Die Praxis der Personalbildung, Personalförderung und Arbeitsstrukturierung, Stuttgart 2006, S. 407–418.

Wöhe, G., Einführung in die Allgemeine Betriebswirtschaftslehre, 22. Aufl., München 2005.

Glossar

Assessment Center: Der Ausdruck kennzeichnet ein Verfahren zur Auswahl und Entwicklung von Mitarbeitern, bei dem mehrere Kandidaten im Verlauf einer Anzahl von Einzel- und Gruppenaufgaben von einer Reihe von Beobachtern mit Bezug auf ihre aktuellen Stärken und Schwächen sowie ihr Leistungspotenzial eingeschätzt werden.

Ausbildung: Ausbildung bzw. Berufsausbildung bedeutet in Deutschland im Allgemeinen das Absolvieren einer im Berufsbildungsgesetz geregelten zwei- bis dreieinhalbjährigen Vorbereitung auf eine anschließende Berufstätigkeit. Diese Vorbereitung erfolgt in der Regel in einem Unternehmen in Verbindung mit Unterricht in einer Berufsschule und wird mit einer Prüfung vor einer Industrie- und Handelskammer oder einer Handwerkskammer abgeschlossen.

Benchmarking: Der Begriff bedeutet, Daten eines Unternehmens mit den entsprechenden Daten anderer Unternehmen zu vergleichen. Ziel ist, Anhaltspunkte zu gewinnen, ob das Unternehmen bezüglich der verglichenen Daten besser oder schlechter abschneidet als Wettbewerber. Häufig wird ein Benchmarking mit dem vermeintlich besten Unternehmen der Branche gesucht.

Bildungs-Controlling: Damit ist das Managen eines Systems von Daten gemeint, mit denen Bildungsprozesse gesteuert werden sollen. Die Steuerung erfolgt prinzipiell dergestalt, dass zunächst Zieldaten, welche die Steuerungsrichtung bestimmen, vorgegeben werden. Entscheidungen sind dann so zu treffen, dass die aus ihnen resultierenden Ist-Daten mit den Zieldaten nicht in Widerspruch stehen.

Blended Learning: Wenn ein Training sowohl das Arbeiten mit dem Trainer als auch das Lernen am Computer umfasst, spricht man von Blended Learning (verbundenem Lernen).

Bindung: Bindung liegt vor, wenn ein Mitarbeiter sein Unternehmen anderen möglichen Arbeitgebern vorzieht. Sie wird nicht nur durch monetäre Anreize, sondern vor allem durch Entfaltungsmöglichkeiten und vertrauensvolle Zusammenarbeit gefördert.

Coaching: Hierunter versteht man die über einen vereinbarten Zeitraum laufende individuelle Beratung einer Führungskraft durch einen neutralen Berater. Ziel der Beratung ist die Stärkung der Selbsthilfefähigkeit der Führungskraft. Letztere wird als Coachee bezeichnet, der Berater heißt Coach.

Computer Based Traing (CBT): Mit dem Ausdruck ist Lernen unter Verwendung eines Lernprogramms auf einem Computer, aber auch unter Einsatz des Internets gemeint.

Deckungsbeitrag: Unter dem Deckungsbeitrag eines Produkts bzw. einer Leistung wird im Allgemeinen der Geldbetrag verstanden, um den der Preis für ein Produkt bzw. eine Leistung die Kosten übersteigt, die anfallen, wenn dieses Produkt bzw. diese Leistung hergestellt und verkauft wird, und die sich erübrigen, wenn es nicht produziert wird. Er darf nicht mit Gewinn verwechselt werden, in den auch noch andere Erträge und Aufwendungen eingehen.

Direkte Kosten der Weiterbildung: Darunter fallen alle Kosten, die die Weiterbildungsmaßnahme selbst verursacht, z.B. die Kursgebühren. Kosten, die mit der Ermöglichung einer Maßnahme oder als Konsequenz aus einer Maßnahme anfallen, gehören nicht dazu.

E-Learning: Der Terminus bezieht sich auf alle Lernformen mit Hilfe von elektronischen Informations- und Kommunikationsmedien.

Evaluierung: Mit Evaluierung oder Evaluation ist die Überprüfung der Wirksamkeit von Maßnahmen in Bezug auf zuvor definierte Ziele gemeint. Der Begriff wird meistens in Verbindung mit Personalentwicklungsmaßnahmen verwendet.

Fernlehrgang: Dies ist eine Form des Lernens, bei der ein Teilnehmer ihm vorgegebene Inhalte selbständig erarbeitet und sich darauf beziehende und ihm zugeschickte Aufgaben zuhause löst und zur Korrektur und Bewertung an den Veranstalter einsendet. Fernlehrgänge beinhalten häufig aber auch Präsenzanteile.

Fortbildung: Dieser häufig mit Weiterbildung synonym verwendete Begriff bezieht sich im Berufsbildungsgesetz auf Maßnahmen, die die berufliche Handlungsfähigkeit erhalten und anpassen oder erweitern sollen bzw. einen beruflichen Aufstieg ermöglichen können.

Führungskraft: So wird ein Unternehmensangehöriger bezeichnet, der anderen Mitarbeitern gegenüber weisungsbefugt ist. Führungskräfte gibt es auf allen Hierarchie-Ebenen (außer auf der niedrigsten). Sie unterscheiden sich nach der Anzahl der von ihnen geführten Beschäftigten und dem Umfang ihrer Weisungsbefugnis. Führungskräfte werden manchmal auch Manager genannt.

Führungsspanne: Angaben zur Führungsspanne drücken aus, ob eine Führungskraft gegenüber vielen oder wenigen Mitarbeitern unmittelbar weisungsbefugt ist. Ein Geschäftsführer mit wenigen Abteilungsleitern hat eine geringere Führungsspanne als ein Meister in der Produktion, dem viele ungelernte Kräfte direkt unterstellt sind.

High Potentials: Der Begriff bezieht sich auf Mitarbeiter eines Unternehmens, die auf Grund ihrer aktuellen und vermuteten zukünftigen herausragenden Leistungsfähigkeit unter besonderer Beobachtung stehen und speziell gefördert werden.

Indirekte Kosten der Weiterbildung: Darunter versteht man die Kosten, die mit der Ermöglichung einer Maßnahme oder als Konsequenz aus einer Maßnahme anfallen, z.B. für Produktionsausfall wegen Weiterbildung oder für mit Weiterbildung begründeter Gehaltserhöhung.

Informationsgespräch: Bei einem Informationsgespräch werden die Teilnehmer über Sachverhalte, die sie wissen sollten oder wissen müssen, mündlich informiert. Bei dieser Form der Weiterbildung werden im Allgemeinen keine Lernmethoden eingesetzt. Häufig sind die Informierenden Mitarbeiter des eigenen Unternehmens.

Job Enlargement: Der Terminus wird verwendet, wenn ein Mitarbeiter im Rahmen seiner Personalentwicklung ohne Wechsel der Hierarchie-Ebene mehr unterschiedliche Aufgaben übernimmt und dadurch der Anteil seiner repetitiven Tätigkeiten verringert wird.

Job Enrichment: Dies ist eine Art der Personalentwicklung, bei der ein Mitarbeiter im Rahmen seiner Position Tätigkeiten mit höherem Anforderungsniveau und dadurch auch mehr Verantwortung übernimmt.

Job Rotation: Diese Form der Personalentwicklung liegt vor, wenn ein Mitarbeiter innerhalb der gleichen Hierarchie-Ebene den Arbeitsplatz wechselt und dabei Tätigkeiten auf prinzipiell dem gleichen Niveau wie vorher übernimmt.

Kennzahl: Darunter versteht man eine Größe, die auf die Geschäftsentwicklung Einfluss hat. Der numerische Wert einer Kennzahl gibt Auskunft über die Höhe des Einflusses.

KMU: Unter KMU fasst man kleine und mittlere Unternehmen zusammen. Je nach dem Zweck der Definition können die Größenmaße voneinander abweichen. In der EU-Definition werden unter dem Gesichtspunkt der Beihilfegewährung nur Unternehmen mit nicht mehr als 250 Beschäftigten zu den KMU gerechnet.

Kollegiale Beratung: Eine solche Beratung ist gegeben, wenn ein Mitarbeiter nicht von einem hierarchisch übergeordneten oder einem externen Berater, sondern von einem gleichgestellten Kollegen oder einem Kreis gleichgestellter Kollegen beraten wird.

Kompetenz: Wenn jemand Wissensinhalte, Methoden und Erfahrung in erfolgreiche Handlungen in einem Tätigkeitsbereich umsetzen kann, besitzt er eine auf diesen Tätigkeitsbereich bezogene Kompetenz. Kompetenz wird häufig synonym zu Handlungskompetenz und Fähigkeit verwendet.

Leistungsbeurteilung: Der Ausdruck kennzeichnet eine systematische und regelmäßige Bewertung des Beitrags einer Person zur Erreichung der Unternehmensziele. Ihr Beitrag wird typischerweise entweder als Input (tätigkeitsrelevante Stärken/Schwächen) oder als Prozess (zielführendes Verhalten) oder als Output (tatsächlich erreichte Ergebnisse/Erfolg) beurteilt.

Mitarbeitergespräch: Der Begriff meint eine institutionalisierte Form des Erfahrungs- und Meinungsaustauschs zwischen Vorgesetztem und Mitarbeiter über die Leistungen und Entwicklungsmöglichkeiten des Mitarbeiters. Es umfasst häufig auch Zielvereinbarungen und Weiterbildungsvorschläge.

Mittelstand: Zum Mittelstand bzw. zu den mittelständischen Unternehmen rechnet man die eigentümergeführten Familienunternehmen. Letztere können erheblich größer als KMU in der Definition der EU sein und durchaus auch einen Konzern umfassen.

Opportunitätskosten: Mit Opportunitätskosten ist der (nicht anfallende) Gewinn aus Maßnahmen gemeint, für die man sich nicht entscheidet. Entscheider werden immer die Alternative auswählen, die einen höheren Gewinn verspricht als ihre Opportunitätskosten. Zu den Opportunitätskosten kann man auch Kosten rechnen, die zusätzlich zu den Kosten einer Alternative entstehen und die man in Kauf nimmt, weil die Alternative trotzdem noch die beste Lösung darstellt.

Partizipation: Von Partizipation spricht man, wenn Mitarbeiter an Unternehmensentscheidungen beteiligt werden. Der Umfang der Partizipation kann von Unternehmen zu Unternehmen sehr verschieden sein und auch innerhalb eines Unternehmens von Abteilung zu Abteilung variieren.

Personalentwicklung: Der Begriff bezeichnet alle Maßnahmen der systematischen Förderung der beruflichen Handlungskompetenz von Unternehmensangehörigen. Er schließt auch die damit verbundenen organisatorischen Voraussetzungen sowie Versetzungen und Beförderungen ein.

Potenzialanalyse: Auch Potenzialbewertung, Potenzialbeurteilung, Potenzial Assessment. Darunter versteht man die Untersuchung der zukünftigen Leistungsmöglichkeiten eines Mitarbeiters, oft als Vorgesetzteneinschätzung oder im Rahmen eines Assessment Centers.

Quotenvorgabe: Als Maß dafür, ob ein Ergebnis als zufriedenstellend angesehen werden kann, dient häufig die Angabe, dass ein bestimmter Anteil von Aufgaben gelöst sein muss oder dass ein bestimmter Anteil von Personen ein Ziel erreicht haben muss.

Return on Investment (ROI): Dieser betriebswirtschaftliche Begriff setzt die Netto-Erträge (Erträge abzüglich Kosten) aus einer Investition zu dem für letztere eingesetzten Kapital ins Verhältnis. Das Ergebnis wird meist als Prozentsatz ausgedrückt. Man spricht dann auch von Rendite. Es ist dabei zu beachten, dass die Erträge nicht nur im Jahr der Durchführung der Investition anfallen, sondern auch noch später. Manchmal wird als ROI auch das Verhältnis der Netto-Erträge zu den Kosten einer Maßnahme bezeichnet.

Selbstgesteuerte Arbeitsgruppe: Wenn eine Gruppe von Mitarbeitern mit eindeutigem Arbeitsauftrag die Verteilung der Arbeit auf die Mitglieder, die Arbeitsweise, das Arbeitstempo, die Pausen und Ähnliches selbst entscheiden kann, spricht man von selbstgesteuerter oder teilautonomer Arbeitsgruppe.

Selbstgesteuertes Lernen: Darunter fallen alle Lernformen, bei denen der Lernende seinen Lernfortschritt selbst bestimmt, indem er individuell Wiederholungen vornimmt oder Verweisen nachgeht. Das Lernen aus Büchern oder als E-Learning gehört zu dieser Gruppe.

Skala: Darunter versteht man eine Abfolge von Stufen (häufig 3 bis 7) zur Charakterisierung eines beurteilten Merkmals. In vielen Fällen gibt die gewählte Stufe die Güte einer Leistung oder den erreichten Grad einer Leistung an.

Strategische Personalentwicklung: Soweit sich Personalentwicklung nicht auf akuten Personalentwicklungsbedarf bezieht, sondern an den strategischen (mittel- und längerfristigen) Zielen des Unternehmens orientiert, handelt es sich um strategische Personalentwicklung.

Transfer: Mit Transfer im Bildungsbereich ist der erfolgreiche Einsatz des in einer Weiterbildung Gelernten in der Tagesarbeit gemeint. Der Einsatz ist erfolgreich, wenn dadurch bessere Arbeitsergebnisse als vor der Weiterbildung erzielt werden.

Weiterbildung: Der Begriff schließt alle Maßnahmen ein, durch die zusätzliche Qualifikationen erworben werden.

Zielvereinbarung: Eine solche liegt vor, wenn es zwischen Vorgesetztem und Mitarbeiter zu einer Vereinbarung darüber kommt, welche Ziele vom

Mitarbeiter innerhalb einer Periode erreicht werden sollen. Wenn der Mitarbeiter den Zielen nicht zustimmt, z.B. weil er sie für nicht erreichbar hält, handelt es sich um eine (einseitige) Zielsetzung. Ziele können sich auf Ergebnisse, aber auch auf Verhaltensweisen beziehen.

Index

360°-Feedback 151, 152
Altersstruktur 22
Anpassungsweiterbildung 15
Anreize 94, 127
Anwendungsfeld 88, 89, 91
Arbeitsklima 96
Arbeitsleistung 36, 96, 144, 179
Aufgabenanalyse 61, 63, 65
Aufstiegsweiterbildung 13, 15, 56, 167, 168
Bedarfsanalyse 59, 60, 61, 62, 69, 70, 88, 91, 135, 139, 140, 141, 142
Befragung 7, 22, 35, 41, 66, 141
Benchmark 175, 176, 189
Berufsausbildung 3, 9, 11, 14, 16, 31, 51, 56, 75, 121, 137, 167, 189
  berufliche Erstausbildung 9
Berufsbildungsgesetz 3
Betriebsrat 159
Betriebsverfassungsgesetz 109
Bildungscontrolling 1, 2, 4, 139, 183, 187
Branchen
  Baugewerbe 26
  Handel 26
  Handwerk 26
  Öffentlicher Dienst 26
Checkliste 101, 128
Coaching 3, 135, 136, 137, 184, 185
  Linien-Coach 136
  Stabs-Coach 136
  Vorgesetzten-Coaching 137

Continuing Vocational Training Survey 17, 21
critical incident technique 68, 182
Deckungsbeitrag 149, 151, 152, 154, 155, 156, 157, 158, 161, 163, 164, 170, 171, 172, 177, 178, 179
Einstufungsverfahren 70, 71
E-Learning 3
Employability 14, 35, 36, 37
Entgelt
  Bruttogehalt 152
  Gehalt 96, 136
  Gehaltserhöhung 10, 159
  Jahresentgelt 176
  Verdienstperspektiven 11
Entlohnungsmodelle 127
Erhebungsform
  Befragungen 66
  Beobachtungen 66, 67, 144
  Interview 66
Erträge 1, 2, 80, 163, 176, 178
Ertragsseite 1
Evaluation 3, 139, 140, 141, 142, 143, 144, 146, 147, 148, 183, 186, 187, 190
Fach- und Führungskräfte-Pool 125
Fortbildung 56
Führungsleitbild 123
Führungsspanne 70
Führungsstil
  entwicklungsorientiert 136
  partizipativ 127
Gesprächsstil 120, 121
  mitarbeiterzentriert 120

Gewinn 10, 42, 149, 152, 154, 164, 166, 172, 190, 193
Handlungskompetenz 3, 55, 136
Handwerkskammer 78, 129
Happy-Sheet 144
Incentives 10
Individuation 99
Innovation 8, 43, 85, 100, 126
Innovationspotenzial 101
Innovationstagebuch 101
Integration 95, 96, 97, 98, 100
Investment 97, 149, 185
Involvement 97
soziale Eingliederung 96
Job Enlargement 107, 187
Job Enrichment 108, 187
Job Rotation 107
Job-Experten 66
Karriereberatung 95
Karriereplanung 125
Kennzahlen 144, 172, 173, 174, 175, 176, 177, 178, 179, 180
KMU 1, 2, 4, 8, 25, 39, 42, 46, 47, 48, 49, 50, 61, 119, 151, 153, 173
Kompetenz 9, 11, 15, 36, 55, 57, 60, 62, 64, 65, 69, 73, 76, 85, 86, 94, 103, 104, 105, 116, 121, 124, 136, 159, 168
Kompetenzmodell 89
Kosten 1, 8, 10, 12, 14, 15, 20, 21, 30, 31, 32, 37, 38, 45, 48, 50, 55, 59, 73, 75, 77, 80, 81, 96, 123, 134, 137, 141, 144, 150, 151, 152, 154, 155, 156, 157, 158, 159, 160, 161, 162, 164, 166, 167, 168, 175, 177, 178, 183, 184, 185, 187
Kostenerhebungen 2
Kostenrelevanz 165, 166, 167, 168, 169
Kostensenkungen 9, 157
Kostenvergleich 21
Kundenzufriedenheit 126

Kündigung 97
stille Kündigung 96
Leistungsbeurteilung 71, 72, 73, 92, 110, 111, 119, 184, 186
Leistungsniveau 73, 100, 127
Lernfeld 85, 86, 88, 147
Lernwert 151
Lernziele 144
Mentoring 95, 182
Mitarbeiterbindung 57
Mitarbeitergespräch 70, 73, 109, 119, 120, 121, 134, 183
Mittelstand 4
Mittelstandsforschung 4
Modell der Arbeitscharakteristika 104, 105
Motivation 36, 73, 88, 92, 105, 106, 108, 109, 120, 121, 124, 183
Nachfolgeplanung 125
Nutzen 1, 10, 11, 12, 13, 15, 50, 56, 57, 58, 59, 60, 64, 66, 70, 91, 92, 105, 122, 133, 148, 149, 150, 151, 154, 162, 168, 178, 179, 183, 185, 187
Organigramm 125
Organisationsanalyse 61, 63
Partizipation 126
Pate 100, 102
Personal Mastery 13
Personalbestand 173
Personalkosten 20, 21, 156, 157, 160, 163, 164
Personalausfallkosten 20, 21
Personenanalyse 61, 69, 70, 71
Persönlichkeit 92, 105
Potenzial 69, 73
Potenzialbeurteilung 73
Potenzialbewertung 73
Probezeit 96
Produktivität 36, 151

Index

Qualifikation 2, 10, 11, 24, 110, 140, 159
Qualitätsmanagement 67
Qualitätszirkel 126
Return on Investment 149, 150, 151, 194
Rollenkonflikt 136
Ruhestand 13
Schlüsselpositionen 125
Schulung 2, 12, 167
Selbstentfaltung 120
SixSigma 167
Skala 73, 177
Sozialisation 99
Stakeholder 142
Studium 11
  Hochschulabschluss 16, 25
Teilautonome Arbeitsgruppen 108
Teilnahmequote 19
Training 2, 17, 21, 89, 91, 95, 99, 102, 121, 122, 123, 127, 132, 153, 155, 181, 185, 187
Transfer 85, 86, 88, 89, 91, 93, 181
Transferphase 59, 60, 140, 141
Transferplanung 89, 90
Transfersicherung 85, 86, 88, 91, 183
Transfervereinbarung 59, 89, 92
Transfererfolg 91, 92, 134, 143, 147, 148, 175, 176, 177
Transferwert 151
Umschulung 11, 29, 30
Unternehmensakademien 124
Unternehmensethik 12
Weiterbildung 55, 56, 57, 116
  Anpassungsweiterbildung 13
  Aufstiegsweiterbildung 13
Weiterbildungsanbieter 13, 14, 21, 33, 34, 163, 178
Weiterbildungsquote 19
Weiterbildungsrendite 150
Weiterbildungsstruktur 2, 7, 21, 175
Wertschöpfung 16, 17, 36
Wettbewerbsfähigkeit 9, 16, 36, 173
Widerstand 120
Wissenstest 144, 147
Work-Life-Balance 10, 13
Zielgröße 1, 173

Unternehmensführung aus unterschiedlichen Perspektiven

Hans-Erich Müller
Unternehmensführung
Strategien – Konzepte – Praxisbeispiele
2010 | XII, 287 Seiten | gebunden | € 34,80
ISBN 978-3-486-59729-5

Bis zur jüngsten Finanz- und Wirtschaftskrise dominierte eine eindimensionale Sicht zur Unternehmensführung: die Orientierung am Gewinn, am Kapitalmarkt und Shareholder-Value. Kritiker hoben demgegenüber die gesellschaftliche Verantwortung des Unternehmens hervor. Allerdings scheint keine der beiden Seiten allein recht zu haben. Entscheidungsträger müssen heute integrierte Lösungen in komplexen und dynamischen Situationen entwickeln. Das Buch betrachtet ein Thema aus gegensätzlichen Perspektiven und entwickelt damit ein realitätsnäheres Bild. Der Leser gewinnt dadurch vertiefte analytische Kenntnisse und denkt in Alternativen und Handlungsspielräumen. Darüber hinaus lässt sich der Text durch den klaren, traditionellen Aufbau und der zahlreichen Praxisbeispiele gut lesen.

Dieses Buch bietet einen neuen, integrierten Ansatz und ist dennoch anschaulich kompakt und praxisorientiert. Es ist sowohl als studienbegleitender Text in der Managementlehre, als auch für das Selbststudium und die Unternehmenspraxis geeignet.

Prof. Dr. Hans-Erich Müller ist Professor für Unternehmensführung und Organisation an der Hochschule für Wirtschaft und Recht Berlin. Er hat langjährige berufliche Erfahrungen als Unternehmensberater für international tätige Unternehmen, in Aufsichtsräten sowie in der Managementforschung und -lehre.

Bestellen Sie in Ihrer Fachbuchhandlung oder direkt bei uns: Tel: 089/45051-248, Fax: 089/45051-333
verkauf@oldenbourg.de

Oldenbourg